부부관계 패러다임

이마고 부부관계치료 임상사례 연구집

웨이드 루켓 · 모우 테레사 한나 공편
오제은 · 이현숙 공역

HEALING IN THE RELATIONAL PARADIGM
THE IMAGO RELATIONSHIP THERAPY CASEBOOK

Healing in the Relational Paradigm

: The imago relationship therapy casebook

by Wade Luquet, Mo Therese Hannah

역자 서문

이 책은 이마고 부부관계치료 전문가들이 이마고 부부관계치료 사례를 연구, 분석하여 부부관계에서의 치유적인 패러다임에 관하여 공동 집필한 저서인 *Healing in the Relational Paradigm: The Imago Relationship Therapy Casebook*을 번역한 것이다. 나는 대학에서 상담심리학을 가르치는 교수이자 상담전문가로서 그동안의 연구와 임상 경험 등을 통해 '부부문제에 있어서 가장 핵심적인 문제는 과연 무엇일까?'에 항상 깊은 관심을 가져 왔다. 그러다가 이마고 부부관계치료 전문가 과정을 수련하면서 이 의문에 대한 실마리를 찾게 되었다. 그것은 대부분의 부부들은 상처가 아주 비슷한 사람들끼리 만나게 된다는 점이다. 그리고 이 부부갈등의 핵심에는 바로 어린 시절 부모님과의 관계에서 비롯된 상처가 있으며, 현재의 부부갈등과 힘겨루기는 알고 보면 각자의 부모님과의 관계의 연장전이라는 사실이다. 또한 부부갈등이 있는 커플들을 상담할 때마다 가장 고민스러웠던 문제는 '어떻게 하면 이 부부들이 서로를 좀 더 이해하고 행복한 관계를 만들도록 도와줄 수 있을까?' 였다.

이마고 이론에 의하면 우리 모두는 각각 어린 시절 부모님과의 관계를 통해 아직 채워지지 않았고 충족되지 못했던 미해결 과제와 욕구를 지니고 있으며, 배우자를 통해서 다시 그것을 채워 보고자 하는 '무의식적 동기와 기대'를 가지고 상대방을 배우자로 선택하게 된다. 이는 우리가 결혼한 진짜 이유가 내가 어린 시절 부모님으로부터 받아 봤어야만 했으나 미처 받지 못했던 바로 그 관심과 사랑, 인정 같은 미해결 욕구를 배우자를 통해서라도 다시 받으려고 하는 무의식적 동기 때문이라는 것이다. 그래서 참 역설적이게도 나와 아주 비슷한 발달 단계에서 부모님의 양육방식의 결과로 인해 거의 같은 수준의 상처를 받았지만, 그러나 나와는 그 상처에 대한 방어기제가 거의 정반대로 형성된 사람을 배우자로 선택하게 된다는 것이다. 게다가 나의 부모님의 긍정적이고 부정적인 이미지의 합성체인 이마고(Imago)가 가장 들어맞는 사람, 그렇지만 그중에서도 부모님의 부정적인 이미지와 결정적으로 가장 많이 닮은 사람을 도리어 배우자로 선택하게 된다는 것이 바로 이마고 치료의 '배우자선택 이론'이다. 그렇다면 도대체 왜 우리는 이러한 사람을 배우자로 선택하는 것이며, 왜 무의식은 우리를 그런 방향으로 이끌어 가는 것일까? 이마고 이론에 의하면, 그 이유는 어린 시절 우리가 부모님과의 관계에서 아직 미처 끝내지 못했던 그 '미해결 과제(Unfinished Business)'를 끝내기 위해서라는 것이다. 이 말은 우리의 무의식은 열심히 자기의 임무를 수행 중에 있는데, 그 임무는 우리로 하여금 우리의 부모와 이미지가 가장 닮은 사람, 그것도 부정적인 부분이 결정적으로 닮은 사람을 선택하게 함으로써 과거에 해결하지 못했던 그 미해결 과제를 마저 끝내도록 하기 위해서라는 것이다. 우리는 바로 이것이 무의식의 역할이라는 점을 잘 이해할 필요가 있다. 그러므로 상대방 배우자가 바로 이마고 이론이 말하는 나의 '이마고 짝(Imago match)' 이며, 사실 내 인생에서 반드시 풀어야만 할 숙제인 미해결 과제를 함께 풀 수 있도록 도와줄 수 있는 가장 중요한 파트너라는 사실을 정확히 알아차리는 것이 부부갈등의 열쇠를 푸는 데 매우 중요하다. 그리고 한 걸음 더 나아가서 우리 각자가 어린 시절 부모님과의 관계로부터 비롯된 상처와 아직 해결되지 않은 미해결 과제가 바로 현재 나의 부부갈등과 힘겨루기의 핵심적인 문제라는 사실을 인식해야만 한다. 즉, 나 자신과 배우자의 어린 시절의 상처를 이해하는 것이 바로 부부갈등과 힘겨루기를 치유할 수 있는 가장 중요한 열쇠인 셈이다.

하지만 수많은 부부들은 자신들의 부부갈등과 힘겨루기의 진짜 이유가 무엇인지도 모르는 채 그저 '무의식적인 결혼(Unconscious Marriage)' 생활을 하고 있다. 즉, 서로의 상처가 무엇인지조차 전혀 알지 못한 채, 도리어 서로의 상처를 더 아프게 하고 파괴하는 관계와 서로를 지치게 하는 게임을 지속한다. 부부갈등을 호소하는 커플들은 대부분 다음 둘 중 하나의 경우에 속한다. 첫째는 '지금 내가 이렇게 불행하게 된 것은 바로 당신 때문이야!' 라고 믿고 있으며, 그러므로 상대방을 변화시키기 위해 온갖 애를 쓴다. 이 관계 패턴의 무의식적 게임의 메시지는 '네가 문제야. 그러니까 네가 바뀌어야 돼. 네가 변해서 나에게 맞춰.' 다. 한편, 두 번째 게임의 메시지는 '아니야. 사실 알고 보니 문제는 당신이 아니고 바로 나야. 내가 문제야. 그러니까 내가 변할게. 내가 바뀌어서 당신에게 맞출

게.' 다. 그리고 상대방의 관심과 사랑을 얻기 위해 자기 자신이기를 포기한 채 상대방에게 자신을 맞추기 위해 온갖 노력을 다하며, 그것이 진짜 사랑이라고 착각하여 온갖 변신을 꾀하지만 결국 지쳐 버리고 절망하게 된다. 그런데 알고 보면 이 관계 패턴은 둘 다 '**불가능한 미션**(impossible mission)' 인 것이다. 다시 말해서, 나를 바꿔서 상대방에게 맞추려고 애쓰는 것이나 반대로 상대방을 내게 맞추려고 애쓰는 것이나 사실 이 관계 패턴의 속내용은 모두 동일한 것이다. 인류가 탄생한 이래로 수많은 남자와 여자들 모두 도저히 불가능한 이 미션을 수행해 보려 온갖 발버둥을 쳤지만 어느 누구도, 단 한 번도 성공한 적이 없었다. 그럼에도 오늘날까지 수많은 남자와 여자들은 여전히 이 불가능한 미션이 마치 진정한 사랑이라도 되는 것처럼 착각하고 이것을 이루어 보고자 도전하고 있다. 진정한 사랑은 내가 나이기를 포기하거나, 상대방으로 하여금 자기 자신이기를 포기하게 하고 바꾸게 하는 데 있는 것이 아니라 서로를 있는 그대로 받아들이는 것이라는 진실을 이제 우리 모두가 배워야 할 때가 되었다.

그러므로 우리 각자가 '어린 시절 부모님과의 관계로부터 반드시 받아 봤어야만 했던 당연한 의존적인 욕구나 필요가 충족되지 못했던 것(unfulfilled desires and unmet needs)'을 상대방 배우자를 통해 받고자 하는 '**결혼에 대한 무의식적 동기**'를 지니고 있다는 사실을 인식하는 것이 매우 중요하다. 그럼에도 불구하고 어린 시절 부모님과의 관계 경험에서 비롯된 이 '미해결 과제'와 '무의식적 기대'가, 곧 나의 배우자 선택과 아주 깊은 관련이 있다는 사실을 깨닫게 되는 커플이란 아주 드물다. 사람들은 인간관계, 특히 이성과의 관계에서 엄청난 고통과 어려움을 겪고 난 후에야 비로소 어렴풋이 이런 점을 깨닫게 되곤 한다. 바로 이러한 점이 결혼한 부부들, 특히 결혼 전 예비부부들에게 부부교육과 상담이 가장 절실히 필요한 이유다. 안타깝게도 대부분의 커플들은 어린 시절의 발달 과정으로부터 비롯된 미해결 과제와 무의식적 욕구가 부부갈등의 진짜 이유라는 사실을 깨닫지 못한 채, 여전히 '무의식적인 결혼생활'을 지속하며 자신을 변화시키려고 애쓰거나 혹은 파트너를 변화시키기 위해 온갖 노력을 하고 있다. 그래서 서로를 사랑하여 결혼한 후 얼마 가지 않아 곧 닥치게 될 부부갈등과 힘겨루기 단계에서 '무의식적 게임(unconscious game: '나를 변화시키거나 상대방을 변화시켜라' 게임)'을 통해 자신의 미해결 과제를 끝내보려 발버둥친다. 하지만 결국 상대방도 나와 비슷한 상처가 있고, 상대방 또한 나와 똑같이 배우자를 통해서 자신의 미해결 과제를 해결해 보려 애쓰고 있다는 사실에 충격을 받는다. 게다가 내가 바뀌어서 상대방에게 맞춰 보려 해도 도저히 맞출 수가 없고, 상대방 또한 내가 원하는 것처럼 바뀔 것 같지도 않으며, 내게 맞출 수도 없을 것이라는 사실을 마침내 알게 되면 끝없이 절망하게 된다. 이때 어떤 부부들은 자녀 때문에 혹은 또 다른 어떤 이유로 인해 타협을 받아들이고 마치 '보이지 않는 이혼(Invisible Divorce)' 생활처럼 겉은 그럴싸하지만 사실 결혼의 겉모양만 있지 이혼한 것과 같은, 속은 텅 비어 있고 깊은 고독과 외로움에 몸부림치는, 아주 무미건조한 결혼생활을 지속한다. 또 다른 부부들은 견디다 못해 결국엔 관계를 끝내 버리거나 또 다른 관계를 시작한다. 부부상담 전문가로서 이러한 과정을 지켜보는 일이 내겐 너무나 안타까웠다. 이런 부부들에게 설령 그 부부관계를 끝내 버릴 수밖에 없는 경우라 할지라도 최소한 그 관계가 실패한 진짜 이유가 무엇인지만은 알게 해 주고 싶었다. 그들은 알아야만 한다, 그 진짜 이유를. 적어도 그들 자신을 위해서, 상대방 배우자를 위해서, 그리고 무엇보다도 그들의 자녀들을 위해서라도.

내가 지켜본 수많은 커플들은 자신들의 부부관계의 실패 원인이 상대방에게 있다고 믿거나 아니면 자기 자신이 문제라는 식의 결론을 내린 채 너무 빨리 서둘러 그 관계를 끝내 버리려 한다. 마치 그렇게 서둘러 그 관계를 끝내 버리면 그 문제로부터 당장이라도 벗어날 수 있다고 믿고 있는 것 같다. 정말 이 사람과의 관계를 끝내게 되면 나의 불행 또한 끝이 나고, 더 이상의 문제가 없게 되는 것일까? 물론 그 대답은 '아니다' 다. 나는 부부상담전문가로서 "당신은 그 관계에서 꼭 배워야 할 것을 챙겨야만 한다."라고 말한다. 그렇지 않으면 곧, 너무나 똑같은, 그러니까 당신이 그토록 벗어나고 싶어 몸부림쳤던 바로 그 지긋지긋한 문제를 또다시 만나게 될 테니까 말이다.

관계를 떠나기로 결정을 내린 사람들은 아마도 '내가 이 사람을 만나서 이런 문제들이 있었으니까 이 사람을 떠나서 좀 더 나은 사람을 만난다면 내 문제가 곧 해결되겠지. 그러면 내가 좀 더 행복해지겠지.' 라고 생각하는 것 같다. 그러고는 자신의 문제를 해결해 줄 또 다른 사람을 찾아나서는 것이다. 아니면 '지난번엔 이런 것들이 문제였으니까 이번에 다른 사람을 만날 때는 똑같은 실수를 반복하지 말고 내가 좀 더 잘하면 관계가 더 나아지겠지.' 라고 생각하는 것 같다. 그런데도 어쩌면 그렇게도 지난번 겪었던 관계 문제들과 거의 비슷하거나 아주 똑같은 관계 패턴을 경험하게 되는 것인지. 그런 경험을 하고 나서야 비로소 놀란 가슴을 쓸어내리며 또다시 상담실 문을 두드린다. 어쩌면 배워도 결코 배울 수가 없는 철없는 바보들처럼 말이다. 나는 내가 최선을 다해 도왔지만 부부관계를 돕는 일에 실패했었던 부부가 이혼을 한 뒤에도 그중 한쪽이 다시 만난 다른 이성과의 관계에서 지난번 결혼에서와 거의 똑같은 문제를 가지고 또다시 나를 찾아왔던 곤혹스러운 경험을 갖고 있다. 이 경험은 부부상담 전문가인 나 자신을 너무나도 무력하게 느끼게 했던 정말 뼈아픈 일이었다. 내가 부부상담전문가로서 그 사람의 전 결혼관계에서 별 도움이 되지 못해 결국 이혼까지 했음에도 불구하고, 그 사람이 또다시 나를 찾아오게 된 이유는 무엇일까? 이 사람은 지난번 결혼관계에서 발생했던 문제가 새로운 이성과의 만남에서도 똑같이 재연되고 있다는 것을 발견하고 너무나 놀라고 두렵기는 하지만, 그 당시 자신의 전남편과의 부부문제를 드러내 놓고 그 주제를 함께 다루었던 부부상담전문가인 나 외에는 어떤 사람도 이 문제를 이해할 수조차 없을 것 같고 어떤 도움도 줄 수가 없을 것이라는 생각 때문에 또다시 나를 찾아오게 된 것이다.

도대체 어떻게 하면 이런 내담자를 좀 더 효과적으로 도와줄 수 있을까? 이 커플들로 하여금 더 이상 서로를 변화시키려고 애쓰다 결국 그렇게 할 수 없다는 사실에 절망하게 되거나, 서로를 탓하고 원망한 채 관계를 끝내 버리거나, 다른 새로운 관계에 또다시 매달리게 되는 그런 반복적이고 소모적인 '무의식적 결혼생활' 을 청산하고, 서로의 어린 시절의 상처, 특히 부모님과의 관계로부터 비롯된 '미해결 과제' 를 서로 잘 이해하고, '결혼의 무의식적 동기' 를 잘 알아차림으로써 서로를 '상처받은 아이(a wounded child)' 로 바라볼 수 있게 하며, 상대방을 있는 그대로 받아들이고 서로의 치유를 돕는 '치유적 관계(Therapeutic Relationship)' 를 형성함으로써 '의식적인 결혼생활(Conscious Marriage)' 을 할 수 있도록 도와줄 수가 있을까?

이 책은 이러한 질문들에 대해 충분히 대답할 수 있도록 이마고 부부관계치료 전문가들의 실제적인 임상사례를 연구, 분석함으로써 여러 가지 형태의 부부문제를 각 사례에 따라 주제별, 유형별로 구분해 놓았으며, 과연 어떠한 부부관계 패러다임이 그러한 문제들을 지속시키고 있는지를 잘 이해할 수 있게끔 구체적인 사례분석을 통해 임상적 적용을 제시해 주고 있다. 또한 이마고 부부관계치료사의 역할이 곧 이러한 문제를 지니고 있는 부부들로 하여금 '치유적인 부부관계 패러다임(Healing in the Relational Paradigm)' 을 형성하도록 돕는 일이라는 것을 우리에게 상기시켜 주며, 그 구체적인 적용 방법을 잘 제시해 주고 있다.

나는 공역자로 수고해 주신 이현숙 선생님과 함께 이 책의 출간을 매우 기쁘게 생각하며, 이를 계기로 전문적인 '부부관계치료' 가 국내에서 뿌리를 내리는 기회가 되었으면 하는 바람이 있다. 그리고 한국가족상담협회와 한국가족상담센터, 한국부부상담학회와 한국부부상담연구소, 한국부부상담센터의 스태프들과 숭실대학교 부부가족상담연구소와 〈가족과 상담〉 학술지 관계자들, 숭실대학교 동료 교수님들, 숭실대학교 학생상담센터 동료들, 특별히 박승민, 심은정 교수님, 이지영, 강유리, 주보람, 정효은, 지현준, 이상미, 남종희, 강보미, 이지은, 김태현 조교와 그 외 부부상담과 부부 세미나에 참여해 주신 모든 부부들, 그리고 사랑하는 나의 가족과 이 땅의 모든 부부에게 이 책을 바친다.

'이 세상에 부부의 포옹보다 더 아름다운 것은 없다.'

'한 번에 한 부부관계의 치유를 촉진함으로써 온 세상의 변화를 가져올 수 있다.'

숭실대학교 부부가족상담연구소에서
국제 공인 이마고 부부관계치료 전문가
역자 대표 오 제 은

편저자 서문

매일매일 어떤 분야에서 새로운 아이디어가 나타남에 따라 기존의 이론은 변화하여(때로는 매우 급진적으로) 새로운 패러다임을 위한 길을 터 준다. 그리고 종종 한 분야(예를 들어, 생물학 또는 물리학)의 패러다임의 변화는 다른 분야(예를 들어, 종교나 심리학)에 파급 효과를 미친다. 일례로 최근 양자물리학계의 발견은 인간 기능의 방식에 대한 우리의 사고를 변화시켰다. 그 결과로 생물이든 무생물이든 '모든 것이 관계 안에서 작동한다.' 라는 새로운 패러다임의 변화가 나타났다. 이 사례연구집은 이마고 부부관계치료(Imago Relationship Therapy: IRT)가 어떻게 이러한 패러다임의 변화에 기여했는지를 확인하고 증언할 수 있도록 독자들을 초청하기 위한 것이다. 특히 부부치료 분야에 있어서 그 증거가 분명하게 드러나고 있다.

새로운 패러다임이 살아남으려면 그 기본 개념의 유용성을 증명하고 그 기술을 승인해 줄 수 있는 많은 개척자들을 끌어내기 위해서 광고라는 수단이 필요하다. 하빌 헨드릭스(Harville Hendrix) 박사의 연구에서 유래되고, 그의 저서 『당신이 원하는 사랑 만들기: 커플을 위한 가이드(*Getting the Love You Want: A Guide for Couples*)』에 묘사된 '이마고 부부관계치료'는 서구의 심리학적 사고와 동양의 영적 전통과 신화, 그리고 새로운 과학적 발견을 통합한 것이다. 이렇듯 '이마고 부부관계치료'는 다양한 관점들이 개조되고 통합되어 커플들이 그들의 관계를 성장시키고 치유하며 영적 발달을 촉진하는 데 사용할 수 있는 하나의 방법론이 되었다. 이러한 다양한 관점들로 인해서 이마고 치료는 고유의 유연성과 함께 보다 광범위하게 적용될 수 있는 가능성 또한 갖추게 되었다. 이마고 부부관계치료가 처음으로 세상에 소개된 1988년 이후 전 세계적으로 수천 명의 치료사들을 통해 그 치료적 효과가 증명되어 왔으며, 또한 자신들의 임상적 필요에 맞춰 사용이 가능하도록 그 과정을 일부 수정해 왔다.

이 책은 관계 패러다임을 통해 부부의 문제를 개념화한 치료사들의 작업을 엿볼 수 있게 해 준다. 이곳에 제시된 사례는 이마고 부부관계치료의 효과에 관한 증거를 제공하며, 그 효과에 대한 보다 조직적인 연구를 위한 발판이 되어 준다.

이 책은 관계 패러다임에 대한 웨이드 루켓(Wade Luquet)의 글로 시작된다. 많은 임상가들의 입장에서는 관계적 사고를 하기 위해서 심리적 도약이 필요하다. 왜냐하면 그들 대부분이 학교에서는 그것에 대해 배운 적이 없기 때문이다. 루켓의 글은 관계 패러다임에 대한 개관을 제공하며, 이어지는 장은 치료사들이 관계적 사고와 과정을 사용해서 어떻게 특정한 임상 사례를 다루는지 그 치료 현장을 들여다볼 수 있도록 치료실의 문을 열어 준다. 이마고 치료의 주요 임상적 개입이 가져올 수 있는 치유의 가능성을 생생하게 보여 주고, 그 신비한 능력을 드러내 주는 커플들의 대화 기록이 모든 장에 포함되어 있다. 또한 각 장 맨 끝에 실린 편집자의 글은 이 사례를 이 책의 주제인 관계 패러다임에 다시 연결시켜 준다.

2장부터 5장에 걸쳐 이마고 부부관계치료에서 말하고 있는 '로맨틱한 사랑(Romantic Attraction)'에 대한 개념화가 탐구되었다. 이마고 이론은 낭만적 파트너들이 발달 단계 중 같은 시기 혹은 유사한 시기에 똑같이 상처를 받았기 때문에 서로에게 이끌린다고 본다. 애착, 탐험, 정체성, 그리고 능력 시기에 상처를 받은 커플들을 다루는 이들 장에서는 아이들이 다양한 단계에서 어떤 상처를 받는지, 즉 어떻게 해서 방어적인 적응방식이 발달하게 되었는지, 그리고 그러한 방식이 나중에 성인이 되어 그들의 로맨틱한 관계에서 어떻게 드러나게 되는지를 다룬다.

이어지는 장에서는 이마고 치료가 특정한 문화와 부부문제에 대해서 어떻게 적용될 수 있는지를 보여 준다. 더 많은 민족과 다문화가정에서 발생하는 주제에 관해 제대로 다루려면 아마도 책이 열두 권도 더 필요하겠지만, 여기에는 부부치료사들이 가장 많이 접하게 되는 유형의 사례들만 선별하였다.

이 책을 집필한 저자들은 이마고 부부관계치료 전문가 자격증을 가지고 있다. 우리는 특정한 유형의 커플들을 치료하는 그들의 전문적인 경험과 흥미에 근거해서 그들에게 집필을 부탁했다. 이들 치료사들 중 몇몇은 수년간 개인적 패러다임 또는 체계적 패러다임에 따라 부부치료를 해 오다가 이마고 치료로 옮겨온 사람들이다. 그들의 임상적 기민함과 능변, 그리고 그들의 열정을 통해 이마고 치료사들이 매우 광범위한 커뮤니티에서 활약하고 있는 임상적 프로파일을 엿볼 수 있으리라 믿는다.

커플들의 대화 축어록을 읽으면서 또한 독자들은 커플들이 서로 나누고 있는 친밀감이 거의 시적인 특징을 보이는 것에 대해 진한 감동을 느끼게 될 것이다. 이것은 우리가 편집을 잘했기 때문이 아니다. 이것이 바로 우리의 치료실에서 매일 볼 수 있는 모습 그대로다. 커플이 안전하고 공감적인 대화를 하게 되면 그들의 진정한 자기(self)가 나타나게 된다. 우리에게 감동을 주는 훌륭한 소설이나 영화 장면을 만들어 내는 것은 바로 이 '진정성' 이다. 그리고 커플들 사이의 대화를 참으로 감동적인 것으로 만드는 것 또한 이러한 진정성인 것이다.

이 대화 기록은 또한 부부들이 "오래오래 행복하게 살았대요."로 이야기를 끝맺는 것이 아님을 보여 준다. 이마고 치료는 커플의 모든 병을 치료한다고 주장하지 않는다. 이마고 치료가 하는 일은 커플들이 성장과 치유를 향한 서로의 여정에 참여하는 데 필요한 지식과 도구를 제공한다. 설령 별거나 이혼으로 결말이 난다 할지라도, 커플들이 더욱 의식적이 되는 방향으로 작업을 했다면 치료를 받지 않았던 것보다는 훨씬 덜 소란스러워지는 결과를 낳을 수가 있다. 이 접근법에서는 의식적이 된다는 것이 필수적인 주제이며, 이것은 하나의 성공의 움직임보다 더 우선하는 것이다.

이마고 치료사가 커플들로 하여금 공감적인 대화 과정에 참여하게 함으로써 그들을 도와 정서적 안전감을 창조한다면 커플들은 변화하게 될 것이다. 개인적인 성장이란 결코 쉽지 않으며, 당신이 만나게 되는 커플들 또한 쉽지는 않을 것이다. 그러나 커플들이 자기성장과 치유를 향한 큰 길을 걸으며 함께 손을 맞잡게 될 때 그 여정이 조금은 더 쉬워질 것이다.

이마고 부부관계치료 전문가

웨이드 루켓(Wade Luquet)

모우 테레사 한나(Mo Therese Hannah)

차 례

02 애착 시기에 상처받은 커플들
회피하고 매달리는 커플 유형 57

03 탐험 시기에 상처받은 커플들
도망가고 쫓아가는 커플 유형 89

09 성문제가 있는 커플들을 위한 이마고 부부관계치료 269

10 외도문제가 있는 커플들을 위한 이마고 부부관계치료 291

01

부부관계 패러다임

웨이드 루켓(Wade Luquet)

우리가 언제 어디에서 태어나든 상관없이 우리는 이 세상이 어떠하고 또 어떠해야만 하는지에 대해서, 즉 현실에 대해 독특한 견해를 가지고 있는 어떤 문화를 접하게 된다. 사회화는 우리에게 적절한 행동과 말, 사고 과정을 가르쳐 주면서 우리 시대의 지배적인 세계관을 우리 각자 안에 심어 놓는다. 우리는 우리가 보는 현실이 우리 시대에 국한된 것일지도 모른다는 사실을 그저 어렴풋이 생각이나 할 뿐, 이 견해가 언젠가는 아주 별나고 우스꽝스러운 것으로 회상되게 될지도 모른다는 사실까지는 전혀 생각하지 못한다. 예를 들어, 천사들이 태양과 행성들과 별을 뒤에서 밀어 지구 주위를 돌게 만든다고 생각했었던 중세의 사고를 한번 생각해 보라. 그러한 사고를 지금에 와서 바보스럽다고까지야 할 수는 없겠지만, 어쨌든 좀 우스워 보이는 것만은 사실이다. 이와 마찬가지로 현실에 대해 보다 개화된 개념, 즉 새로운 패러다임이 결국은 현재 우리가 가지고 있는 사고방식 또한 대체하게 될 것은 분명하다. 과학역사가인 토머스 쿤(Thomas Kuhn)은 1970년에 출간한 저서 『과학혁명의 구조(*The Structure of Scientific Revolutions*)』에서 패러다임의 변화(paradigm shift)라는 말을 처음으로 사용하였다. 쿤은 처음에는 주로 과학에서 일어나는 변화(예를 들면, 뉴턴의 물리학에서 양자물리학으로의 변화 또는 음극선에서 X선으로의 변화)에 초점을 맞추었지만, 그것은 정치적 · 문화적 · 기술적 사고의 전환에도 마찬가지로 잘 적용되었다. 쿤의 생각이 과학계에 받아들여진 지 30여 년이 되었을 즈음에는 그 생각들이 인간 행동에 대한 우리의 이해의 변화에도 잘 들어맞는다는 사실을 알게 되었다.

쿤은 그의 책에서 세상을 바라보는 방식을 묘사하기 위해 '패러다임' 이라는 신조어를 만들어 냈다. 일례로 우리가 분홍색 안경을 쓴다면 세상이 분홍색으로 보인다. '분홍색' 은 패러다임의 역할을 하는 것으로서, 우리는 그것을 통해 세상을 해석한다. 푸른색 패러다임을 통해서는 세상이 푸르게 보일 것이다. 과학은 끊임없이 진화하기 때문에 대개는 동시에 여러 개의 패러다임이 존재하는데, 각 패러다임의 신봉자들은 자신의 패러다임의 관점에 의해 세상을 해석한다. 그들이 그 패러다임을 고수하고 있는 중에 더 훌륭한 설명과 더욱 강력한 증거를 제공하는 새 패러다임이 나타나게 된다. 그때 '패러다임의 변화' 가 일어나는 것이다. 쿤(Kuhn, 1970)에 의하면 새로운 패러다임은 두 가지 특질을 가지고 있어야만 한다. 즉, "새로운 패러다임이 이룬 성취는 그에 대립되는 이전의 과학활동 방식으로부터 그것을 지속적으로 고수하던 무리들을 떼어 놓을 수 있을 만큼 충분히 새로운 것이어야만 했다. 그와 동시에 새로운 패러다임은 그것이 재(再)정의되는 무리들에게 있어서 온갖 종류의 문제 해결을 맡길 수 있을 정도로 충분히 열려 있어야 했다."(p. 10)

쿤은 덧붙이기를, 과학자들은 새로운 패러다임을 갖추게 되었을 때 이전에는 결코 생각해 보지 못했던 위치에서 문제를 새롭게 바라볼 수 있게 되고, 전에 바라보았던 위치에서도 다시 새로운 정보를 발견할 수 있게 된다고 말했다. "그것은 마치 전문가 그룹들이 갑자기 새로운 행성으로 옮겨진 것과 같다고 할 수 있다. 거기서는 익숙했던 물체들이 다르게 보이고, 게다가 그 물체들은 생소한 물체들과 연결이 되어 있다."(p. 111) 변화를 이룬 사람들에게 있어 새 땅은 불안정하게 느껴지겠지만 또한 그곳을 탐험하고 싶은 흥분감도 준다. 자신의 패러다임에 대해 공격을 받았던 사람들에게는, 전에는 그 패러다임을 고수하던 사람들이 그렇게까지 변했다는 사실이 거의 혁명적으로 보이거나, 혹은 어리석게 보일 수 있다.

1 정신건강 패러다임의 변화

인간의 행동을 이해하는 데 있어서 정신건강 최초의 패러다임의 변화는 지그문트 프로이트(Sigmund Freud)가 인간이 원죄와 마귀들의 희생물이라는 견해를 거부했을 때 일어났다. 그 대신에 그는 모든 인간에게는 음식과 성에 대한 무의식적 충동이 내재되어 있으며, 전이와 정신분석 과정의 다른 요소를 통해 통찰과 의식을 얻게 되면 신경증적 사고와 행동을 조절할 수 있게 된다고 주장했다. 프로이트는 쿤의 패러다임 변화에 필요한 두 가지 조건 모두를 만족시킴으로써 개인적 통찰 패러다임을 선도했다고 할 수 있다. 즉, 프로이트의 이론은 자신의 것에 대립되는 과학활동 방식으로부터 그것을 고수하던 무리들을 떼어 놓았고, 새롭게 태어날 정신분석학파에게 온갖 종류의 문제 해결을 맡길 수가 있을 정도로 충분히 열려 있었다.

새로운 패러다임은 사실상 정설로 예정된 것은 아니다. 다만 그것은 사람들이 동의할 수 있는 기초, 즉 바라보는 방식을 제공한다. 이 기초로부터 과학자들과 사상가들이 갈라져 나오는 것이다. 융(Jung), 호나이(Horney), 설리번(Sullivan), 말러(Mahler)의 이론 등 프로이트의 통찰 지향적 패러다임의 분파가 생겨나기 시작했다. 비록 그들의 치료 방식이 서로 조금씩 다르기는 하지만 이 사람들 모두가 개인의 사고 과정과 통찰을 다룸으로써 정상적인 기능을 회복할 수 있다는 원리에 공통적으로 그 기초를 두고 있다.

그러나 역사상 대부분의 패러다임과 마찬가지로 개인적 통찰 패러다임 또한 결함을 드러내기 시작했다. 쿤이 말한 것처럼 "과학혁명은 기존의 패러다임이, 이전에는 바로 그 패러다임이 앞장서서 인도해 오던 자연 현상의 여러 양상에 대한 탐구에 있어서 더 이상 적절하지 못하다는 인식이 (이 역시 종종 과학계의 작은 분파에 국한되어) 점차 커져 감으로써 시작된다. 정치와 과학, 양쪽 모두의 발달에 있어서 위기로 이끌 수 있는 기능적 결함에 대한 인식이 혁명의 필수 조건이다."(p. 92)

통찰 지향적 모델에 대한 반작용으로 1950년대와 1960년대에 진짜 혁명이 행동주의의 형태로 일어났다. 왓슨(Watson), 스키너

(Skinner), 달라드(Dollard)와 밀러(Miller) 같은 사상가들은 심리내적 힘보다는 환경적인 영향이 행동을 형성한다고 보았다. 행동주의 말미에 1960년대와 1970년대의 가족과 체계 패러다임이 발달했다. 헤일리(Haley), 미누친(Minuchin), 보웬(Bowen), 휘태커(Whitaker), 마다네스(Madanes), 네이지(Neige), 펩(Pep), 사티어(Satir) 등은 개인의 병리는 개인이 한 부분을 이루고 있는 체계에 의해, 그리고 그 체계와 개인의 상호작용에 의해 형성되는 것으로 보기 시작했다.

개인적 패러다임은 1800년대 후반에 생겨났는데, 그때는 인류학자들이 인간의 화석을 수백만 년쯤 된 것으로 추정하기 시작했던 때였고, 또한 다윈(Darwin)이 처음으로 진화론을 제안했던 때였다. 그 시대의 지적인 분위기를 감안하면 프로이트가 인류는 음식과 성에 대한 충동에 의해서 지배된다고 제안했던 것은 당연하다. 또한 1960년대와 1970년대에는 대중매체의 팽창으로 인해 미국인들은 대도시 중심부, 저소득 거주 지역의 삶이 거주자들에게 미치는 영향 등 사회적 영향에 대해 더 많이 인식하게 되었으며, 그 결과로 체계 이론이 나타날 수밖에 없었다. 소수민족들의 가난과 압제가 절망을 낳고 가족들의 성공을 가로막는다는 것과 사람을 변화시키기 위해서는 체계를 변화시켜야만 한다는 것이 그 당시에는 보다 분명해 보였을 것이다.

양자물리학에 따르면, 원자 미립자들은 관계 가운데서 작용한다고 한다. “하나의 미립자의(Quantum Physics) 역사를 전부 설명하려면 우주를 설명해야만 한다. 왜냐하면 각 미립자는 어떤 점에서는 우주 안에 있는 모든 다른 미립자들을 직접적으로 나타내는 것이기 때문이다." (Swimme & Berry, 1992) 소우주가 대우주를 나타내는 것이라면 인간 역시 서로서로, 그리고 인간 외의 모든 존재와 긴밀하게 연결되어 있는 것이다.

2 연결을 통한 자기의 발견

새로운 물리학은 진화해 가는 관계적 패러다임을 위한 맥락으로 사용할 수 있는 우주론을 심리학 이론에 제공하고 있다. 이 우주론은 다른 사람들과의 관계 가운데서 자기를 발견하는 데 기초를 둔다. '관계 안에서의 자기(self-in-relation)' (Jordan, Kaplan, & Miller et al., 1991) 원리는 자라나는 아동의 첫 번째 충동(drive)을 독특하면서도 연결된 자기 개념을 발견하는 것이라고 본다. 그러나 이러한 발달적 충동은 아동이 다른 사람들로부터 확인받고자 하는 열망이 채워지지 않을 때 중단될 수 있으며, 아동은 그 결과로 인해 겪는 고통을 감소시키기 위해서 대처기제, 즉 방어적 적응을 발달시키게 된다. 고통은 자기몰두(도취)를 야기하며, 그에 따라 세상을 자기 방식으로만 바라보게 하고, 자신만의 방어 스타일이라는 필터를 통해 세상과 관계하도록 이끈다. 결국 대인관계는 개인의 자기몰두와 방어에 의해서 압박을 받게 되고, 개인은 더욱더 자기보호와 고립을 초래하게 된다.

우리는 하인즈 코헛(Heinz Kohut)이 만족스러운 '자기-대상(self-object)' 경험이라고 불렀던 것을 통해 자기를 유지하려는 꺼지지 않는 욕망을 가지고 있는 것 같다(Kohut, 1977, 1978). 자기심리학자들(self psychologist)은 인간의 심리적 기능이 사회적 상호작용에 깊이 내재되어 있다고 주장한다. 자기(self)는 관계 가운데서 발견되기 때문에 코헛은 치료사가 '대리적 성찰(vicarious introspect)'을 통해 내담자의 경험에 대한 공감을 발달시킴으로써 내담자를 도울 것을 강조했다. 다시 말해 치료사의 일은 내담자의 신발을 신고 세상을 그 사람의 관점에서 바라보는 것이다. 코헛은 칼 로저스(Carl Rogers)와 더불어 치료사가 내담자의 말과 감정을 거울처럼 비춰 줌으로써 그렇게 할 수 있다고 가르쳤다. 내담자에 대한 치료사의 깊은 이해와 치료관계에서 발생되고 철저히 다루어지는 전이(transference)를 통해서 내담자는 자기감(sense of self)을 발견할 수 있다.

코헛과 로저스가 한 일이 자기의 이해에 있어 큰 진보를 보여 주기는 했지만, 그들은 여전히 내담자가 치료사를 신뢰하는 것이 그 자신의 주요 타인들을 신뢰하는 것보다 더 중요하다고 여겼던 그 시대의 개인적 패러다임(Individual Paradigm)을 확고히 지키고 있었다. 관계적 패러다임(Relational Paradigm)으로 변화하기 위해서는 치료사가 내담자의 주요 타인들로 하여금 내담자에게 치유와 자기감의 발견을 위해 필요한 반영과 '대리적 성찰'의 경험, 즉 공감을 발달시켜 제공할 수 있게 해야만 한다. 치료사에게는 개인보다는 관계를 다루려는 신념의 도약이 필요하다. 즉, 해석이나 행동적 개입, 혹은 통찰과 전이를 통해서가 아니라 대화의 과정을 통해서 관계가 치유될 수 있다는 것을 믿기 위해서는 용기가 필요하다. 그러나 부부대화를 통해서 독특하면서도 연결된 두 개의 자기들이 탄생하는 것을 지켜보는 것은 대단히 멋진 일이 될 수 있다. 비록 한 파트너가 자기의 '그림자 부분(shadow side)'을 드러내는 것이 고통스러울 수 있으며, 상대방의 그림자 부분을 보는 것 또한 똑같이 고통스러울 수 있지만, 파트너들은 사실상 대화관계 가운데서 더 진실하게 될 수 있고, 참된 사랑과 희망, 치유에 접근할 수 있다. 그것이 관계적 패러다임의 힘이다.

3 우리는 연결을 통해 발달한다

지난 100년 동안 나타났던 대부분의 성격 이론은 인간의 최초의 과제가 곧 분리와 개별화라는 데 뿌리를 두고 있다. 그 이론에 따르면, 가장 건강한 인간은 견고하고 독특한 자기 개념(sense of self)을 가지고 있다. 즉, 자기(自己, self)는 자율적, 자기충족적이며, 타인들의 모형으로부터 분리되어 있어야만 한다. 이 과제는 일련의 발달 위기(Erikson, 1968, 1989, 1982)를 경험함으로써 완수되는데, 그 위기는 개별성(individuation), 즉 자기의 분리를 가져다준다. 그때가 되어서야 인간은 다른 사람과의 친밀감을 경험할 수 있게 되는 것이다.

하지만 관계적 패러다임의 이야기는 다르다. 자기의 발달 과정의 위기를 통한 개별성은 연결(connection)만큼 중요하지는 않다고 본다. 즉, 발달 과정의 위기뿐만 아니라 발달 과정의 관계 가운데서, 공감과 친밀감의 보유라고 하는 부가적인 이익을 얻으면서 자기는 정의되고 분리될 수 있다. 이것이 '관계 안에서의 자기'(Jordan et al., 1991)가 된다.

관계적 패러다임에 의하면 관계 안에서의 자기의 발달은 유아의 양육자와의 관계로부터 시작된다. 유아는 씨앗과 같이 아동기 내내 발달적 충동이 특정한 시기에 나타나도록 프로그램되어 있다. 아동기에는 정해진 때가 되면 나타나는 삶의 기술들을 아이가 숙달할 수 있도록 양육자들이 지지해 주고 지속적으로 인정(validation)해 주어야만 아동이 그 발달적 과업을 잘 숙달할 수가 있다.

아동의 초기 시절, 그러니까 모든 일들이 다 잘되어 간다라고 가정했을 때에 과연 무슨 일이 일어나는지에 대해 이마고 이론에 따라 살펴보도록 하겠다.

아기는 생후 15개월 정도가 될 때까지 초기 양육자와 애착(attach)하고자 하는 충동을 갖는다. 그는 양육자의 가슴에 꼭 안기고, 젖을 빨고, 돌봄을 받는 것이 필요하다. 그의 욕구가 불가피하게 좌절될 때도 있기는 하지만, 이 시기에는 누군가 충분히 시간을 내어 그의 필요를 돌보고 있다는 것을 아기로 하여금 배우게 하는 것이 중요하다. 아기에게 양육자가 '적절하게 안아 주는 환경(right holding environment)'을 제공해 준다면 아기는 사람들에게 '애착하는 능력'을 숙달할 것이며, 또한 세상 안에서 기본적인 안전감을 발달시키기 시작할 것이다. 그러면 그는 다른 사람에 대한 신뢰를 발달시킬 수 있게 되고, 그로 인해 버림받음의 두려움이 점차 줄어들게 될 것이다. 그리고 점점 활동량이 늘어나면서 생후 15개월 정도가 되면 그다음의 발달적 욕구가 나타나게 된다.

이 두 번째 단계에서의 아기의 가장 중요한 충동은 자신의 주변을 탐색(explore)하는 것이다. 그는 서랍과 장식장에서 물건들을 꺼내고, 장난감을 부수며, 스테레오 장치를 시험해 본다. 새로 페인트칠한 벽에 크레용으로 정교하게 낙서를 하고, 쇼핑몰에 갈 때마다 아빠 엄마가 계속 쫓아다니게 만든다. 이 때 아기가 양육자로부터 필요로 하는 것은 자신의 탐험과 호기심을 지켜봐 주고 그것을 반영해 주고 지원해 주는 것이다. "너 정말 많이 컸구나!" "어쩜 그렇게 똑똑하니!" "이렇게 예쁜 그림을 그릴 수 있다니!" 이 단계는 언어 기술이 발달하고 상상력이 좀 더 완전히 발달하는 3세경까지 계속된다. 그다음은 정체성(identity) 형성이라고 하는 세 번째 발달 과제를 만나게 될 것이다.

처음에 정체성은 하나가 아니라 여럿이다. 그는 더 이상 아기가 아니지만 그렇다고 다 큰 것도 아니다. 그래서 그는 자신이 누구인지를 발견하려 들기 시작하며, 자신이 개나 고양이, 만화 속 캐릭터, 엄마나 아빠 등 많은 것이 될 수 있다는 것을 배운다. 그의 부모는 그가 멍멍 짖으며 무릎으로 기어다니거나 봉제 동물 인형을 구조하기 위해 집 주변을 날아다니는 시늉을 하는 것을 지켜보며 즐거워한다. 이 단계를 통과하려면 아이는 이번에도 양육자들로부터 그의 행동을 반영해 주는 것을 필요로 한다. 아이는 "멍멍아, 귀 좀 긁어 줄까?" 또는 "도와줘요 슈퍼맨! 큰 일 났어요!" 같은 말을 들을 수 있어야 한다. 다시 말해서 여러 가지 정체성을 시험해 볼 때, 양육자들이 "네가 자신이 무엇이라고 생각하든 넌 바로 그거야." 라고 말해 주듯이 그 정체성들을 거울처럼 비춰 주어야 한다. 정체성을 탐색하는 일은 아이로 하여금 자신의 여러 다른 면들을 시험해 보게 하며, 그것이 결국은 인생이 그에게 가져다줄 여러 다양한 역할들에 대해서 확신을 가지고 반응할 수 있게 해 준다. 이 단계에서 경험하게 되는 반영을 통해서 성격 특징이 경직되거나 흐릿해지기보다는 분명하면서도 유연하고 독특해질 수 있다.

아이가 일단 자신이 어떤 사람이 되어 가고 있는지에 대해 감을 잡으면 4세 정도에는 자신의 능력(competence)을 시험해 보기 시작할 것이다. 유치원은 아이에게 그림을 그리고 색칠하고 노래를 부르는 기회를 제공한다. 그는 작품을 가지고 집에 돌아오고 엄마 아빠 앞에서 자랑스럽게 노래를 부르고 자신의 그림을 보여 준다. 그에게 필요한 반응은 단순히 "굉장한데!" 또는 "자랑스럽겠구나!"다. 이 시기는 엄마나 아빠와 함께 부엌에서 케이크 반죽을 하거나 할아버지와 뒤뜰에서 구멍을 파는 때다. 결과가 어떻든 아이는 자기가 한 일에 대해 "훌륭해."라는 말을 듣기를 갈망한다. 비록 아직은 기술이 부족하더라도 이 능력 단계에서는 무언가 성취하고자 하는 욕망이 불가항력적이다. 칭찬은 아이에게 계속해서 새로운 기술을 연마하는 데 필요한 격려를 제공해 준다. 마침내 노래 소리가 더 좋아지고, 그림도 봐 줄 만해지며, 케이크는 부풀어 오른다. 그 결과 아이는 자신의 능력을 격려해 준 양육자에게 계속 연결되어 있으면서 또한 자신의 능력에 대해 만족스럽게 느낀다.

이제 아이가 6세 정도가 되면 애착을 유지하면서도 탐험하는 것을 배우고, 정체성을 발달시키면서 또한 능력에 대한 자신감을 느낀다. 이 단계는 학교에 들어가고 친구들을 사귀는 때다. 공감 능력이 여전히 그대로이기 때문에 아이는 이 다섯 번째 단계에 들어가는 데 별 문제가 없다. 그는 친구들을 발견하고, 단짝 친구를 선택하며, 학교 안에서 만들어지는 다양한 또래집단들 사이를 쉽게 들락날락한다. 아이는 양육자들이 적극적으로 상호 교류하는 행동 모델과 더불어 그들의 반영과 격려를 필요로 한다. 아이는 아마도 다음 5년 또는 7년 동안 같은 학교의 친구 그룹과 함께 지내며 일평생 사용하게 될 관계 기술을 배울 것이다. 이 단계는 그다음 단계의 발달적 욕구를 위한 기초가 되는데, 다음 단계의 발달적 욕구란 청소년기와 초기 청년기 동안 **친밀한 관계**(intimate relationships)를 형성하는 일이다.

지금까지의 내용이 어린아이의 성장을 위한 이상적인 시나리오이긴 하지만 가족의 사회경제적 박탈과 외상, 그리고 알코올 남용 또는 우울증을 포함하여 아이의 발달 과정을 변경시킬 수 있는 수많은 다른 요인이 있다. 그러나 그러한 환경과는 상관없이 아이는 연결(connection)과 인정(validation), 그리고 안전한 관계적 맥락(safe interpersonal context)에 대한 똑같은 발달적 욕구를 갖는다.

하나의 관계 발달 단계로부터 그다음 단계로 이동하는 것이 일직선상에 있다고 할 수는 없다. 오히려 모든 진화적 발달에 있어서와 마찬가지로 그것은 '초월과 포함(transcend and include)'의 과정이다(Wilber, 1996) ([그림 1 참고]). 만약에 아이가 어떻게 애착하며 안전하게 느끼는지를 배운다면 아이는 그 단계를 넘어서 다음 발달 단계인 **탐험**을 향하여 움직인다. 그러나 탐험의 단계는 아이가 애착의 단계 동안에 성취한 것을 필요로 하며 그것을 포함한다. 즉, 아이가 탐험의 단계를 잘 마치고 그다음 발달적 충동이 나타나면 탐험 단계를 넘어서게 되고, 아이는 애착과 탐험 또한 가능한 상태로 정체성의 단계로 들어서게 된다. 그러므로 모든 발달 단계를 성공적으로 넘어가는 아이는 다른 사람에게 애착할 수가 있고, 세상을 탐험하거나 호기심을 가질 수도 있고, 강하면서도 유연한 정체성을 지니며, 자신이 하는 일에 대해서 **능력감**을 느끼고, 동시에 다른 사람들에 대한 관심도 갖는다. 관계라는 맥락 가운데서 이러한 발달적 과제를 숙달하게 되면 타고난 공감적 능력을 그대로 간직한 채 자기를 발견한다. 그때가 되어서야 이제 젊은 청년이 되어 다른 사람과 더불어 진정한 친밀감을 경험할 수가 있다.

심리건강 분야에서 오랫동안 일한 사람이라면 누구나 알고 있듯이, 이러한 발달 시나리오에 들어맞는 사람은 그리 많지 않다. 어떤 일이든 다음 발달 단계로 뛰어넘어 가는 과정은 결코 쉬운 것이 아니다. 원자가 분자가 되고, 분자가 세포가 되는 것이나, 탐험의 과정에서 정체성의 과정으로 넘어가는 것이나 모두 다 마찬가지다. 성공하지 못하는 경우도 많다. 분자가 분리된 채로 남아 더 큰 무언가의 일부분이 되지 못하고 분자 그대로 머무르기도 한다. 아이는 정체성의 주제가 나타났음에도 불구하고 탐험의 단계를 뒤로 하고 떠나가지 못할 수도 있고, 비록 다음 단계를 지나가더라도 미해결된 채로 남아 있는 발달적 주제에 대한 방어기제가 형성될 수도 있다. 그런 방어기제는 처음에는 아이가 가족 안에서 대처하기에 유용할 수 있지만, 나중에는 그가 만나게 되는 모든 관계에 영향을 주는 짐이 될 것이다([그림 2 참고]).

부모는 완벽할 수 없다. 아이를 키워 본 사람이라면 누구나 우리가 아이의 필요를 모두 채워 줄 수는 없으며, 그러기를 원해서도 안 된다는 사실을 증언한다. 좌절이 없다면 걷는 법을 배우려 하지 않을 수 있고, 오히려 모든 것이 자기 앞에 옮겨지기만 바랄 수도 있다. 좌절은 성격과 기질을 형성하며 재능과 힘과 탄력성을 창조한다. 그러나 좌절이 너무 잦거나, 그 강도가 높거나, 발달 충동 단계에 너무 맞지 않거나, 관계의 단절을 초래한다면 아이는 으레 그 상황에 대처하는 데 필요한 어떤 행동을 만들어 내게 될 것이다. 시

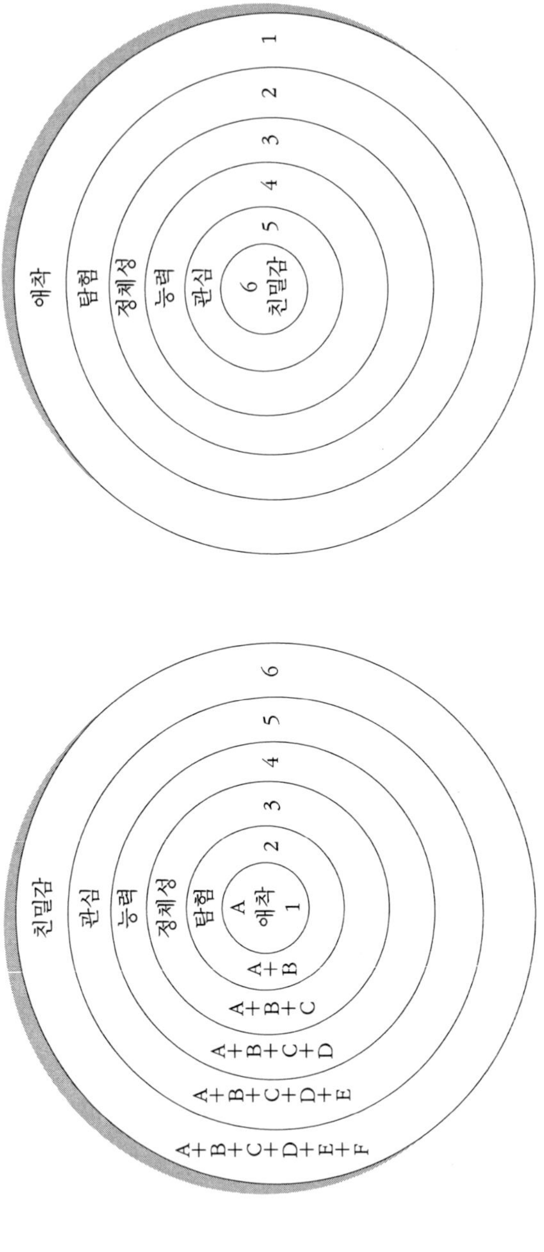

[그림 1] 상호관계적 발달단계들

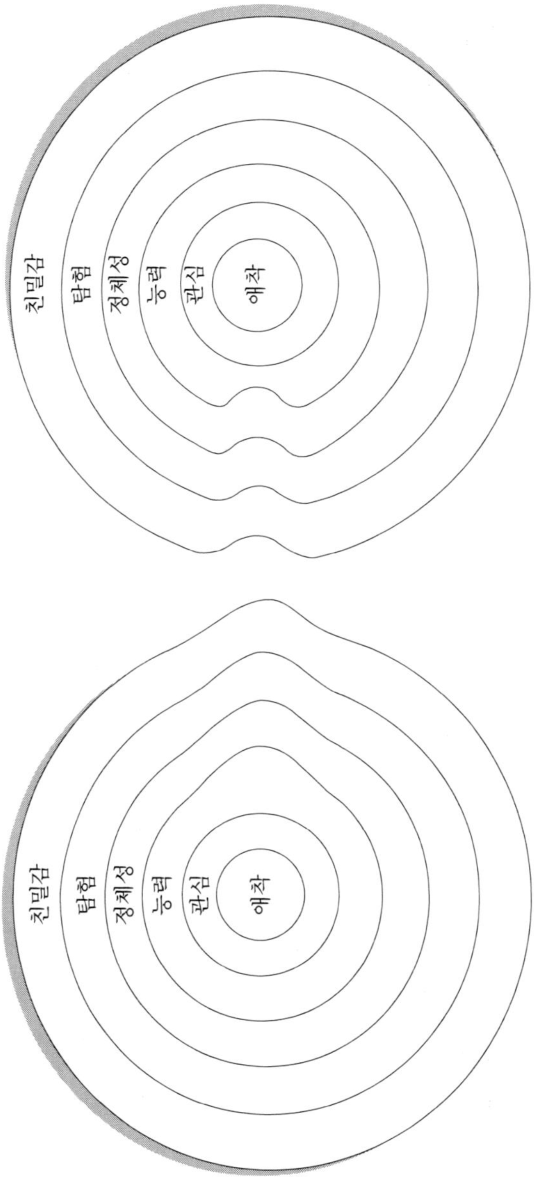

[그림 2] 커플의 발달단계적 상처: 상처가 서로 들어맞는다.

간이 흐르면 그 적응행동이 스스로 만들어 낸 것이라는 점을 잊게 되고 그것은 자기 자신의 일부가 된다.

이런 아동 발달 시나리오를 하나 더 살펴보겠는데, 이번에는 환경이 좀 다른 경우다. 나는 이 아이를 크리스라고 부르겠다. 그의 아빠는 집안에서나 사회에서 어떻게 처신해야 하는지에 대해 매우 완고한 생각을 갖고 있으며, 굳은 표정과 창피를 주는 방식으로 크리스의 행동을 통제한다. 이 가정에는 규칙이 있는데, 크리스가 세 살이 되자 그도 그 규칙을 따라야만 했다. 크리스의 엄마는 일찌감치 남편이 하자는 대로 그저 따라감으로써 평화를 유지하는 법을 배웠다. 그녀도 자기 의견이 있긴 하지만 그것을 표현이라도 하려 들면 그때마다 말문이 막히게 되어 더욱더 남편의 생각을 따르게 되었다. 그녀는 친절하고 다정했으므로 크리스가 애착을 위해 필요로 하는 만큼 안아 주었고 그가 세상을 탐험하도록 하는 데도 별 문제가 없었다. 그러나 크리스의 아빠는 너무 엄격했고 세 살짜리인 크리스에게는 지나치게 무리일 정도로 더 자주, 그리고 더 오래 가만히 앉아 있기를 요구했다.

크리스는 세 살이 되자 정체성을 시험하게 되었다. 그는 만화에 나오는 캐릭터가 되어 놀며 강아지처럼 멍멍거리며 돌아다녔다. 엄마는 크리스의 행동을 즐겼지만 아빠는 그런 것을 좋아하지 않았기 때문에 종종 크리스는 자신의 반응을 절제해야만 했다. 크리스의 아빠는 종종 "그만해, 크리스. 큰 아이처럼 행동해야지."라고 말했다. 자신이 정말 큰 아이처럼 행동했다고 생각했던 크리스는 혼란스러웠다. 이제 마침내 우유병도 안 빨고 배변 훈련도 거의 끝냈으니 말이다. 그것이 세 살짜리가 해야 하는 일이 아닌가.

하루는 크리스의 아빠가 퇴근해서 집에 돌아왔는데, 크리스가 앞치마를 두르고 엄마와 함께 과자 반죽을 젓고 있는 것을 발견했다. 아빠는 몹시 화가 났다. "당장 그 앞치마를 벗지 못해! 내 아들이 그런 앞치마를 입고 있을 수는 없어. 도대체 당신은 어쩌자는 거야? 크리스를 계집애로 만들기라도 하겠다는 건가? 당신이 이 따위 짓을 한다면 내가 어떻게 내 아들을 당신에게 맡길 수 있겠어?" 남편의 분노에 크리스의 엄마는 어찌할 줄 몰라 항변도 못하고 방을 나갔다. 크리스는 그 어느 때보다도 더욱 혼란스러웠다. 자신은 그저 엄마랑 재미있는 시간을 보내고 있었을 뿐인데, 이제는 자신이 뭔가 나쁜 짓을 한 것처럼 느껴졌기 때문이다.

그후 상황은 결코 예전 같지가 않았다. 아빠는 크리스의 생활에 더 많이 관여하는 듯했다. 그는 크리스와 함께 일요일에 축구를 보곤 했지만 크리스는 함께 텔레비전을 볼 때마다 조용히 있어야만 했다. 그는 마치 꼬마 군인처럼 일을 제대로 하려면 어떻게 해야 하는지에 대해 아빠가 신호를 내려 주기를 기다렸다. 크리스는 수치감을 피하기 위해서는 좀 더 자신의 아버지처럼 되어야만 한다고 느꼈다. 그리고 실제로 그렇게 했다. 예를 들어, 그는 거의 울지 않게 되었다. 사내아이는 울지 않는 거니까.

크리스가 네 살이 되자 자신의 능력을 발달시키기 위해서 만들고 고치는 일에 매력을 느꼈다. 그러나 그는 일을 완성하기 전에 아버지가 자기가 하고 있는 것에 만족스러워하는지를 항상 살피게 되었다. 여섯 살이 되자 크리스는 친구들, 특히 거친 사내아이들과 사귀는 일에 열중했다. 그들과 축구를 하고, 서로 터무니없이 과장된 민족 영웅들의 이야기를 나누었다. 크리스는 항상 숙제를 잘하는 좋은 학생이었다. 그는 A나 B 이하의 성적표는 집에 가지고 올 생각조차 못했다. 크리스는 나이가 들어 감에 따라 점점 더 자신의 감정을 숨겼고 거의 울지 않았으며 대체로 아무 어려움도 없는 것처럼 행동했다. 그는 방어행동을 사용함으로써 발달 단계를 통과하였는데, 실제로 항상 남자답게, 자신의 아버지처럼 정도를 따랐다. '경직되었다' 고 묘사될 만한 이러한 태도는 초등학교 시절 초기 언젠가부터 크리스의 성격의 일부분이 되었다. 그는 사랑받고 인정받고 수용되기 위해 아빠처럼 되어야만 한다고 배웠으며, 엄마는 허용해 주었지만 아빠는 수용하려 들지 않았던, 자연스럽고 창조적이고 여성적인 자신의 부분을 거부하거나 부인해야만 했다. 크리스는 관계 가운데서 상처를 받았다.

4 모든 냄비의 뚜껑

한편 그 도시 건너편에 살았던 메그 역시 엄격한 아버지 밑에서 자랐다. 메그의 부모는 메그 외에도 이미 자녀를 셋이나 둔 상태였다. 메그가 세 살이었을 때, 부모에게 동물 인형을 지켜봐 달라고 간청을 하곤 했지만 그들은 너무 바빠서 같이 놀아 줄 수가 없으니 언니 오빠랑 놀아야만 한다고 말하곤 했다. 메그는 그때 거의 반영을 받지 못했는데, 그 때문에 자신의 여러 다른 면들로 구성된 정체성을 형성하기가 어려웠다. 그래서 그녀는 인생을 항해하는 가장 좋은 방법은 부모가 하라는 대로 그냥 따라하는 것이라고 배우게 되었다. 그것이 그나마 조금이라도 부모의 주의를 끌 수 있는 방법이었는데, 메그가 부모의 말을 잘 따르면 부모가 그녀를 좀 더 인정해 주는 것 같았기 때문이었다.

메그가 자라서 자신의 능력을 발달시키기 시작한 네 살 때쯤 그녀는 물건을 만들고 고치는 일을 시도했지만 대부분 자기 혼자서 놀았을 뿐이고, 부모의 개입이나 칭찬은 거의 없었다. 여섯 살이 되자 그녀는 친구들을 원했다. 다른 아이들이 그녀를 좋아했음에도 불구하고 그녀는 수줍어했고 확신이 없었다. 그녀는 자신에게 주의를 끄는 일을 피했고 수동적이 되었다. 아동기 초기 어느 때인가 메그의 성격 특성이 형성되었는데, 그녀는 흐릿한 성격(diffused personality)을 발달시켰다. 그녀는 관계 안에서 상처받았다.

같은 도시에서 자란 두 젊은이, 메그와 크리스는 집을 떠나 각각 대학에 들어갔다. 그들은 대학을 졸업한 후 우연히 한 파티에서 만났다. 그들이 첫눈에 사랑에 빠진 것은 아니었지만, 만난 지 서너 주 후 데이트를 신청할 정도로 크리스는 메그에게 깊은 인상을 받았다. 그들은 계속해서 만났으며 점점 더 가까워졌다. 크리스는 메그가 매력적이고 황홀하다고 생각했다. 그녀는 말이 없었지만 그것이 그녀를 이야기를 잘 들어 주는 사람으로 보이게 했다. 한편, 메그에겐 크리스가 똑똑하고 멋있어 보였다. 그는 자기 자신이나 미래에 대해 확신이 있는 것 같았다. 그는 여러 가지로 아는 것이 많았으며 긍정적인 가치관과 강한 신념을 가지고 있었다. 그녀는 그로부터 많은 것을 배울 수 있을 거라고 생각했다.

만난 지 1년 후에 메그와 크리스는 결혼했고 곧 가족이 만들어졌다. 그리고 아이 둘을 연달아 낳았다. 크리스의 주장에 따라 메그는 교사를 그만두고 집에 머물며 아이를 키웠다. 크리스의 말은 자기는 외아들이었음에도 불구하고 자신의 어머니가 집에 계셨으니, 두 아이를 키우려면 엄마가 집에 있는 것이 당연하고 더 중요하지 않겠냐는 것이었다. 크리스는 무엇보다도 자신의 아이들이 훌륭한 가치관을 가지고 품행이 단정하기를 원했다. 메그는 거기에 저항하지 않았다. 그녀는 살림을 하고 아이들과 함께 있는 것을 즐겼다. 그러나 아이들이 초등학교에 다니면서 점점 크고 독립적이 되자 메그는 불안해지기 시작했다. 그녀가 자신의 감정에 대해 크리스에게 말을 하려고 하면 크리스는 그녀를 타이르곤 했다. "도대체 지금 뭐가 문제야? 당신은 일을 안 해도 되고 뭐든 필요한 건 다 가졌잖아. 난 이해를 못하겠어." 메그는 뒤로 물러섰고 자신의 감정을 제쳐 놓은 채 아이들이 청소년기에 접어들게 되면 상황이 변하게 될 거라고 생각했다.

상황이 정말로 변했다. 아이들은 십대가 되자 더욱 반항적이 되었으며, 메그의 행복하지 않은 느낌 또한 더욱 커졌다. 메그와 크리스는 아이들을 어떻게 다루어야 하는지에 대해 자주 다투게 되었다. 특히 큰아들은 엄마에게 말대꾸를 했고, 아빠와는 거의 말을 안 했다. 메그는 마침내 가족상담이 필요하다고 주장했지만, 크리스는 화를 내며 도움을 얻기 위해 자신의 가족을 낯선 사람에게까지 데리고 가는 것 같은 일은 절대로 없을 것이라고 공언했다. 그는 한동안 메그와 아이들에게 좀 더 낫게 대해 주었지만, 곧 다시 예전으로 되돌아가서 집이 항상 엉망이라고 불평하고 아이들의 나쁜 품행에 대해 메그를 탓했다. 메그와 크리스는 둘 다 다시 한 번 관계 안에서 상처를 입었다.

메그는 가족의 필요를 돌보느라 10년 이상을 미룬 후, 그러니까 작은 아이가 열네 살이 되었을 때, 드디어 자신의 경력을 추구할 때가 되었다고 결정했다. 바로 그 직전에 회사에서 정상의 자리에 오른 크리스는 그녀와 격렬한 말다툼을 했다. 그가 새로 승진한 자리는 출장이 잦은 자리였기 때문에 그는 메그가 계속해서 집안일을 맡아 주기를 원했다. 메그는 결혼 후 처음으로 남편의 요구에 응하기를 거절했으며, 대학원 석사과정에 입학했다. 메그는 의사소통 과목을 수강하면서 점점 더 말을 잘하고 자기주장도 잘하게 되었다. 그녀가 점점 더 자주 크리스에게 도전하기 시작했으므로 크리스는 자신이 통제권을 잃어버리고 있다고 느꼈다. 마침내 메그는 두 사람의 부부관계가 변해야 하며 그렇지 않으면 끝장이라고 최후통첩을 했다.

5 패러다임의 선택

치료를 받는 커플들은 그들의 관계에 대해 새롭게 생각하고 행동하는 법을 배우게 되는데, 이것은 치료사의 접근법에 달려 있다. 예를 들어서, 의사소통 치료사는 기초적인 듣기 방법을 가르치고 분명한 메시지를 전달하고 받아들이는 것의 중요성을 강조할 것이다. 인지치료 쪽의 부부치료사는 각 파트너의 사고를 탐색해서 상대방과의 관계에 대한 비합리적이거나 비현실적인 신념을 찾아내려 할 것이다. 행동주의 부부치료사라면 커플과 함께 서로 상대방을 즐겁게 해 주는 행동을 강조하며 문제해결 기술을 개선하는 작업을 할 것이다. 그러나 이러한 모델들은 모두 거의 똑같은 가설에 근거하고 있는데, 그것은 결혼을 했든 안 했든 각 개인은 자율적이고 분화가 되어 있고 독립적이어야 한다는 것이다. 비록 그러한 특징이 건강한 개인의 기능에 기여할 수 있다는 것이 분명하기는 하지만, 이 가설은 개인적 패러다임에 근거한 것이며, 그와 똑같이 중요한 인간의 다른 필요를 놓치고 있다. 특히 연결이라고 하는, 우리의 원래 상태를 유지하고자 하는 필요를 말이다. 더욱 광범위한 치료적 접근, 즉 관계적 패러다임을 다른 훌륭한 접근법과 통합하는 일이 필요하다.

6 이마고 부부관계치료

이마고 부부관계치료는 관계적 패러다임 접근법으로서 커플의 의사소통을 증가시키고, 발달이 저해된 것을 바로잡고, 어린 시절의 상처를 치유하며, 그들 사이의 연결을 회복시키는 한편, 서로의 분화 또한 촉진시킨다. 이마고 치료에 참석했던 많은 커플들이 그들 관계의 새로운 목적을 다시 발견했을 뿐만 아니라 영적인 삶이 새로워졌노라고 고백한다.

이마고 치료의 주요 도구는 이마고 부부대화법이다. 커플들은 대화를 할 때 세 가지 과정을 사용함으로써 서로를 듣는 법을 연습한다. 첫째는 메시지를 받는 사람(듣는 사람)에게 상대방이 하는 말을 가능한 한 정확하게 '반영' 해서 되돌려 주도록 요청한다. 메시지를 전하는(말하는) 사람이 이제 상대방이 자신의 메시지를 이해했다고 느낄 때, 받는 사람은 "더 하고 싶은 얘기가 있나요?" 라고 물어본다. 받는 사람은 자신이 말할 차례가 될 때까지 '담고' 있고, 어떤 반응도 억제하도록 요청받는다. 이것은 쉬운 과제가 아니다. 왜냐하면 받는 사람(듣는 사람)은 상대방이 이야기하는 것에 대해 으레 어떤 감정적인 반응을 느끼기 때문이다. 그러나 대화 과정 가운데서 반응을 담고 있는 경험은 자기가 반응할 차례가 될 때까지 기다리게 되면 상대방이 전하는 말을 좀 더 정확하게 들을 수 있다는 사실을 가르쳐 준다. 순서에 따라 역할을 바꾸게 되면, 말하던 사람은 들어 주던 사람의 말을 더 잘 들을 수가 있다. 다시 말해서, 상대방이 자신의 말을 잘 들어 주는 경험을 하게 되면 상대방의 말을 더욱 기꺼이, 그리고 더 잘 들을 수 있게 된다.

받는 사람이 전하는 사람에게 적절한 양의 정보를 반영해서 되돌려주면 전하는 사람은 받는 사람에게 전달받은 메시지를 인정해 주도록 요청한다. 인정은 동의를 의미하는 것이 아니다. 그것은 본질적으로 상대방의 메시지가 상대방의 관점에서 볼 때 타당성이 있다고 말해 주는 것이다. "당신이 무엇을 생각하는지 알겠어요. 당신이 어떻게 해서 그런 식으로 보는지를 이해할 수 있어요."와 같은 말이 인정의 좋은 예다. 인정을 받게 되면 메시지를 전하던 사람은 으레 마음이 진정되고 더욱 깊이 이해받은 느낌이 든다고 보고한다. 그리고 종종 "이제는 미칠 것 같지 않아요."라고 말하곤 한다. 그의 세계가 마침내 상대방에게 이해된 것이다. 비록 서로 여전히 동의하지는 않더라도 말이다.

이마고 부부대화법의 세 번째 단계는 받는 사람이 전하는 사람에게 공감을 표현하도록 하는 것이다. 스톤 센터(Stone Center)의 주디스 조던(Judith Jordan)(Jordan et al., 1991)은 공감을 정서적인 승복과 인지적 구성이라는 두 부분의 과정으로 묘사했다. 조던에 의하면 공감이란 잠시 상대방의 감정을 느낀 다음 다시 자기 자신으로 되돌아오는 것, 즉, 상대방의 감정이 자기 자신의 것이 아니라는 것을 아는 것, 그리고 그 사람이 어떻게 느끼는지 추측해 보는 것을 포함하는 것이다. "내가 보기엔 당신은 외롭고, 슬프고, 부적절하다고 느끼는 것 같아요."와 같은 말이 공감적인 표현이다.

이마고 부부대화법에서 주로 초점을 맞춰야 하는 것은 커플이 치유적인 연결을 창조할 수 있도록 돕는 일인데, 이는 서로의 사이가 감정적으로 충분히 안전해야만 가능하다. 어떤 커플들은 수년 간 서로의 감정을 멍들게 해 왔으며, 이렇게 감정적 안전이 파괴되어 온 경우에는 언제나 서로 상대방을 향해 그 사람이 사랑하는 사람이 아니라 오히려 적인 것처럼 반응한다.

관계 안에서의 안전은 약속이 되어야만 하지만, 우리 모두 그 약속이 완벽하게 지켜지지는 않으리라는 것을 알고 있다. 사실상 안전이란 어길 수도 있지만 관계의 과정 동안에 수없이 갱신되어야만 하는 약속이다. 커플이 그들의 핵심 장면을 재연하며 똑같은 싸움을 반복할 때마다 그들의 원시적인 뇌가 우세해지고 안전은 퇴각한다. "당신은 하나도 안 변했어요! 이런 거 해 봤자 다 쓸데없어요. 당신은 정말 사기꾼이에요. 그러고서 어떻게 당신은 우리 관계가 제대로 되길 바란다고 말할 수 있죠?" 싸움이 끝나면 안전을 창출할 대안은 단 하나다. 그것은 커플이 다시 안전에 위탁하기로 하고 서로의 말을 잘 듣고 이해하기를 시작하는 것이다. 그런 순간은 커플들에게 있어 진정한 성장을 위한 기회다. 싸움을 통해서는 성장이나 연결이 불가능하지만 대화 과정의 안전 안에서는 성장과 연결이 자라난다.

커플들에게 '안전한 장소'를 시각화하고 안전을 확립하기 위해 심호흡을 하도록 가르친다. 그들은 불안전한 감정에 대한 신체의 반응을 인식하고 불안전한 감정이 원시적인 뇌—즉, 우리를 신체적으로 살아 있게 유지시켜 주며, 그렇기 때문에 안전이 결여된 상태에 대해서는 마치 자신이 죽게 될 것처럼 반응하는 이 오래된 뇌(old brain)—로부터 생긴다는 것을 이해하도록 배운다. 안전이 확립되고 커플이 대화의 기술을 배우게 되면 관계의 치유를 증진시키는 다른 과정들도 사용할 수 있다. 배우자에 대한 새로운 이미지 구성 과정은 커플이 서로 상대방의 어린 시절의 상처와 채워지지 않았던 갈망을 이해하게 함으로써 공감을 재확립하도록 도와준다. 좌절의 재구성은 상대방에 대해 느끼는 좌절들을 상대방에게 행동 수정을 요청하는 긍정적인 말로 바꾸어 표현하는 것이다. 서로가 원하는 것을 만족시켜 주려면 각자가 과거의 방어 적응기제와 성격 특성적인 한계로부터 성장함으로써 각자 자신의 개인적인 성장을 촉진시켜야 한다.

분노를 표현하는 동안 안전을 유지해야 할 필요성은 '담아두기 과정(Container Exercise)'에 의해서 강조된다. 담아두기 과정은 이마고 작업 중 가장 어려운 과정 중 하나로서, 보통 치료사가 슈퍼비전을 받으며 실시하게 되는데, 받는 사람이 가능한 한 많은 공감과 함께 들어 주는 동안에 전하는 사람으로 하여금 충분히 분노를 표현하도록 허용해 준다. 분노를 공감하면서 받아들여 주면 으레 부드러워지고 상처로 바뀌게 된다. 그렇게 되면 받는 사람은 그 상처가 상대방의 분노의 깊은 근원인 것을 이해할 수 있게 된다. 담아두기는 서로의 어린 시절의 상처에 대한 귀중한 통찰을 제공해 주는데, 그것은 서로 보살피고 치유하고자 하는 동기를 강화시키는 것이다. 그런 행동은 결국 "역사를 역사로 만든다(Make history, history.)."

이마고 부부관계치료의 마지막 두 과정은 상처가 천천히 회복되는 동안에 종종 여전히 남아서 어슬렁거리고 있는 부정성을 극복하고 부부관계의 긍정적인 면들을 회복시키기 위해 고안되었다. 가트먼(Gottman, 1979)은 오랜 기간 안정된 결혼생활을 하는 부부들은 부정적인 행동을 한 가지 할 때마다 다섯 가지의 긍정적인 행동들을 더 한다는 것을 밝혀냈다. 커플들은 다시 낭만적이 되는 것을 통해서 그들의 초기 관계에서 더욱 자연스럽게 나타냈었던 낭만적인 행동을 다시 회복한다. 그들은 아침 산책, 등 마사지해 주기, 짧은 사랑 편지, 꽃다발, 뜨거운 차 한 잔, 잦은 포옹 등 서로 상대방이 기뻐할 행동들을 넘치게 하도록 격려받는다. 또한 두 사람의 관계에서 로맨스를 회복할 수 있도록 깜짝 기뻐하고 놀랄 일을 한다든가 배꼽을 잡고 웃을 수 있는 방법을 배우게 된다.

그리고 마지막으로 커플들은 그들의 관계에 대한 긍정적인 비전, 즉 '당신이 꿈꾸는 결혼생활'을 묘사하는 문장을 작성하도록 요청받는다. 사업에 있어서나 무언가를 이루려고 노력할 때, '꿈을 꿀 수 있다면 그것을 이룰 수 있다.' 자신들의 관계에 대한 비전을 함께 나누는 커플들은 그것을 성취하기 위해서 함께 더욱 노력하는 것 같다. 부부관계 비전은 그들의 여정을 위한 지도 같은 역할을 한다. 이마고 치료 작업에 있어서 부부가 함께하는 삶의 여정의 안전과 즐거움은 정말 중요하다.

7 관계성의 패러다임

이마고 부부관계치료 과정들은 어린 시절에 잃어버렸고 커플의 주도권 다툼 가운데서 끊어졌던 연결을 새로 회복시킨다. 이 과정들이 부드럽게 굴러가리라는 보장은 없다. 커플들이 항상 이해받는 느낌을 갖는 것은 아니며, 갈등이 남는 것 또한 피할 수 없다. 다만 이마고 치료는 커플들이 파트너십을 그들의 치유와 문제 해결, 그리고 성장의 자원으로 사용하도록 지도하며, 그들의 관계가 점차 깊어짐에 따라 개인적으로 더 큰 성취를 이룰 수 있게 한다.

이마고 작업은 부버(Buber, 1958)가 '타자의 타자성(otherness of the other)'이라고 부른 것처럼, 상대방의 고유성을 이해하는 것이 결정적으로 중요하다는 점을 강조한다. 말하자면 우리가 우리 문화와 외국 문화 사이의 차이점을 이해하게 될 때, 처음에는 이상하게 보였던 다른 문화적 관습을 좀 더 수용할 수 있게 된다. 우리가 상대방의 세계관을 보다 충분히 이해하게 될 때, 좀 더 수용적으로 반응할 것이다. 우리는 상대방에게 동의하지 않을 수 있다. 그러나 잠시만이라도 우리의 관점을 초월하여 상대방이 나와 세상을 다르게 본다는 것을 이해할 수는 있게 될 것이다. 그리고 우리의 차이를 이해하고 수용할 수 있을 때, 우리는 둘 다 개인으로서 자신의 특징을 더욱 분명히 하게 될 것이다.

이 원리를 전형적인 상호작용에 적용해 보기 위해, 예를 들어 남편이 다음과 같이 말했다 하자. "이봐요, 난 이번 여름에는 토요일 아침마다 낚시를 가겠어요. 이번엔 작년 낚시철처럼 그렇게 주말

마다 집에 있진 않겠어요." 그러면 아마도 아내는 이렇게 반응할 것이다. "절대 그럴 순 없어요." 그러나 이마고 작업에서는 아내가 이렇게 말하는 대신, 남편으로 하여금 남편이 원하는 것에 대해 좀 더 이야기를 할 수 있게 해 준다. "토요일에 낚시를 가는 것이 왜 그렇게 당신에게 중요해졌나요?" 남편이 원하는 것의 그 간절함에 대해, 즉 주말에 낚시 가는 것이 그에게 있어 무엇을 의미하며, 왜 그것이 그에게 그렇게 중요한지에 대해서 아내가 좀 더 이해를 하게 될 때, 아내는 남편이 요구하는 것을 좀 더 수용하고 반응하게 될 것이다. 동시에 아내가 남편의 말을 기꺼이 들어 주고 반응해 주었기 때문에 아마도 남편은 자신이 그토록 매주 토요일 낚시를 가고 싶어 하던 그 간절함이 조금은 줄어들게 될 것이다.

개인적 패러다임에서 훈련을 받아 온 치료사들은 관계적 패러다임이 이전에 그들이 작업했던 것과는 매우 다르게 작용한다는 사실을 종종 발견하곤 한다. 가장 분명한 차이는 개입과 전이의 초점이 치료사가 아니라 바로 치료사 앞에 앉아 있는 '커플'들 자신이라는 것이다. 치유의 능력을 가지고 있는 것은 파트너 자신들이지 치료사가 아니다. 단지 치료사는 이들을 돕는 코치이며, 의식적인 관계의 탄생을 보조하는 산파인 것이다.

8 관계성의 신비

고유한 개인이 되면서 동시에 다른 사람과의 연결을 유지하는 것이 관계적 패러다임의 치료 목표다. 독창적인 저서인 『나와 너(*I and*

Thou)』에서 마르틴 부버(Martin Buber)는 자기 자신을 정의하는 방법으로서 다른 사람을 이해할 필요성에 대해 논한다(Buber, 1958). '너' 라는 단어를 다루는 데 있어서, 그리고 심지어 그 단어를 말하는 데 있어서 우리가 갖는 어려움에 대해 부버는 다음과 같이 말했다. "이 단어는 그것이 지칭하는 존재에 대한 긍정을 시종일관 중요하게 포함하고 있다. 그러므로 어쩔 수 없이 상대방이나 자기 자신 중 하나를 거부해야만 한다. 관계에 들어갈 때는 이 장벽 앞에 이르러 그 상대성을 인식하게 되며, 동시에 그 상대성과 함께할 때만 그 장벽이 걷힌다."(p. 16) 두 사람 모두가 서로를 이해하기 위해 의도적으로 노력할 때만 두 사람 모두의 특성이 분명해진다. 상대방은 거울이 되어 나를 분명히 보여 주고, 나는 거울이 되어 상대방을 분명히 보여준다.

두 사람이 서로를 충분히 이해하게 될 때는 참으로 신기하고 강력한 일, 그것의 양을 정확히 측정할 수는 없지만 그것을 묘사할 수는 있는 그런 어떤 일이 일어난다. 그것은 두 사람 사이의 공간이 신성하게 느껴지기 시작하는 것이다. 그곳은 창조적인 변화가 나타나고, 자기가 나타나며, 진정성이 나타나는 곳이다. 이 경험은 아주 잠깐 동안일 수 있지만 모든 파트너들이 서로 경험할 수 있는 것이다. 사람들이 자기 자신과 상대방의 '진정한 자기' 를 경험하도록 도울 때, 치료사는 치료실 안에서도 마치 자신이 천국에 와 있는 것처럼 느낀다.

재즈 음악가인 윈턴 마살리스(Wynton Marsalis)가 블루스의 역사에 대해 이야기할 때, '우리는 블루스를 들을 때 왜 슬프지 않은가?' 라는 질문을 받았다. 삶이 얼마나 고달팠는지에 대해 노래를 하는데도 우리는 그것을 들으면서 만족스러워하며 거의 즐거운 느낌을 갖는다. 이에 대해 마살리스는 블루스 연주자들이 블루스를 연주하는 것이지 블루스가 연주자들을 연주하는 것이 아니라고 설명했다. 블루스 연주자들은 슬픔을 자신의 몸에서 꺼내서 가사와 음악에 집어넣는다. 더욱 중요한 것은 그들은 청중을 위해서 그렇게 한다는 것이다. 블루스는 "오, 예!" 또는 "노래를 불러 줘요!"라고 외치는 증인과 청중을 필요로 한다. 청중들은 블루스 연주자의 슬픔과 실망의 거울이 되어 준다. 우리 내면의 몸부림 또한 외부의 증인을 필요로 한다. 누군가가 지켜봐 줄 때 우리는 우리 자신의 마음 안에서, 그리고 다른 사람의 마음 안에서 모두 진짜가 된다. 관계적 패러다임에서는 우리가 다른 사람을 분명히 볼 수 있을 때, 우리 자신이 독특하고 유일한 자기(self)로서 드러나게 된다.

새로운 천년의 단계는 인간이 그들 주위의 모든 것들을 의식할 수 있게 되는 단계다. 진정한 관계를 통해서 우리는 영혼으로 넘어가는 우리 자신을 발견할 수 있게 될지도 모른다. 모든 창조와 모든 초월이 관계 안에서 일어난다. 부버(Buber, 1953, p. 18)가 말한 것처럼 "태초에 관계가 있었다." 그러므로 또한 관계는 중간에도 내내, 그리고 끝까지 있어야만 한다.

참고문헌

Buber, M. (1958). *I and Thou*. New York: Scribner's.

Erikson, E. H. (1968). *Identity: Youth and crisis*. New York: Norton.

Erikson, E. H. (1980). *Identity and the life cycle*. New York: Norton.

Erikson, E. H. (1982). *The life cycle completed: A review*. New York: Norton.

Gottman, J. (1979). *Marital interaction: Experimental investigations*. New York: Academic.

Hendrix, H. (1988). *Getting the love you want: A guide for couples*. New York: Holt.

Jordan, J. V., Kaplan, A. G., Miller, J. B., Stiver, I., & Surrey, J. L. (Eds.). (1991). *Women's growth in connection*. New York: Guilford.

Kohut, H. (1977). *The restoration of the self*. New York: International Universities Press.

Kohut, H. (1978). The search for the self. *Selected writings of Heinz Kohut, 1978-1981. Vol. I*. (P. Ornstein, Ed.). New York: International Universities Press.

Kuhn, T. S. (1970). *The structure of scientific revolutions*. Chicago: University of Chicago Press.

Rogers, C. (1961). *On becoming a person*. Boston: Houghton Mifflin.

Rogers, C. (1980). *A way of being*. Boston: Houghton Mifflin.

Swimme, B., & Berry, T. (1992). *The universe story*. New York: Harper San Francisco.

Wilber, K. (1996). *A brief history of everything*. Boston: Shambhala.

Wilber, K. (1977). *The spectrum of consciousness*. Wheaton, Ill: Quest Books.

02

애착 시기에 상처받은 커플들

회피하고 매달리는 커플 유형

질 M. 페인(Jill M. Fein)

1 딜레마

맏딸인 일래나가 태어난 지 3주가 되었을 때, 나는 문제에 빠졌다. 아기를 어디에 재워야 할지 마음속에서 굉장한 갈등이 일어났다. 남편과 내가 있는 우리 침대에 같이 재워야 하나? 우리 침대 옆의 요람에 재워야 하나? 아니면 다른 방의 아기 침대에 재워야 하나? 한편으로는 아기가 바로 몇 주 전까지만 해도 내게 가장 가깝게 연결되어 있는 무력한 존재라고 생각했었다. 비록 아기가 내 배 속에서 발길질을 해댔을 때는 실제로는 우리가 서로 분리된 존재라는 것이 상기되긴 했지만, 사실상 나는 딸을 임신했을 때 꾸었던, 물속에서 수영하는 꿈이 모두 나의 무의식이 아니라 아기의 무의식에서 나온 것이라고 믿게 되었다. 그렇게도 정교하게 얽혀져 나의 일부였던 아기를 실제로 볼 수 있게 된 지금 그 아이를 나로부터, 내 가슴의 따뜻함으로부터 한 번에 2~3분 이상 떼어 놓는다는 건 상상조차 할 수가 없었다.

그러나 한편으로 나는 내면의 경고의 목소리를 듣고 있었다. '그러다가는 버릇없는 아이로 자라게 될 거야. 그렇게 해서는 네 아이는 혼자 잠드는 법을 결코 배우지 못할 걸. 너무 의존적으로 되고 말 거야.' 여러 달 동안 딸과 나는 나의 양면성과 더불어 씨름해야만 했다. 한밤중에 아기가 깨어나 울면 나는 항상 아기를 달래서 다시 재우기 위해 아기 침대의 난간 사이로 아기 손을 잡아 주고, 등을 두드려 주고, 고무젖꼭지를 물려 주는 등 내가 알고 있는 모든 시도를 했다. 그러다가 마침내 우리 둘 다 너무 지쳐서 더 이상 견딜 수가 없게 되면 결국 나는 항복했고 딸을 내 침대로 데리고 와 아기를 (그리고 나 자신을) 돌본 후 다시 잠들곤 했다.

딸이 애착 단계에 있는 동안 딸과 나는, 전문용어로 말하자면 의존의 위기를 겪고 있었던 것이다. 이마고 이론은 딸과 내가 겪은 것과 같은 초기 부모-자녀 간의 상호작용이 성인의 낭만적 관계에 미치는 영향을 이해할 수 있게끔 도와준다. 비록 이 장에서 애착에 관한 모든 문헌을 다 소개할 수야 없겠지만, 간략하게 대표적인 애착 관련 이론을 살펴봄으로써 이마고 치료의 기초와 고유한 공헌을 이해할 수 있는 배경을 제공할 수는 있을 것이다.

프로이트의 중요한 업적으로부터 시작하자면, 그의 심리 이론에서는 유아를 심리내적 엔진에 의해서 작동하는 자기도취적, 비관계적 생물로 본다. 유아들의 초기 발달 과제는 그들의 유아 세계의 중심에 자리 잡고 앉아서 자기들을 중심으로 드라마가 전개되도록 조종하면서 공격적이고 성적인 충동들을 처리하는 것이다. 부모는 '하나님이며 왕인 아기'의 명령을 받는 대상으로, 아이가 자기도취적 망상을 포기하고 분리된 자율적 존재가 되도록 돕는 과제를 떠맡는다. 의존이 초기 유아기 이후까지 지속된다면 그것은 유치하고 불건강한 것으로 여겨져서 멸시를 받게 된다.

아기의 의존적 욕구와 쉼이나 충전과 같은 엄마 자신의 욕구들 사이에는 늘 어떤 긴장이 있기 때문에 부모-자녀 관계는 통제를 위한 씨름으로 특징지어질 것이다. 그러므로 주도권 다툼은 아기, 태반, 양수와 함께 생성된다.

마거릿 말러(Margaret Mahler)와 동료들은 프로이트의 업적을 발전시켜서 유아들의 심리 발달을 좀 더 잘 이해할 수 있게 해 주었다. 말러는 인간의 심리적 목표를 '분리-개별화' 과정으로 개념화했는데, 그녀는 그 과정을 "특히 유아 자신의 몸에 대한 경험과 유아가 세상을 경험할 때 세상을 주로 대표하는 최초의 사랑의 대상에 관해서, 현실 세상으로부터의 분리와 동시에 그 세상에 대한 연결을 확립"하는 것이라고 정의하였다(Mahler, Pine, & Berman, 1975, p. 3). 말러와 대상관계 이론가들은 분리의 필요성을 계속해서 강조했음에도 불구하고 부모-자녀 관계 안에 어떤 중요한 일이 일어나고 있다는 것을 인정하기 시작했다.

말러에 의하면, 엄마와 다른 사람들로부터 분리를 이루는 것은 정신적 건강에 있어서 중요하다. 그녀는 '공생관계(symbiosis)'라는 용어를 "자신과 엄마 사이에 분화가 일어나지 않았거나 자기와 대상이 분화되지 않은 상태(공생 단계의 특징)로서, 퇴행한-원시적인 인지적 · 정서적 삶의 특징"을 나타내는 말로 사용하였다(Mahler, Pine, & Bergman, 1975, p. 8). 그녀는 인간에게 본래 '분리(separation)'를 향한 전형적인 욕구가 있다고까지 주장하지는 않았지만, 인간은 타고난 '개별화(individuation)'의 욕구를 소유하고 있고 그 목적을 이루기 위한 방법으로서의 '자율적인 분리'의 욕구를 함께 소유하고 있다고 주장했다.

내가 처음으로 엄마가 되었을 때 말러가 나를 코치했으면 어땠을까? 아마 그녀는 아기가 자신을 분리된 존재로 인식해 가는 것을 방해하지 말라고 가르쳐 주었을 것이다. 아마도 말러는 나에게 딸과 함께 있어 주고, 항상 딸과 함께 있겠노라고 말해 주고, 또한 딸이 자기를 즐겁게 해 주는 세상의 대상을 스스로 발견할 수 있도록 격려해 주라고 했을 것이다. 이것은 서양 문화의 중요한 가치를 보여 준다. 즉, 독립성을 강조해야 하며 그렇지 않으면 아이의 버릇을 망치게 된다는 것이다.

애착 이론에 관한 그의 영향력 있는 저서를 통해서 존 보울비(John Bowlby)는 이런 사고방식으로부터 벗어날 것을 제안했다. 보울비는 1940년대부터 성격 발달에 있어서 애착과 부모-자녀 간의 결속의 결정적인 역할에 대해 탐구하고 글을 썼다. 그는 "인간 본성의 기본적인 요소로서 특정한 사람들에게 친밀한 정서적 결속을 이루는 성향은 이미 신생아 시기부터 초기 형태로 존재하며 성인기를 지나 노년에 이르기까지 지속되는 것"이라고 강력하게 주장했다(Bowlby, 1988, pp. 120-121). 애착행동은 세상을 좀 더 잘 대처할 수 있는 사람으로 보이는 누군가에게 접근을 이루고 유지하고자 하는 것으로 정의되었는데, 보울비는 애착행동이 "음식 섭취나 성(性)과는 구별되며, 생존을 위해 그것들 못지않게 중요한, 그 자체의 내적인 동기를 가지고 있는 근본적인 형태의 행동"이라고 주장했다(Bowlby, 1988, p. 27). 보울비의 연구는 부적절한 애착이 초래하는 많은 해로운 결과를 약술하였다. 그중에는 분리불안, 미성년자의 비행, '거짓 자기'의 발달, 그리고 마침내 나타나는 부모로서 자기 자녀에 대한 정서적·신체적 학대가 있다. 그래서 결국 악순환이 계속된다는 것이다.

보울비는 애착에 대한 우리의 욕구와 능력이 중추신경계에 위치한 제어체계에 의해 조직되는 것으로 보았다. 다른 체계들과 마찬가지로 애착 제어체계는 항상성(恒常性, homeostasis)을 향하는 고유한 경향을 가지고 있다. 즉, 부모가 이 체계의 손상을 경험하지 않았다면 부모와 아이는 언어적·비언어적 의사소통을 통해서 함께 애착의 적절한 양과 강도를 발견할 것이다.

분명히 보울비는 나에게 우는 아기를 즉시 안아 주라고 충고했을 것이고, 딸이 우리에게 분리와 탐험을 원한다는 표현을 하기 전까지는 그 곁에 가까이 머물러 줄 것을 장려했을 것이다. 내가 보울비의 충고를 들었더라면 우리 두 사람은 훨씬 덜 염려하며 밤을 지낼 수가 있었을 것이다.

2 이마고 부부관계치료와 애착의 문제

이마고 부부관계치료에서 애착에 대한 견해는 하빌 헨드릭스가 발전시킨 것으로서 보울비의 것과 유사하다(Hendrix, 1988, 1992). 이마고 치료는 인간이 생애 최초로 이루어야 할 가장 중요한 일이 '애착' 이라는 점을 인정한다. "아기가 태어나 첫 울음을 울며 엄마의 온기와 젖꼭지를 찾을 때, 심리사회적 여행이 시작된다. 유아는 태어날 때 생긴, 너무도 위협적인 분리의 장벽을 부수고, 돌보고 보호해 주는 생존의 원천에게 다시 자신을 안전하게 애착시켜야 하는 극히 중대한 과제를 갖고 있다. 그는 생존하고자 하는 내부 명령에 반응하고 있는 것이다." (Hendrix, 1992, p. 64) 그러므로 우리가 살아 있는 한 생존과 애착은 불가분의 관계에 있다.

애착이라는 발달 과제는 생후 18개월 동안 가장 중요하다. 그때가 다른 사람들과 친밀한 관계를 맺는 평생의 능력을 위한 단계다. 게다가 애착은 그 이후의 발달 과제를 위한 토대를 놓는다. 보울비는 애착과 탐험은 본질적으로 상보적 관계라고 보았다. "애착행동이 활성화될 때 종종 두려움 때문에 탐험활동이 정지된다. 애착이 그와 근접한 형태로 또는 안전의 느낌으로 달성이 되었을 때, 애착 활동은 정지되고 탐험이 다시 시작될 수 있다……. 보울비는 이렇게 말했다. 격려해 주고 지지해 주며 협력적인 부모들은 아이가 안전하게 애착된 느낌을 갖도록 해 줄 뿐만 아니라 자신 있게 주변을 탐험하며 자신이 능력이 있다는 느낌을 발달시킬 수 있도록 해 준다." (Karen, 1994, p. 209)

불행하게도 아이들의 가장 중요한 필요는 종종 자기들이 정작 무엇을 하고 있는지조차 잘 알지도 못하는 부모들의 손에 맡겨진다. 일을 더 어렵게 만드는 것은 아직 아주 어린 유아들이 말로는 자기 의사 표현을 하지 못하고, 혼자 힘으로는 움직이지도 못하며,

끊임없이 요구하는 요구 덩어리라는 사실이다. 어떻게 생각하면 많은 사람들이 이 단계에서 비교적 상처를 적게 받고 살아남게 되며 더 많은 심리적 장애를 나타내지 않는다는 사실이 놀랍다. 그게 아니라면, 카렌 월런트(Karen Walant)가 말한 것처럼 "표준적 학대(normative abuse)"(Walant, 1995)의 양이 너무나도 엄청나서 우리는 마치 우리가 결핍들로 인해 고통당하고 있다는 것을 지극히 정상적인 것으로 받아들이게 되었는지도 모르겠다.

그러나 이마고 치료의 기본 전제는 '아직 채워지지 않은 필요(unmet needs)'가 있는 경우 그것이 무엇이든 그것은 결국 제 몫을 요구한다는 사실이다. 손가락의 상처가 치유를 위해 다른 신체의 자원을 동원하는 것과 마찬가지로, 채워지지 않은 정서적 필요는 성취를 향해 돌진할 것이다. 완성을 향한 충동은 본래 어디에나 있는 법이다. 화초는 씨앗이 성숙하여 꽃을 피우는 것이고, 개는 강아지가 자라서 성견이 되는 것이며, 사람은 무력한 의존으로부터 발달하여 상호의존적이고 능력 있는 성인이 되는 것이다. 요구가 많은 유아에 대해 생각해 보며, 당신의 치료실에 앉아 있는 요구가 많은 커플들을 그려 보라. 괴로워하는 그들, 자기도 자신을 모르는 채 말은 훌륭하게 잘하지만 유아의 비언어적 불평을 드러내고 있는 그들. 마치 박탈당한 유아들처럼, 그들은 자신들의 필요가 채워지지 않은 것에 대해 절망감과 절박감을 느끼고 있을 것이다.

3 최초의 과제

신생아는 자궁에서 나오는 순간 급격한 변화를 겪는다. 아홉 달 동안 즉각적인 만족을 얻어 오던 아기는 이제 무수한 좌절을 맞이하게 된다. 젖은 기저귀, 즉시 사용할 수 없거나 빨기가 너무 힘든 젖꼭지, 지나치게 자극적인 환경, 아프게 만드는 기포, 손이 닿지 않는 곳에 있는 장난감. 생애 첫 1년 반 동안 아기는 여러 중요한 하위 발달 단계를 통과하게 되는데, 각 하위 단계마다 추가적인 좌절과 숙달의 기회를 수반하게 된다. 이 기간 동안 부모가 해야 할 일은 아기가 신뢰할 수 있을 만큼 접근이 가능하고 따뜻할 것, 즉 아기를 위해 '있어 주는 것' 이다. 부모는 또한 아기가 분리하고자 하는 자신의 자연스러운 욕구를 행사할 수 있도록 허용해 주어야만 하며, 그것이 엄마를 떠나 고양이를 좇아 기어가는 것과 같은 것이라 할지라도, 그 후 아기가 되돌아올 수 있는 안전한 장소를 제공해 주어야 한다.

위니컷(Winnicott, 1965)의 말처럼, "이만하면 충분히 좋은(good enough)" 부모들이 많이 있다. 만약 양쪽 부모 중 한 사람이라도 그렇다면 그런 행운을 얻은 아이들은 엄마, 혹은 아빠와 융합되고 분리되는 두 가지 경험을 모두 하게 될 것이다. 이 아이들은 '융합되는 순간' 을 풍성하게 갖는다. "융합의 순간에는 개인이 자신을 뛰어넘어 다른 사람과 연합된다. 영혼 또는 숨결이 자기로부터 빠져나가거나, 거꾸로 다른 사람의 숨결이 자기에게로 돌아오기도 한다."(Walant, 1995, p. 116). 내 딸 일래나가 아기였을 때, 애착문제로 씨름하고 있었음에도 불구하고 '충분함'이 스며들었던 것 같다. 11개월 정도 된 일래나가 내 얼굴을 마주보고 내 무릎에 앉아 있었던 때가 기억난다. 그 아이는 내 눈을 깊이 들여다보더니 작은 두 손을 들어 나의 양 볼을 감쌌다. 그 순간 시간이 멈췄고, 신체적인 분리가 초월되어, 우리는 둘이 하나됨을 경험했다. 나는 깨달았다. '아, 이것이 사랑이로구나.'

중대한 외상 없이 이런 종류의 경험을 적절히 했던 아이는 대체로 안전하게 애착이 되었다고 느끼며 애착 단계를 떠날 것이다. 적절하게 애착이 형성된 아기들은 인생의 다른 도전을 쉽게 뛰어넘을 수 있다. 학교에 들어가게 되면 어렵지 않게 분리될 수 있고, 많은 친구들을 사귀고, 관계를 유지하며, 그 관계를 벗어나 새로운 관계를 찾아갈 수 있다. 또한 청소년기의 호르몬 격변기와 발달적 밀고 당기기를 잘 통과하고, 마침내 자신과 비슷하게 애착이 잘 형성된 낭만적인 파트너와 짝을 이룬다.

그런 사람들은 부부문제에 있어서 그다지 광범위한 치료까지를 필요로 하진 않을 것이다. 그러나 결혼생활의 어느 순간 커플이 부부치료실로 찾아와서 이렇게 말할 수는 있다. "우리는 기본적으로 관계가 좋고 서로 굉장히 사랑해요. 그런데 가끔씩 문제에 빠질 때가 있답니다." 이마고 부부관계치료사는 그들에게 갈등이 일어날 때 어떻게 이마고 부부대화법을 사용해서 문제를 해결하고 서로 다시 연결될 수 있는지를 가르쳐 줄 것이다. 생애 초기에 만족스러운 애착을 경험한 부부들은 이마고 부부관계치료 도구를 잘 활용할 수 있을 것이다.

4 애착의 상처와 그 발생 과정-매달리는 사람

불행하게도 대부분의 아이들에게는 애착 단계의 결과가 방금 그려 보았던 그런 그림과 잘 일치하지 않는다. 그들의 부모들은 아마도 자기 자신들 역시 어린 시절에 상처를 입었을 것이며, 그것이 어린아이로서 또한 후에 부모로서 적응하기 위한 특유의 방어 스타일을 갖게 만들었을 것이다. 그리고 이번에는 그 방어적 적응이 그들의 자녀 안에서 그에 상응하는 대처기제를 만들어 낸다. 즉, 매달리거나 아니면 밀쳐내거나, 그 둘 중 하나다.

부모가 일관되지 않게 접근 가능하거나, 아니면 접근은 가능하지만 신뢰할 수 있을 만큼 따뜻하지 않을 때, 아이들은 매달리게 되는 적응 반응을 보이는 경향이 있다. "그런 부모들은 딴 일에 몰두해 있거나, 자기중심적이거나, 화가 나 있거나, 바쁘다. 기분도 시간표도 변화무쌍하다. 그들은 예측할 수가 없다. 아마도 그들은 양육자의 역할을 불편해할 것이고, 책에서 읽은 어떤 고정된 방식에 따르려고 노력이야 하긴 하겠지만, 필요한 돌봄을 제공은 하되 자신들의 스케줄대로 하거나 혹은 변덕스럽기 일쑤다. 그들은 아기를 들어 올려 규칙적으로 먹이기는 하겠지만, 아기가 자기를 돌봐달라고 울거나 야단법석할 때 곧바로 먹여 주지는 않는다. 아기의 필요가 이런 부모에게는 짐이 되는 것이 틀림없다. 자신의 필요가 채워질 것이라는 기본적인 신뢰를 형성할 수 없게 된 아이는 끊임없이 졸라대야만 자신이 살아남을 수 있을 것이라고 느낀다." (Hendrix, 1992, p. 66) 이런 아이들은 버림받을 것에 대한 두려움을 발달시킨다. 안전감이 자라나기 시작할 바로 그때에 이따금씩 얻는 따뜻한 애착이 자주 사라져 버리기 때문이다. 그러한 두려움은 아동기 동안 아이를 훈육하거나 사회화시키려는 잘못된 시도에 의해 강화되기도 한다. 예를 들어, 오늘날에는 '나쁜 행동' 에 대한 벌로 '타임아웃' 방법을 사용하는 것이 매우 일반적인데, 부모들이 조심스럽게 행동과 행위자를 구분한다고 할지라도, 안전감이 부족한 아이들은 타임아웃이 자신의 행동에 대한 것이 아니라 자기 자신을 거절하는 것이라고 해석하는 것 같다. 이렇게 그들이 가장 두려워하던 것이 현실화되었다. 즉, 그들은 버림받은 것이다.

애착 단계 동안 아이가 받은 상처는 이후 아동기에 또다시 경험될 수 있다. 우리 문화에서는 유기의 위협을 통해 큰 아이들을 통제하는 것이 일반적이다. 어느 놀이터에서나 엄마가 "너 당장 나를 따라오지 않으면 그냥 버리고 가 버릴 거야."라는 말로 아이가 억지로 엄마 말을 듣도록 만드는 모습을 보곤 할 것이다. 일관되게 접근 가능하지 않았던 엄마에 의해 신체적 · 정서적 유기의 위협을 당하면 아이는 부모에게 더 많은 것을 요구함으로써 위협에 대한 적응행동을 하게 될 것이다. 즉, 울고, 소리 지르고, 떼를 쓰게 되는데, 결국 이런 것들이 때때로 효과가 있다. 아이의 논리는 그의 심리 안에 깊이 각인된다. '내가 밉살스럽게 굴면 굴수록, 그리고 내 주변 사람들을 더 많이 괴롭히면 괴롭힐수록 그들이 나의 필요를 채워 줄 가능성이 더 높아질 것이다. 어떤 방식으로든 주의를 끄는 것이 생존을 위한 최고의 수단이구나!' 마침내 아이의 울음은 어른이 되었을 때 비난으로 발전하게 된다. "너는 항상 지각이로구나!" "넌 정말 믿을 수가 없어." "네겐 절대로 아무런 기대조차 하지 않을 거야."

그리고 애착의 시기에 상처를 받은 아이는 자신이 무언가 필요하다는 욕구를 갖는 것이 적절하지 않다는 결론을 내린다. 왜냐하면 만약에 아이의 필요가 적절했다면 양육자들이 더 일관되게 그들의 필요를 채워 주었을 것이기 때문이다. "또 안아 달라고?" 그러나 기진맥진한 부모는 신음할는지도 모른다. "오늘도 하루 종일 안아 주었던 것 같은데!" 아이는 자신의 심리적 생존의 수단으로서 자신과 부모를 동일시하기 때문에 '너무 많이 요구하는 것'에 대한 금지를 내사하는 한편, 채워지지 않은 필요를 장작더미처럼 쌓아 놓게 될 것이다. 이런 아이들은 부모를 그냥 가게 내버려두면 부모에게 또다시 접근이 불가능해질 것이 두려워서 부모의 다리에 매달리게 된다. 잘 알지 못하는 사람들은 이런 장면을 보고 아이가 버릇이 없고, 너무 요구가 많다고 하고, 부모가 너무 쉽게 굴복한다고 말한다. 그러나 사실은 그 반대다. 아이는 그동안 적절하게 의지할 수 있을 만큼 충분히 허용을 받지 못했던 것이다. 이런 아이가 어른이 되면 **'매달리는 사람'**이 되는 것이다(Hendrix, 1988). 이와 마찬가지로 낭만적인 관계에서 매달리는 사람은 그 관계에 대해 불안해하며, 상대방이 더 접근 가능하게 되고, 더 많이 자신을 만족시켜 주고, 자신의 필요를 더 많이 채워 주기를 요구하게 된다. 미래에 만나게 될 낭만적인 파트너가 매달리는 사람의 필요를 다만 얼마라도 채워 주려고 시도하게 될 때, 이들은 종종 엄청난 반발과 파괴적 행위에 맞닥뜨리게 된다.

5 애착의 상처와 그 발생 과정-회피하는 사람

애착의 단계에서 받은 상처에 적응하는 또 다른 방법은 '밀어내는 것(detaching)' 이다. 일관되게 부모에게 접근하는 것이 불가능할 뿐 아니라 차갑고, 아이에게 잘 맞춰 주지 못하는 부모를 가진 아이들은 그렇게 되기 쉽다. "접촉이 수용의 즐거움이지만 욕구의 만족을 주지 않고 오히려 정서적인 고통을 준다면 아이는 무슨 수를 써서라도 접촉을 피해야겠다는 치명적인 결정을 내린다. 양육자가 그를 거부했으므로 그도 양육자를 거부하고 마침내 자신의 생명력을 거부하는 것이다." (Hendrix, 1992, p. 68) 이것의 가장 극단적인 예는 영국 고아원에서 처음으로 기록되었던 용어인 성장장애(failure to thrive) 증후군이다. 선의로 아기들을 돌보기는 하지만, 바쁜 유모들은 인간의 따뜻함과 신체 접촉을 적절히 제공해 주지 않는다. 이 아이들은 음식을 충분히 먹어도 양분을 제대로 흡수하지 못하거나, 아마도 그러고 싶지 않아서 결국은 유아기에 사망하기도 했다.

이보다 덜 극적이기는 하지만 어린아이를 밀어내는 예는 흔히 볼 수 있다. 어떤 부모들은 아이들의 요구를 의도적이고 조종하려는 책략이라고 해석한다. 예를 들어, 잠을 안 자고 놀고 싶다고 간청하는 세 살짜리 아들을 꾸짖으며 엄마는 "네가 나를 잡아먹으려고 하는구나!"라고 말한다. 아이는 물론 자기의 동기를 전혀 인식하지 못하며 또한 전혀 표현할 수도 없다. 그러나 비록 아이가 엄마가 하는 말이 무슨 뜻인지를 이해할 수는 없다 하더라도, 엄마의 부정적인 태도는 알아차린다. 여기에서는 엄마가 자기 자신의 필요를 제쳐 두고라도 아이의 필요를 기꺼이 채워 주고자 하는 마음과 그렇게 할 수 있는 중요한 능력이 결여되어 있다. 그 결과로 아이는 부모에게 거부당했다고 느끼며 더 이상 거부당하는 것을 피하기 위해 밀쳐낸다.

어떤 부모들은 아이들과 좀 더 기꺼이 상호작용을 하긴 하지만 아이가 말로 다 표현하지 못하는 신호들을 간과하거나 무시하고 자기 마음대로 밀고 나간다. 예를 들어서, 아이를 데리고 놀 때, 아이를 지나치게 자극하거나 경계선에 대한 아이의 필요에 무감각하다. "양육자가 아이를 통제하거나 침범하는 행동은 가장 일반적인 과잉 자극의 원인이다. 가장 통제적인 행동은 아이 자신의 자기규제 행동을 침범하는 것이다."(Stern, 1977, p. 115) 이에 대해 아이는 밀쳐내기를 사용함으로써 적응하는데, 그것은 아이의 생존의 책략이며 당연히 어른이 되어서도 유지된다.

많은 사람들에게 불쾌하게 보이는 행동인 매달리는 아이와는 대조적으로, 밀어내는 아이는 서구 사회의 규범에 좀 더 잘 들어맞는다. 그런 아이들은 독립적이고 유능해 보일 수 있다. 그는 '유지비가 적게 드는' 아이이다. 실제로 사람들은 나의 세 딸들에 대해 자주 이렇게 물었다. "아기가 착한가요?" 무엇을 착하다고 말하는 건지 알고 싶어서 물어보면, 그들은 "아시잖아요. 아기가 조용하고 엄마가 잠을 잘 잘 수 있게 해 주냐는 말이에요."라는 식으로 대답하곤 했다. 이와 같이 서구 문화에서 밀쳐내는 아이의 적응행동은 강화되곤 한다.

하지만 사실상 밀쳐내는 아이가 매달리는 아이보다 더 나은 게 결코 아니며, 어떤 면에서는 더 많이 고통받는다. 밀쳐내는 아이는 생존을 위해 본질적으로 부모로부터 거절당할 것 같은 자신의 감정들, 필요들, 욕구들을 죽여야만 한다. 게다가 자기에게 한때 그런 감정들이 있었다는 인식조차도 억압한다. 밀쳐내는 아이는 헨드릭스에 의해 '회피하는 사람'으로 알려진 어른으로, 그리고 낭만적 관계에서는 극도로 이성적이고, 회피적이고, 철수되고, '수동/공격적인 사람'으로 자라난다.

이마고 이론에 따르면, 낭만적인 관계에 있어서 매달리는 사람은 회피하는 사람에게 끌리고 회피하는 사람 또한 매달리는 사람에게 끌린다. (로맨틱한 끌림과 배우자 선택 과정에 대한 더 자세한 설명을 원한다면 Hendrix(1988), Hendrix(1992), Luquet(1996)을 보시오.)

6 커플의 역동-치료에서의 애착

어린 시절의 애착과 관련된 상처가 어떤 정도였는가는 어른으로서의 친밀감의 능력을 가늠할 수 있는 것으로 여겨진다. 광범위한 상처를 지닌 사람들은 장기적으로 친밀한 관계를 맺을 능력이 없다. 예를 들어, 경계선 성격장애로 진단된 사람들에게서 볼 수 있는 두드러진 특징은 애착 주제에 대해 그들이 갖고 있는 양가감정이다. 이들은 사람들과의 접촉을 갈망하면서도 진정한 공감적 연결이 제공될 때에는 불안해져서 상대방으로부터 철수하거나 상대방을 공격하거나, 그 둘 중 하나다(Kreisman & Straus, 1989 참조).

본질적으로 부부관계에 문제가 있어 상담을 찾는 모든 커플들은 애착문제로 씨름하고 있다. 커플들은 헌신, 신뢰, 친밀감 또는 대화 등의 단어들을 사용해서 그들의 문제를 다르게 묘사하지만, 모든 커플들에게 필요한 것은 연결과 분리 사이를 오고 가는 능력이며, 이 능력이 건강한 애착의 특징이다.

나 자신의 임상 관찰에 의하면, 대부분의 커플들은 남자는 최소화하는 사람/회피하는 사람이고, 여자는 최대화하는 사람/매달리는 사람이다. 거기에는 문화적 · 사회적 · 자녀 교육적 · 기질적 요인들도 분명히 있을 것이다. 그리고 그저 성별에 의해서 이 두 가지로 확실하게 예측할 수 있는 것은 아니다. 사실상 최소화하는/최대화하는 적응 태도는 짝을 이룬 상대 파트너에 따라 달라질 수 있다. 예를 들어, 나의 첫 결혼생활에서 나는 줄곧 매달리는 역할을 했고, 예측할 수 있듯이 남편은 회피하는 사람이었다. 그러나 그 후의 관계에서는 내가 최소화하는 스타일에 좀 더 가까웠던 반면, 남자친구는 최대화하는 사람의 모습을 더 자주 보였다. 우리들 대부분은 한 사람은 주로 최소화하는 사람이었고, 또 한 사람은 주로 최대화하는 사람이었던 부모들 밑에서 자라났기 때문에 우리 각자는 이 둘 중 하나를 자신의 우세한 스타일로 삼는 한편, 그 반대 성향을 열성 스타일로 내면화한다. 그러므로 모든 최소화하는 사람의 갑옷 속에는 억압된 최대화의 성향이 있고 그 반대 또한 마찬가지다. 그러나 갈등이 분출될 때, 각 파트너는 어떤 적응 스타일에 의지하는가? 대체로 최소화 아니면 최대화 적응 스타일이 될 것이다.

여자들은 때때로 자신의 결혼문제 또는 부부관계문제로 도움을 받고 싶지만 남편이 상담에 오지 않을 것 같다고 말한다. 그럴 때 여자 혼자 와도 되는가? 비록 이런 문제를 가진 사람들에게 공감은 하지만, 나는 그들이 결혼생활을 지속하려는 마음이 있는 한 반드시 두 사람을 함께 보는 방침을 지지한다. 헨드릭스(Hendrix, 1989, 개인적인 대화)는 이런 입장이 파트너의 성장과 치유가 일어날 수 있는 관계 맥락을 지원하는 데 있어 필수적이라고 본다. 이마고 부부관계치료의 목표는(싱글들을 위한 이마고 개인치료는 다른 문제다) 내담자와 치료사 사이의 전이/역전이 주제의 탐구를 포함시키지 않는다. 목표는 파트너들을 갈라놓는 무의식적 주제를 의식화하고 그들의 건강한 연결을 지원하는 데 있다. 커플 중 한 사람만 본다면 그가 상대방보다 더 많이 성장하게 되거나, 자신의 파트너에 대한 애착보다 치료사에 대한 애착에 더 의존하게 될 위험성이 있다. 실제로 어떤 이들은 개인 심리치료가 결혼관계의 건강성을 위태롭게 할 수 있다고 주장한다.

초기의 상처(즉, 애착 단계의 상처)를 보이는 커플들(couples wounded at the attachment phase)은 치료사에게 즉각적이고 중요한 과제를 제시한다. 그것은 치료사가 두 사람 모두와 안전한 접촉과 연결을 창조하는 것이다. 비록 그들이 가지고 있는 안전의 의미가 서로 다르기는 하지만, 내가 믿기로는 특별히 애착의 상처를 가지고 있는 커플을 위해 안전을 창조하는 데 도움이 되는 보편적인 행동들이 있다. 나는 정해진 시간에 그들을 맞이하고 약속의 변경을 피한다. 그리고 커피나 차 등 먹을 것을 제공한다. 눈을 맞추고, 미소를 짓고, 자신을 소개하며, 악수를 한다. 이러한 커플들과 작업하는 치료사는 항상 자기 자신의 애착과 관련된 주제를 대면하게 된다. 그것이 한 파트너를 동정하게 하고 다른 파트너에게는 부정적인 역전이를 일으키게 할 수 있다. 그러한 내면의 반응은 진단적인 정보를 제공하기도 하지만, 치료사가 자신의 감정을 인식하고 그 감정들이 커플의 치료 과정에 원치 않는 영향을 주지 않도록 조심하는 것이 반드시 필요하다.

이러한 커플들은 처음 상담에 오는 것이 특히 어려울 수 있다. 매달리는 사람은 보통 '데리고 오는 사람' 이고, 회피하는 사람은 '끌려오는 사람' 이다. 종종 공공연하게 또는 암암리에 '함께 상담받으러 가요. 그러지 않으면~.' 식의 최후통첩이 내려졌을 것이다. 놀랍게도 무슨 일 때문에 왔는지를 물어보면 종종 최소화하는 사람/회피하는 사람이 먼저 말을 하고, 최대화하는 사람/매달리는 사람은 이에 만족스러워하는 것처럼 보인다. 처음으로 안전한 접촉을 하는 순간, 각 파트너는 평상시 방어를 위해 갑옷을 사용했던 것을 '잊어버리게 되는' 것 같다.

7 그레그와 테리-애착의 상처를 가진 커플

첫 회기에 나는 커플에게 나 자신에 대해서, 그리고 어떻게 해서 이런 일을 하게 되었는지를 간단히 소개한 다음, 그들에게 무슨 일로 치료사를 찾아왔는지를 물어본다. 대화 과정을 통해서 상투적인 내력보다는 커플이 함께했던 삶의 세부 사항이 드러나도록 한다. 그다음 그들에게 잠시 상대방의 입장이 되어 보고 상대방이 두 사람의 관계에서 무엇 때문에 힘들어하는지에 대해 생각나는 것을 말하도록 한다. 그리고 각자가 말한 것을 반영해 줌으로써 그들에게 이마고 과정인 반영하기와 담아두기훈련을 가르치고 모델을 보여 준다. 이것은 그들로 하여금 그들이 처음으로 그들의 관계를 새로운 방식으로 바라볼 수 있게 도와주며, 또한 이 관점은 그들로 하여금 공생관계의 입장에서 벗어날 수 있도록 이끈다. 그레그, 테리와도 이런 방식으로 시작했다.

치료사: 테리, 잠시만 자신의 세계 밖으로 나와서 그레그가 지금 관계에서 힘들어하는 것이 무엇이라고 생각하는지 내게 말씀해 주셨으면 좋겠어요. 그레그는 그냥 듣기만 하세요. 그리고 테리가 말을 마치면 그녀가 말한 것이 맞는지, 거기에 보태거나 뺄 것이 있는지 얘기할 수 있도록 당신에게 확인하게 할게요. 일단 그렇게 한 후, 서로 역할을 바꿀 거예요.

테리: 음. 저, 원하는 대로 결혼 날짜를 잡지 못해서 내가 너무 힘들어하는 것 때문에 그레그도 힘들었을 것 같다는 생각이 들어요. 내 말은, 난 그레그와 내가 결혼할 거라고 모든 친구들과 가족들에게 말해 놓았는데, 그레그가 실직하는 바람에, 그만 모든 게…….

치료사: 네, 내가 잘 이해했는지 확인해 보지요. 당신은 그레그가 당신이 힘들어하는 것 때문에 힘들어한다고 생각한다는 거죠. 내가 잘 알아들었나요? 그다음에 당신이 무엇 때문에 힘든지 얘기한 것 같아요. 그 얘기에 초점을 맞추는 것이 당신에게는 훨씬 쉽겠지만, 두 분 사이의 관계에서 그레그가 어떻게 생각하고 있는지 알아보는 것으로 돌아갑시다.

테리: 아, 네. 내가 아마 때때로 별로 상냥하게 굴지 않았을 거예요. 나도 그걸 알고 있어요. 내 맘대로만 하려고 할 수 있겠지요. 하지만 나는 그레그가 잠재력이 아주 많다는 걸 알거든요. 그가 학교

로 돌아가서 학위를 끝마치지 않는 것이 속상해요. 그렇게 한다면 훨씬 더 좋은 직장을 구할 수 있을 테니까요! 왜 그가 이 모든 일에 대해서 내게 좀 더 이야기해 주지 않는지 모르겠어요. 게다가 어떻게 하면 좋을지에 대해 내가 무슨 제안을 할 때마다 그는 나를 혼내요. 난 단지 도우려고 했을 뿐이거든요! 그게 그렇게 나쁜가요?

이것이 부부대화법을 배우기 전에 최대화하는 사람이 주로 하는 전형적인 이야기다. 감정이 솟구치고 경계선은 희미하다. 테리는 그레그의 좌절, 인생에서 그레그가 맡아야 할 책임과, 자신이 어쩔 수 없이 떠맡게 된 일들로 인한 자신의 좌절 사이를 자유롭게 오고 간다. 그녀의 질문은 관심에서 나온 것이겠지만 실제로는 참견과 통제로 받아들여진다. 테리에게는 '나'를 주어로 이야기할 것과 그레그에 대해 불평하기보다는 자신의 경험에 대해서 계속 이야기하도록 부드럽게 상기시켜 주는 것이 필요했다. 그렇게 함으로써 테리는 그들의 미래에 대한 불안한 느낌과 그들이 함께할 삶에 대해서 자신이 아무 영향도 줄 수 없다는 무력감을 인식할 수가 있었다. 이것이 그녀로 하여금 4남매의 맏이로서 우울했던 엄마와 알코올 중독이었던 아빠와 함께 살았던 어린 시절을 기억나게 했다.

치료사: 그래요, 테리, 당신이 또 하나 생각한 것은 그레그는 당신이 자기 맘대로만 한다고 볼 수도 있다는 거네요. 또 어떤 생각을 했지요?

테리: 우리의 성욕이 서로 정반대 방향으로 가고 있는 것 같아요. 처음

에는 항상 그레그가 원했지요. 지금은 늘 내가 시작하는 것 같아요. 그레그는 아마 내가 압박한다고 느낄 거예요. 하지만 한 달에 한두 번으론 내겐 부족해요.

치료사: 또 하나 그레그가 힘들어하는 것은 당신이 성적으로 그를 압박하는 것 때문이라는 얘기군요. 맞나요? 또 있나요?

테리: 글쎄요. 아마 또 있겠지만 지금 생각나는 건 그게 다예요.

치료사: 그레그, 테리가 생각한 것이 얼마나 정확한가요? 보태거나 빼고 싶은 것이 있나요?

그레그: 테리가 좀 자기 맘대로 한다는 건 맞아요. 사실 좋은 직업을 갖고 싶은 마음은 내가 테리보다 더 많지요. 그런데 테리는 내 뒤를 바싹 쫓아다니면서 백만 가지 질문을 해대요. 그건 도움이 안 되죠. 성 문제는요, 이제는 전혀 흥분이 안 돼요. 그렇지만 변한 건 테리에요. 마치 엄마처럼 잔소리를 하면서 침대에서는 내가 남편 노릇 하기를 기대하니까요.

치료사: 그러니까 테리가 느낀 것이 아주 정확하군요. 내가 듣기로는, 당신은 그녀가 변했고 잔소리와 요구가 많아졌다고 했는데, 내가 잘 이해했나요? 테리가 잊어버리고 말하지 않은 것이 있나요?

그레그: 아니요, 없습니다.

그렇다고 그레그가 자신의 좌절감에 대해 더 이야기를 하지 않는다고 해서 그가 그외에는 전부 다 만족하고 있다는 뜻으로 볼 수는 없다. 최소화하는 방어는 자신의 필요를 상대방에게 감추고 그것을 자신의 인식 밖에 둔다. 그레그는 그의 부모가 불임이었으며 그가 생후 3개월이 되었을 때, 부모에게 입양이 되었다는 얘기를 나중에야 털어놓았다. 예상할 수 있듯이, 그는 입양된 사실에 대한 감정을 모두 부인했다. 그의 양어머니는 자애로운 여자는 아니었지만 그를 애지중지했고, 양부모는 그를 자신들의 작은 귀중품처럼 다루었다. 양아버지는 분노중독이었는데, 그레그를 신체적으로 학대했지만 입양되었던 그의 여동생에게는 그러지 않았다. 그레그의 친부모에 대해서는 그들이 십대였을 때 그레그를 낳았다는 것 외에는 아무것도 모른다.

치료사: 자, 그레그, 당신은 테리가 당신과의 관계에서 힘들어하는 것이 무엇이라고 생각하시나요?

그레그: 테리는 우리가 아직 결혼 날짜를 잡지 못해서 몹시 화가 난 것 같아요. 또 우리가 성관계를 좀 더 자주 안 하기 때문에 화가 났겠죠. 테리는 내가 게으르다고 생각해요. 아 참, 그리고 테리는 내가 맥주를 두세 병 마시는 걸 싫어해요.

치료사: 그러니까 테리가 당신이 결혼 날짜를 잡지 않기 때문에, 그리고 좀 더 자주 성관계를 하지 않기 때문에 화가 났고, 당신이 게으르다고 생각하고 있고, 당신이 맥주를 두세 병 마시는 것을 싫어한다는 말이로군요. 맞나요? 더 얘기할 게 있나요?

그레그: 아니 없어요, 다 맞아요.

치료사: 그럼 테리에게 확인해 봅시다.

테리: 그런데 난 그가 게으르다고 생각하는 건 아니에요. …… 어쩌면 그런 것 같기도 하고, 잘 모르겠네요. 하지만 맥주를 마시는 것은 정말 문제가 되고 있어요. 그것이 우리의 성생활에도 영향을 주니까요.

8 애착의 상처에 귀 기울이기

그레그와 테리는 모두 애착의 상처에 대한 증거를 직간접적으로 보여 준다. 비록 그레그의 생후 3개월이 수수께끼로 남아 있기는 하지만, 그를 입양시킨 십대 엄마가 그레그로 하여금 자신에게 적절히 애착이 되도록 허용하지 않았으리라는 점은 충분히 짐작해 볼 수 있다. 그레그를 향한 양어머니의 사랑은 피상적이었던 듯하며, 외판원이었던 양아버지는 정서적으로 함께 있어 주지 않았고 그를 신체적으로 학대했다.

테리는 본래는 따뜻하고 다정한 사람이긴 하지만 알코올중독 남편과 사느라 우울증에 빠진 엄마 밑에서 자랐다. 테리는 그런 부모의 계속적인 정서적 유기를 보완하느라 '유능한 아이(the competent child)'의 역할을 맡았다. 그녀는 집안에서 충실하게 다른 사람들을 돌보고 자신의 필요보다는 다른 사람들의 필요를 채우는 유일한 사람이었다.

내가 만나는 모든 커플들이 그렇듯, 테리와 그레그도 독특한 문제를 가지고 오긴 했지만, 그러나 그들이 서로 반대되는 방어 스타일을 가진 상호보완적 성격 구조를 갖고 있다는 점에서 다른 모든 커플들과 사실상 같다. 테리는 매달리고 그레그는 밀어낸다. 또한 대부분의 다른 커플들처럼, 두 사람 모두 자신의 방어행동이 상대방의 고통을 유발하고 강화하는 행동들이라는 점을 충분히 알고 있지 못하다. 매달리는 사람이 매달리면 매달릴수록 회피하는 사람은 더 완강히 철수한다.

좋은 소식은 이런 〈실수의 희극(comedy of errors)〉(똑같이 닮은 쌍둥이 아들이 서로 뒤바뀌어 일어나는 소동을 다룬 셰익스피어 희극의 제목이기도 함: 역자 주) 안에 성장의 기회가 가장 많이 숨어 있다는 사실이다. 성장은 파트너가 공감이라는 도약을 통해 상대방의 경험을 이해하고 그의 고통을 확인해 줄 때 일어난다. 파트너가 문제에 기여하고 있는 자신의 몫을 각각 소유할 수 있게 되고, 또한 그들이 상대방의 잘못된 행동의 희생자일 뿐만 아니라, 자기 자신 또한 자신의 불행을 영속시키고 있다는 것을 인정하게 될 때, 비로소 커플의 체계에 심오한 변화가 일어날 수 있다.

이마고 부부대화법은 이마고 치료에서 사용하는 것으로서 커플들로 하여금 그러한 도약을 이룰 수 있도록 돕기 위해 구조화되었다. 민감한 주제에 대한 대화법, 부모-자녀 대화법, 행동수정요청 등 모두가 상대방으로 하여금 공생적인 자기몰입에서 벗어나 상대방의 타자성(otherness)을 인정할 수 있도록 이끌어 준다. 일단 그렇게 인정하게 되면 공감이 흘러갈 수 있는 기회가 생긴다. 이렇게 서로 상호작용하는 과정 속에서 안전감이 회복되고, 최소화하는 사람/최대화하는 사람으로 분열되었던 것이 새롭게 균형을 찾는다. 최소화하는 사람은 자신이 감추고 있던 것을 말로 표현하게 됨으로써 확장이 되는 반면, 최대화하는 사람은 자신의 반응을 담고 있게 됨으로써 확장이 된다. 대화를 통해서 쌍방 모두 애착에 대한 그들의 정당한 필요가 마침내 채워지도록 만들 수 있다.

9 과정의 시작

테리와 그레그의 첫 회기는 '반영하기' 의 활용에 초점을 맞추었다. 그리고 매일 20분씩 갈등이 없는 주제에 대해서 '반영하기' 를 서로 주고받으라는 숙제를 내 주었다. 안전과 성공을 보장하기 위해서 치료사는 커플이 치료사의 지도 없이도 완성할 수 있는 숙제를 내 주어야 한다. 두 번째 회기는 '인정하기' 와 '공감하기' (자세한 것은 Luquet(1966)를 참고하라)를 가르쳐 주고, 이마고 부부대화법의 완전한 3단계 대화를 연습하는 데 사용한다. 대화법을 가르치는 수단으로서, 나는 한 파트너에게 어린 시절의 부정적인 기억에 대해 말하도록 요청할 것이다. 그레그가 이것을 했다.

그레그: 우리 집에서는 강한 감정은 용납되지 않았어요. 울면, 뚝 그쳐야 한다는 말을 들었어요. 아버지 외에는 아무도 화를 낼 수가 없었죠.

테리: 그러니까 당신 말은 당신 집에서는 감정 표현을 금지했다는 말이지요. 그래서 당신은 울 수도 없었다는 거구요. 오직 아버지만이 화를 낼 수 있었고요. 내가 잘 이해했나요? 좀 더 이야기해 보세요.

그레그: 저, 그게 그렇게 큰일은 아니라고 생각하지만, 그냥 그랬다는 거예요.

최소화하는 사람들은 자기가 한 말이 최대화하는 파트너에 의해 반영되는 것을 들은 후, 자기가 한 말을 자주 번복할 것이다. 그들은 반영 과정을 통해 자신의 말이 강화된 것 같아 아마도 마음이 불편해지는 것 같다. 다음 대화는 이 과정이 어떻게 해서 쌍방 모두에게 성장을 가져올 수 있는지 보여 준다. 즉, 최소화하는 사람의 정서적 경험은 확장시키고 최대화하는 사람의 강한 반응은 담아 준다.

치료사: 그레그, 그러니까 당신 가족의 규칙은 감정을 느끼면 안 된다는 것이었지요? 그 규칙이 테리와의 관계에서 어떤 역할을 했다고 봅니까?

그레그: 우리 관계에서는요, 테리가 우는 것을 참을 수가 없고, 그로 인해 내가 화를 내는 것에 대해 나는 죄책감을 느끼게 되죠.

테리: 그러니까 내가 울면 당신은 참을 수가 없고 그것이 당신으로 하여금 화가 나게 만든다는 거네요. 그리고 당신이 화가 나는 것에 대해 죄책감을 느꼈구요. 맞나요? 좀 더 얘기해 보세요.

그레그: 그게 다예요.

그다음 나는 테리에게 그레그가 말한 것이 그녀에게 어떻게 들렸는지 그리고 이해가 되는지를 물어보았다. 테리는 그레그가 한 말을 쉽게 승인해 주었다. 테리는 이러한 무의식적 메시지를 오랫동안 들어 주는 사람이었다.

테리: 그래요, 내가 우는 것이 당신에게 그런 감정을 유발했다는 걸 확실히 알았어요. 우는 것은 나쁘다고 배웠기 때문에 당신이 화가 났다는 것과 화를 내면 안 되는 거였기 때문에 또한 당신이 죄책

감을 느꼈다는 것 모두 이해가 돼요.

나는 그레그로부터 이 모든 것을 듣고 난 후, 그레그가 어떻게 느꼈을 거라고 생각하는지를 테리에게 물어보았고, 그것을 그레그에게 말해 주도록 했다.

테리: 내 생각에는 내가 울 때, 그것이 당신을 화나게 하고 죄책감이 들게 만들었고, 그리고 우리 두 사람 모두에 대해서 당신을 화나게 만들었을 것 같아요. 와, 난 전혀 몰랐어요. 나는 그냥 당신이 이상한 사람이라고만 생각했지요.

치료사는 또한 현재의 좌절감을 이야기해 보게 한 후, 그것이 어린 시절에 느꼈던 감정을 기억나게 하는지를 탐색해 봄으로써 성인으로서의 부부관계 갈등과 어린 시절의 상처와의 상호관련성을 인식할 수 있도록 도와줄 수 있다.

10 애착의 회복

세 번째 회기에서 나는 테리와 그레그가 심상유도를 통해 어린 시절에 있었던 중요한 좌절 경험과 접촉할 수 있도록 도와주었다. 그 후에 '부모-자녀 대화법' 과 '안아 주기' 를 실시했는데, 이를 사용해서 그들은 서로의 어린 시절의 기억을 나눌 수 있었다. 이 과정은 특별히 애착의 상처를 가지고 있는 부부들에게 강력한 치유를 제공해 줄 수 있다. 그러나 모든 커플들에게 그렇듯이, 치료사는 내담자들이 어린 시절로 되돌아가는 작업을 할 준비가 되어 있는지 주의 깊게 살펴보아야 한다.

테리와 그레그와의 작업은 단기간에 끝나지 않았다. 우리는 일주일에 한 번씩 거의 여덟 달을 만났다. 그동안 그들은 '당신이 원하는 사랑 만들기(Getting the Love You Want)' 주말 부부 워크숍에도 참석했다. 그 후 한 달에 한 번씩, 석 달을 더 만났다. 처음 넉 달간의 치료 후, 그들은 결혼 날짜를 잡았다. 이 결혼은 두 사람 모두에게 두 번째 결혼이었고, 6주 후에 그들은 결혼했다. 갈등을 관리하는 데 있어 놀라운 변화가 생기기는 했지만 아직 그들의 문제가 모두 해결된 것은 물론 아니었고, 그들의 관계에 갈등이 전혀 없는 것도 아니었지만, 그들이 경험하기 시작한 것은 굉장한 것이었다. 그들은 그들이 그토록 갈망해 왔었던 따뜻하면서도 지속적인 연결의 느낌을 갖게 되었던 것이다.

나는 마치 밤 뉴스의 앵커들처럼 농담이나 재미있는 이야기로 커플상담 회기를 끝마친다. 내가 의식적으로, 그리고 의도적으로 이렇게 하는 이유는 그들로 하여금 소리 내어 웃게 만들고, 충만한 생동감과 느긋하고 기쁨에 찬 본래의 상태를 느낄 수 있는 안전한 장소로서 상담 회기를 경험할 수 있도록 또 한 번의 기회를 제공해 주기 위해서다. 그리고 가장 중요한 것은 커플이 서로 상대방 앞에서 소리 내어 웃을 수 있을 때 몰입의 순간을 함께 공유한다는 것이다. 그 순간은 온 세상이 모두 평화로운 초월적인 애착의 순간이다.

편저자의 말

애착의 상처가 있는 커플들에 대해 기술한 이번 장은 이후의 모든 장을 위한 스프링보드의 발판 같은 역할을 한다. 어떻게 보면 모든 어린 시절의 상처는 애착의 상처라고 말할 수 있다. '당신이 나를 떠나 있을 때도 나는 사랑받고 있는 걸까요?' 또는 '내가 나 자신일 때도 여전히 당신에게 사랑받을 수 있나요?' 또는 '내가 성공하든 실패하든 당신은 나를 사랑하나요?' 등 파트너들이 하는 질문(각각 탐험의 단계, 정체성의 단계, 능력의 단계와 관련이 있는 질문이다)은 본질적으로 '우리 관계의 연결이 내가 살아남는 것을 보장할 수 있을 만큼 충분히 안전한가요?'를 묻고 있는 것이다.

질 M. 페인(Jill M. Fein)의 사례는 커플들 안에서 보완적 방어 적응이 어떻게 작용하는지를 보여 주는 좋은 예다. 최대화하는 파트너와 최소화하는 파트너는 서로 상대방의 원시적인 방어기제를 자극한다. 즉, 최대화하는 사람의 필사적으로 매달리는 행동은 최소화하는 사람의 공포증 환자처럼 회피하는 행동을 만나게 된다. 한 사람이 빨리 달아날수록 또 한 사람은 빨리 쫓아간다. 각 파트너는 커플로서 서로가 그렇게도 필사적으로 원하고 있는 안전한 애착을 영영 이룰 수 없는 방식으로 상대방을 다루고 있다.

앞으로 나오는 예를 통해 살펴보겠지만, 사실상 모든 커플들에게서 최대화하는 사람과 최소화하는 사람의 행동이 보일 것이다. 그레그와 테리의 상호관계에서 보았던 즉각적인 반발, 극단적인 과장, 감정의 부인 등은 초기의 상처를 가진 커플들에게 전형적인 것이다. 이마고 이론은 상처받은 시기가 이르면 이를수록 이후 대인관계 기능에 더 큰 영향을 미친다고 주장한다. 애착의 상처가 있는 파트너들은 대인관계의 기초 훈련조차 제대로 받지 못한 채, 관계의 결핍들로 인한 온갖 장애를 그대로 지닌 채 성인기로 들어선다. 관계의 결핍은 어린 시절 아이였던 자신들과 제대로 관계를 맺어 주지 못했던 양육자들의 무능력을 상기시킨다. 상대방을 자기 자신의 어린 시절 초기 양육자와 경험했었던 단절된 관계의 메아리로 보는 것이 아니라 상대방 역시 연결을 간절히 바라는 사람으로 바라보아야 함에도 불구하고, 그렇게 하는 데 가장 큰 어려움을 갖는 사람들이 바로 애착의 상처를 가진 파트너들이다.

페인은 어린 시절의 상처가 주는 심각한 영향을 한 가지 더 지적했다. 그것은 부모역할의 결핍은 성인으로서의 낭만적 관계뿐만 아니라 자녀양육의 질에도 영향을 미친다는 것이다. 아기를 어디에 재워야 할지에 대한 저자의 고뇌는 자녀양육의 기술에 관한 것이라기보다는 자신의 어린 시절의 상처를 재현하는 것에 대한 두려움과 연관된 것이다. "내가 받아 보지 못한 것을 줄 수는 없다."라는 말이 있듯이, 의식적으로 알아차리지 못한 상태에서 우리는 부모들이 내게 채워 주지 못했었던 시기와 똑같은 발달 과정 시기를 겪는 우리 자녀들의 필요를 채워 주지 못하는 경향이 있다(Hendrix & Hunt, 1997). 이런 점에서 페인이 암시한 것처럼 이마고 작업은 어린 시절의 상처나 뒤틀린 낭만적 관계의 고통을 치유한다는 목적을 가지고 있을 뿐만 아니라 세대 간 상처의 고리를 끊기 위해서 고안되었으며, 모든 인류를 치유한다는 궁극적인 목적을 가지고 있다.

그레그와 테리는 특히 매우 다루기 힘든 커플로 보일 수 있다.

그들의 문제는 우리에게 관계 욕구를 허용해 주고, 우리의 필요를 인정해 주며, 누군가 그 필요를 채워 줄 것을 신뢰하는 인간관계의 기초에 관련된 것으로서, 다른 사람과 효과적으로 관계를 맺는 것을 방해한다. 그러나 그레그와 테리의 두려움은 모든 커플의 두려움이며, '어떻게 하면 너와 내가 서로 건강한 애착관계를 이루면서 또한 동시에 독특한 자기 자신으로 자유롭게 남아 있을 수 있겠는가?' 라는 질문에 반영되어 있는 두려움이다. 이마고 치료는 커플들이 낭만적 관계 특유의 딜레마인 연결과 분리, 바로 그 과제를 동시에 성취할 수 있도록 이끌어 줄 수 있다.

참고문헌

Bowlby, J. (1988). *A secure base: Parent-child attachment and healthy human development*. New York: Basic Books.

Freud, S. (1914/1967). On narcissism: An introduction. In J. Strachey (Ed.), *Standard edition*, Vol. 14 (pp. 67-102). London: Hogarth Press.

Hendrix, H. (1988). *Getting the love you want: A guide for couples*. New York: Holt.

Hendrix, H. (1992). *Keeping the love you find: A guide for singles*. New York: Pocket Books.

Hendrix, H., & Hunt, H. (1997). *Giving the love that heals*. New York: Pocket Books.

Karen, R. (1994). *Becoming attached: Unfolding the mystery of the infant-mother bond and its impact on later life.* New York: Avon Books.

Luquet, W. (1996). *Short-term couples therapy: The image model in action.* New York: Brunner/Mazel.

Mahler, M., Pine, F., & Bergman, A. (1975). *The psychological birth of the human infant: Symbiosis and individuation.* New York: Basic Books.

Walant, K. (1995). *Creating the capacity for attachment: Treating addictions and the alienated self.* Northvale, New Jersey: Jason Aronson.

Winnicott, D. W. (1965). *The maturational processes and the facilitating environment.* New York: International Universities Press.

03

탐험 시기에 상처받은 커플들

도망가고 쫓아가는 커플 유형

웨이드 루켓(Wade Luquet), 벳시 채드윅(Betsy Chadwick)

남편인 빌과 아내 앨리스는 항상 싸웠다. 아내는 대부분 소리를 질렀고 남편은 조개처럼 입을 꾹 다물고 있다가 아내에게 뇌 검사를 받을 필요가 있다고 말했다. 그녀가 울 때, 빌은 그녀가 너무 감정적이고 자신에게 너무 많은 것을 요구한다고 불평했다. 그러고는 집을 나가 자신의 커다란 CEO 사무실로 일을 하러 갔고, 대부분의 시간을 거기서 보냈다. 앨리스는 몇 시간이고 울면서 부엌으로 가서 칼을 꺼내 이 고통을 끝내 버려야 하는 게 아닌가 생각했다. '이렇게라도 해야 남편이 깨닫게 되겠지!' 라고 생각하다가 친구들과 가족, 목사님과 여러 번 전화통화를 한 후에야 비로소 마음을 가라앉히고 남편의 저녁 식사를 준비했고, 남편이 집에 돌아왔을 때는 그에게 사과했다. 빌과 앨리스 사이에는 결혼 후 20년 동안 거의 한 달에 한 번씩 이와 똑같은 장면들이 재연되고 있었다.

이성적인 빌은 앨리스가 너무나 신경질적이기 때문에 자기가 항상 옳다고 생각했다. 빌이 더욱더 침착하고 이성적이 되면 될수록 앨리스는 더욱 소란스럽고 감정적이 되었고, 그것 때문에 빌은 앨리스가 정말 미쳤고 당장이라도 뇌 검사를 받게 해야만 한다는 믿음을 더 굳혀 갔다.

사실 앨리스는 실제로 뇌 검사를 받았다. 사실 그녀는 지난 2년간 정신분석가로부터 치료를 받고 있었는데, 정신분석가는 재빨리 그녀에게 '경계선 성격장애(a borderline personality)'라는 진단을 내렸다. 치료 회기 동안 치료사는 별로 말이 없었다. 그것이 앨리스를 격분시켰고 그녀는 치료사에게 뭐라고 좀 조언을 해 달라고 소리를 지르곤 했다. 하지만 치료사는 "당신은 화가 났군요."라고 말하며 그저 노트에 기록을 할 뿐이었다. 반면에 빌은 결코 치료받을 생각이 없는 매우 성공적인 사람이었다. 그에게는 아무 문제가 없었다. 어쨌든 그는 심지어 앨리스가 미친 듯이 날뛸 때조차도 그녀를 아주 차분하게 대했으니 말이다.

1 그녀는 경계선 성격장애, 그는 자기애성 성격장애

대부분의 임상가들은 앨리스를 경계선 성격장애라고 분류하고 싶을 것이다. 그녀는 실제로 고래고래 소리를 지르고, 결코 만족하지 않으며, 자기주장을 관철시키기 위해 현란한 행동을 한다. 한편 빌은 전형적인 자기애성(narcissist) 성격장애의 모습을 보인다. 그는 자기중심적이고 완벽주의이며 감정적인 동요가 거의 없다. 둘을 함께 보자면, 그들은 전형적인 경계선 성격장애/자기애성 성격장애 커플(Lachkar, 1992) 같다. 그러나 이 커플을 그런 식으로만 분류한다면 그들 사이의 풍부한 관계 역동과 그들의 행동 배후의 목적, 그리고 비록 그들이 그렇게 심각한 문제가 있는 관계라 할지라도 그 관계가 서로에게 치유를 가져다줄 수도 있는 그 가능성조차 아예 바라보지 못하게 된다.

성격장애자들의 역사적인 기원은 약 2세 때부터라고 여겨진다(Kernberg, 1980; Masterson, 1981). 양육자의 삼킴(혹은 흡입)이나 유기를 경험했던 아이는 '대상항상성(object permanency)' 을 발달시키는 데 실패하게 된다. 그 반작용으로 아이는 다른 사람의 소매에 매달리게 됨으로써, 다시 말해서 자신의 외부에 있는 다른 사람이나 사물에 의지함으로써 자기 자신을 정의한다. 이런 아이는 매달리는 사람, 그리고 지나치게 반작용적인 사람이 될 것이다. 반면에 어떤 아이는 다른 사람 누구도 자신을 정의하지 못하게 해야 한다고 결정하고 아무도 들어오지 못하도록 차단할 수 있다. 그런 아이는 결국 접촉할 수 없고 공감하지 못하는 사람이 된다. 이런 사람이 치료를 받으러 온다면 치료적 관계를 활용하여 대상항상성의 발달을 돕고, 그런 다음 대상항상성이 내담자로 하여금 자율적인 자신을 발달시킬 수 있도록 하는 것을 목표로 삼아야 할 것이다.

이 모델을 따르는 임상가들은 아동의 발달을 개인적 패러다임이라는 렌즈를 통해서 바라본다. 개인적 패러다임은 자율, 자족, 내면화된 자기 개념이라는 이상을 지지한다. 그러한 목표는 그럴 듯

해 보이기는 하지만, 우리는 그 견해가 발달만이 아니라 정서적 상처와 치유가 일어나는 중요한 맥락을 간과했다고 생각한다.

관계적 패러다임에 따르면, 발달은 아동과 양육자(아동에게 나타나는 발달적 충동들을 지지해 주는)와의 관계를 배경으로 일어난다. 예를 들어, 첫 번째 단계인 애착 시기의 아이의 과제는 자신의 필요에 대해 믿을만 하고 적절하게 반응해 줌으로써 다른 사람들이 신뢰할 만하고 접근가능하다는 것을 자신에게 가르쳐 주는 양육자와의 안전한 연결의 느낌을 갖게 되는 것이다. 신뢰가 자리를 잡으면 아이는 애착의 주제를 뛰어넘어 다음 단계의 발달 충동, 즉 탐험의 필요에 초점을 맞추기 시작한다. 이제 아이는 양육자가 세상을 탐험하고자 하는 자신의 호기심을 지지해 줄 것이라고 믿는다. 그 지지는 아이로 하여금 여전히 양육자와 연결된 채로 또한 양육자로부터 분리될 수 있도록, 즉 양육자의 눈과는 다른 자기 자신의 눈을 통해 호기심을 가지고 세상을 경험할 수 있도록 이끌어 준다. 이런 방식으로 자기(自己, self)가 형성되기 시작한다.

코헛은 '자기대상(selfobject)' 경험이라는 개념을 통해 이러한 관계적 사고를 지지했다(Kohut, 1971, 1977, 1984).

> 사람은 평생토록 자기 자신을 시간과 공간 가운데서 그의 과거에 연결되어 있으면서 의미 있게 창조적이고 생산적인 미래를 향하고 있는 응집되고 조화로운 견고한 단일체로 경험할 것이다. (그러나) 그것은 그가 인생의 각 단계마다 그의 주변 사람들을 대표하는 어떤 이들을 다음과 같이 경험할 수 있을 때만 가능하다. 즉, 그들이 그에게 기쁘게 반응하고, 이상화된 힘과 평온의 원천으로서 접근가능하며, 말 없이 있어도

> 본질적으로 그를 좋아하고, 어찌되었든 어느 정도 정확하게 그의 내면의 삶을 이해할 수 있어서 그의 내면의 삶이 도움을 필요로 할 때 적절하게 반응해 주며, 그로 하여금 그들 내면의 삶 또한 이해할 수 있도록 허용해 주는 것으로 자기 자신이 경험할 수 있어야만 한다(1984, p. 52).

유아기에는 희미했던 것이 자기대상의 가르침을 통해서 뚜렷한 자기로 확립되는 것이다. 사실상 자기대상은 본질적으로 대상이 아니라 아이가 세상에서 경험하는 것을 반복해서 공감적으로 반영해 줌으로써 아이가 자기의식을 갖는 데 기여하는 다른 사람이다.

아이의 마음을 새 사진첩이라고 생각해 보자. 부모가 아이의 경험을 반영해 줄 때마다 사진첩에 새 사진이 붙는다. 전통적인 정신분석적 대상관계 이론(Object Relations Theory)에 따르면, 아이가 대상항상성을 발달시키기 위해서는 자기 자신과 양육자의 여러 사진이 필요하다. 일단 부모의 사진이 사진첩에 충분히 쌓일 때, 아이는 분리하고 개별화할 수 있는 것이다. 왜냐하면 아이가 부모의 사진에 의지할 수 있게 되기 때문이다. 다시 말하면, 부모가 항상 함께 있는 대상이 된 것이다.

관계적 패러다임(Relational Paradigm)에 의하면, 부모가 아이를 반영해 줄 때 두 개의 사진이 아이의 사진첩에 붙는다. 하나는 양육자의 것이고 다른 하나는 아이 자신의 것이다. 그러므로 부모가 "너 정말 크구나." 라고 말할 때, 아이는 '큰' 자기의 사진뿐 아니라 엄마의 사진도 받는다. 이와 마찬가지로 부모가 "너 슬픈 것 같구나."라며 아이의 감정을 반영해 줄 때, 하나의 사진은 공감해 주는 부모를 보여 주며, 또 하나의 사진은 그 감정을 가지고 있는 아이를 묘사해 준다. 사진첩이 꽉 찼을 때쯤이면 사진첩은 아이 자신의 사진과 더불어 양육자와 중요한 타인들, 그리고 수많은 고통과 즐거움의 경험을 보여 주는 모든 사진을 담게 된다. 이렇게 아이의 자기대상과의 모든 관계의 총합을 나타내는 수많은 다양한 사진으로 자기(自己, self)가 이루어진다. 적절한 사진들이 모이면 아이는 응집적인 자기를 발달시킬 뿐 아니라 자기 외부의 사물도 그려 볼 수 있는 능력을 발달시킨다. 즉, 아이는 공감할 수 있는 능력을 갖추게 된다.

2 탐험 단계의 상처

탐험 단계 동안의 상처는 아주 다른 모습의 사진첩을 만든다. 드문드문 빈 자리가 있거나, 어떤 부분은 사진이 너무 몰려 있거나 또는 아예 빠져 버린 페이지도 있다. 예를 들어, 어떤 양육자들은 아이를 위험으로부터 보호하기 위해 아이가 돌아다닐 수 있는 범위를 좁게 제한함으로써 그의 자연스러운 호기심을 질식시켜 버린다. 또한 선의를 가진 어떤 부모들은 아이의 감정과 흥미를 부모의 것에 일치하도록 만들어서 결국 그 아이가 '우리 중 하나'와 같은 사람이 되리라고 확신하고 싶어 한다. 마찬가지로 탐험의 시기에 있는 아이는 방치되거나 부적절한 반영을 경험할 수 있다. 탐험 단계 동안 받은 상처는, 모든 다른 발달 단계에서와 마찬가지로, 아이가 앞으로 상처받지 않도록 방어하기 위해 취하는 방어행동이나 적응법을 도출한다. 예를 들어서, 어떤 아이는 부모의 기대에 열심히 부응하면서도 한편으로는 양육자로부터 분리되고자 하는 모든 욕구를 두려워하며 부인한다. 상처의 본질이 어떠하든 아이는 그것에 대처하기 위해 두 가지의 초기 적응 스타일 중 하나를 취하게 된다. 즉, 부모의 인정에 대한 필요를 부인하거나, 아니면 그것을 얻기 위해 필요한 만큼 크게, 그리고 자주 숨이 넘어갈 듯 비명을 지르는 것이다. 이러한 방어적 적응이 일단 자리를 잡으면 비록 그것이 어렸을 때는 어떤 효과가 있긴 하지만, 어른으로서의 공감 능력을 손상시키고 대인관계, 특히 낭만적 관계에 문제를 일으킨다. 방어 스타일과 손상의 범위와 정도에 따라 탐험 시기 동안 상처를 받은 어떤 사람들은 경계선 성격장애나 자기애성 성격장애의 진단 범주에 들어가게 된다.

빌과 앨리스

탐험 시기에 상처를 받은 커플들(exploratory-wounded couples)은 함께 작업하기가 가장 어렵다. 빌과 앨리스도 예외가 아니었다. 빌이 "그만큼 했으면 됐으니 이제는 떠나고 싶다."라고 선언을 한 후 그들은 치료를 받으러 왔다. 처음 방문했을 때 빌은 다음과 같이 설명했다. "결코 변하지 않을 거예요. 이 사람은 치료도 받았었지만 아무것도 달라진 게 없어요. 자기 스스로는 결코 살 수가 없고 언제나 내가 자기를 위해 곁에 있어 주기만 바라지요. 그렇지만 난 이 사람을 돌보는 일 외에도 해야 할 다른 많은 일이 있어요. 그래서 나는 이제 그냥 떠나 버리기로 결심을 한 겁니다." 이미 앨리스는 울고 있었다. "내게 한 번 더 기회를 주지 않고 당신이 날 그냥 버릴 수는 없어요. 난 좋아지고 있어요. 당신도 알다시피 전처럼 그렇게까지 나쁘지만은 않잖아요. 내게 한 번만 더 기회를 줘요!" 하지만 빌은 그녀로부터 얼굴을 돌리고 싸늘하게 앞을 노려보았다.

이것이 바로 전형적인 **경계선-자기애적 춤**(boderline-narcissistic dance)이다. 한 사람은 필사적으로 상대방과 접촉하려 드는데, 상대방은 접촉의 욕구나 능력이 거의 없다. 한 사람은 만족할 줄 모르는 필요를 가지고 있고, 다른 한 사람은 그 필요들 때문에 숨이 막혀 죽을 지경이다. 솔로몬(Solomon)의 말처럼, "갈등이 나중에는 마음을 읽어 주고, 즉시 완벽하게 돌보아 주는 기능을 함으로써 반응해 줄 수 있는 이상화된 타인과 융해되고자 하는 욕구의 형태로 나타날 수 있다." (Solomon, 1989, p. 69)

빌도, 그리고 앨리스도 결국 이렇게까지 되길 원했던 건 아니었다. 25년 전에 그들이 처음 만났을 때는, 다른 커플들이 모두 다 그렇듯이, 그저 모든 일들이 다 잘되기를 바랐고 그 목표를 이루고자 결심했었다. 그들이 헌신했던 관계가 이렇게까지 어려워질 줄은 전혀 몰랐었다. 그러나 그들의 관계적 발달사를 살펴보면, **그들이 겪는 어려움이 어디서부터 시작된 것인지에 대한 단서**를 얻을 수 있다.

빌은 전형적인 응석받이였고 부모의 삶의 중심이었다. 그의 부모가 하는 일은 아들 빌을 위해 가장 좋은 것을 주는 것이었다. 빌의 몫은 부모가 자신을 자랑스럽게 여기게 하는 것이었다. 빌은 그 일을 잘 해냈다. 그는 성적이 좋은 학생이었고 미식축구팀 주장을 맡았으며 모든 사람, 특히 여자아이들에게 인기가 있었다. 빌의 부모는 항상 곁에서 응원해 주며 그와 함께해 주었다. 그들은 어떻게 생각하고, 어떻게 행동해야 하며, 어떻게 목표를 이루는지를 그에게 가르쳐 주었고, 그를 양육하기 위해 기울였던 모든 어려운 노력들이 충분히 가치 있는 일이라고 여겼다. 빌은 자신의 아버지처럼 부자가 되어 아메리칸 드림을 이루었는데, 그것은 그의 부모들이 그에게 가졌던 꿈이기도 했다.

그렇지만 앨리스의 얘기는 전혀 다르다. 그녀의 부모는 둘 다 알코올중독이었고, 그녀에게 거의 시간을 내주지 않았으며, 사실상 혼자 자라도록 내버려 두었다. 집은 항상 엉망이었고 친구들이 놀러올 때면 그녀는 당황스러워했다. 그녀의 부모는 서로 거의 말을 안 했는데, 하지만 한 번 했다 하면 늘 소리를 질러댔다.

앨리스가 다섯 살이었을 때, 자주 방문했던 삼촌이 그녀를 성적으로 희롱하기 시작했다. 그것은 앨리스가 열세 살이 될 때까지 이따금씩 계속되었다. 그녀는 그것을 증오했지만 그것은 또한 자신이 특별하다는 느낌도 주었다. 그녀는 다른 어느 누구보다도 삼촌으로부터 더 많은 관심을 받았던 것이다.

앨리스가 청소년기에 접어들자 가족으로부터 떨어져 나오기를 간절히 원했지만 어떻게 해야 그럴 수 있는지를 알 수 없었다. 적어도 한 가지, 그녀가 할 수 있는 것이 있었다. 그녀는 아름다웠다. 그래서 자신의 가족과 달라질 수 있는 방법은 인기 있는 사람이 되는 것이라고 결정했다. 그것은 가족으로부터 밖으로 나올 수 있는 티켓이었다. 그녀는 도발적인 옷을 입기 시작했고, '쉬운 여자' 라는 평판이 났다. 남자아이들이 그녀의 발 앞에 엎드리기 시작했다. 빌을 만난 것은 그녀가 12학년 때였는데, 미식축구 경기가 끝난 후 열린 파티에서였다. 빌은 그다음 해에 대학에 갔고, 앨리스는 그곳으로 그를 따라가려고 자신의 삶을 새로 꾸렸다. 그들은 졸업 후

곧바로 결혼했다.

앨리스는 자신이 찾던 바로 그 남자를 발견했다. 빌은 자신감이 있었고 똑똑했으며, 자신의 인생을 어떻게 살기 원하는지 잘 알고 있었다. 한편 빌에게 있어 앨리스는 자신의 부모님이 여자란 이래야 한다고 믿었던 것처럼 자신을 항상 사랑하고 존경해 줄 여자였다. 그는 자기가 어디로 인도하든지 그녀가 자신을 따르리라는 걸 알았다. 그녀는 성적으로 대단했고, 거의 뭐든지 기꺼이 하려했다.

첫 아이를 낳기까지 그들의 관계는 아주 좋았다. 그때쯤 빌은 사업을 시작했는데, 그 때문에 오랫동안 일하거나 해외 출장을 가는 일이 잦아졌다. 앨리스는 아기 양육이라는 고된 일이 버거웠기 때문에 빌이 집을 떠나 있는 것에 대해 몹시 불평했다. 그러나 큰 집, 해마다 새로 사는 차, 생일 선물로 받는 보석, 상주하는 가정부 등 빌의 사업이 주는 혜택을 좋아했던 것 또한 사실이었다. 친구들도 부자였고, 멋진 파티에 참석했으며, 앨리스는 자신이 십대에 그렇게도 추구하던 인기를 누렸다. 그녀는 이제 어린 시절의 자기 집으로부터 멀리 떠나왔다. 그런데 이 모든 것을 함께 즐길 남편이 거기에 없었다. 그는 밖에 나가서 영예를 끌어 모으고 있었으나, 그 사이 그녀는 남편 없이 홀로 외롭고 충족되지 못한 채 집에 남았다. 그녀는 남편을 제외하고는 늘 원했던 모든 것을 다 가졌다.

에코와 나르시스

고대 그리스인들은 이런 한 쌍의 커플에 대해 잘 알고 있었다. 에코와 나르시스의 신화에는 탐험기의 상처를 가지고 있는 커플의 모습이 아주 잘 나타나 있으며, 여기에는 치료 계획 또한 포함되어 있다. 우리들 대부분은 젊은 나르시스가 연못을 들여다보다가 거기에 비친 자기 자신과 사랑에 빠진 이야기를 잘 알고 있다. 거기에서 '나르시시스트(narcissist)'라는 말이 유래된 것이다. 그러나 불핀치의 『신화(*Mythology*)』(1959)에 나오는 이야기들 가운데는 에코의 이야기도 포함되어 있다.

에코는 아름다운 숲의 요정이었고 여신 다이애나의 총애를 받았다. 그러나 에코에게는 한 가지 결점이 있었다. 그녀는 '말하기를 좋아했고, 수다를 떨거나 언쟁을 할 때 마지막 말을 하려고 했다.' (p. 88) 하루는 여신 주노가 요정들 사이에서 즐거운 시간을 보내고 있는 남편을 찾고 있었다. 에코는 다른 요정들이 모두 도망갈 수 있도록 돕기 위해 말 잘하는 자신의 특기를 사용하여 주노를 붙들고 있었다. 나중에 무슨 일이 일어났는지 알게 된 주노는 화가 나서 에코에게 벌을 내렸다. "너는 벌을 받아 나를 속인 그 혀를 사용할 수 없게 될 것이다. 다만 네가 그렇게 좋아하는 한 가지, 즉 대답만은 할 수 있다. 그러나 너는 마지막 말을 따라하게 될 것이다. 앞의 말을 할 능력은 없다." (p.88)

어느날 에코는 숲 속에서 나르시스를 보고 한눈에 사랑에 빠졌고 그를 따라다니기 시작했다. 그녀는 그에게 말을 걸고 싶었지만 그렇게 할 능력이 없었다. 단지 그녀는 그가 말하기를 기다렸다가 대답만 할 수 있을 뿐이었다. 하루는 나르시스가 숲 속에서 길을 잃고 외쳤다. "아무도 없어요?" 그러자 에코는 대답했다. "없어요." 나르시스는 아무도 보이지 않자 "이리 좀 나오세요!" 라고 외쳤고, 에코는 "나오세요."라고 대답했지만 여전히 몸을 숨기고 있었다. 나르시스는 "왜 나를 피하나요?"라고 물었고, 에코는 "피하나요."라고 대답했다. "우리 함께 만나요."라고 나르시스가 말했다. 에코는 "만나요."라고 대답했고 나르시스가 서 있는 곳으로 달려가서 그를 껴안으려 했다. 그는 뒤로 물러서며 외쳤다. "차라리 죽는 게 낫겠어요. 당신이 나를 차지하는 것보다는……." 이에 에코는 흐느끼며 대답했다. "보다는."

그러나 그녀의 호소는 아무 소용이 없었다. 곧 에코의 모습은 슬픔 때문에 사라져 보이지 않게 되었다. 그녀의 뼈는 바위로 변했고, 목소리를 제외하곤 아무것도 남지 않았다. "그 목소리로 그녀는 아직도 자기를 부르는 사람에게 바로 대답하며 끝말을 하는 옛 버릇을 계속해서 가지고 있다."(p. 88)

나르시스는 종종 요정들에게 잔인하게 굴었다. 그에게 멸시를 당한 한 소녀는 나르시스도 자기 혼자서만 사랑하고 애정을 돌려받지 못하는 것이 어떤 느낌인지를 언젠가는 알게 해 달라고 기도했다. 그때 복수의 여신이 그 기도를 듣고 소원을 들어주었다.

하루는 나르시스가 숲 속을 걷다가 사람이나 동물이나 떨어진 나뭇잎마저 건드리지 않은 은빛 물의 맑은 연못을 만났다. 물을 마시려고 몸을 굽혔을 때 그는 자기의 그림자를 보고 그것이 물의 영이라고 생각했다. 그것은 그가 보았던 것들 중에 가장 아름다웠는데, 그렇게 그는 자기 자신과의 사랑에 빠졌다. 그가 입술을 가까이 대 보고 만져 보기 위해 팔을 담가 보았지만, 그 영은 사라져 버렸다가 잠시 후에야 돌아왔다. 그가 만지려고 할 때마다 그 형상은 도망을 갔지만, 그는 그것에 너무나 매혹되어 먹고 마시는 것에 대한 흥미조차 모두 잃어버리기 시작했다. 그는 영으로 알고 있는 그 대상을 향해 말했다. "아름다운 영이시여, 왜 당신은 나를 피합니까?" 나르시스가 그 영에게 말할 때마다 에코는 그의 말을 반복했다. 나르시스는 곧 여위어 죽어 버렸다. 요정들은 그를 애도하며 화장을 위해 장작더미를 준비했지만 그의 몸을 찾을 수가 없었다. 그 자리에는 "가운데가 자주색이고 흰색 잎으로 둘러싸인 꽃이 피었는데, 그 꽃은 나르시스의 이름과 추억을 간직하고 있다."(p. 89)

3 참 잘 들어맞는 신화 -경계선 성격장애와 자기애성 성격장애의 관계

탐험 시기에 상처를 받은 커플들은 보통 지나치게 강한 자기의식을 가진 사람(자기애성 성격장애)과 약한 자기의식을 가진 사람(경계선 성격장애) ([그림 3 참고])의 만남으로 이루어진다. 경계선 성격장애를 가진 쪽은 자기애성 성격장애자의 자기확대와 우월감의 확신을 동일시할 수 있고, 그것들을 자기정체감의 원천으로 사용한다. 자기애성 성격장애를 가진 사람은 끝없는 찬양과 충성의 원천을 경계선 성격장애자 안에 가지고 있다. 관계의 양상은 유난히도 반작용적이다. 자기애성 성격장애인 사람은 경계선 성격장애인 상대방이 끊임없이 자신의 숨통을 조인다고 불평하고, 경계선 성격장애인 사람은 자기애성 성격장애인 상대방이 자기를 버리겠다고 협박한다며 불평한다.

빌과 앨리스 같은 파트너들은 누구 한 사람은 옳고 다른 한 사람은 틀렸다가 아니라 둘 다 옳다는 생각을 받아들일 필요가 있다.

이 말은 그들이 반작용적으로가 아니라 공감적으로 관계를 할 수 있어야 한다는 뜻이다. 다시 말해서, 그들은 자기 자신을 초월해서 상대방을 새롭고 진정한 방식으로서 경험해야만 한다. 즉, 그들은 자신이 만들어 온 거짓 자기로부터 잠시 밖으로 나와 그러한 거짓 자기들의 허위성을 인식해야만 한다. 이것은 이런 커플들에게 있어서 특별히 어려운 작업인데, 그 이유는 그들의 적응기제의 특징 때문에 그렇다. 두 사람 모두가 자기 영역의 어느 한 부분이라도 포기하는 것이 곧 자기를 영원히 잃어버리는 것을 의미한다고 여기고 두려워하며 그동안 가지고 있던 적응기제를 고수하기 위해 몸부림을 치기 때문이다.

모든 커플들과 마찬가지로 이러한 커플들에게도 몸부림은 진정한 사랑이 태어나는 지점이 될 수도 있다. 그러나 그것은 둘 중 한 사람이 자신의 취약한 부분을 드러내고 상대방과 진정으로 관계하는 것을 통해 방어를 벗어던지는 위험을 기꺼이 무릅씀으로써 상대방 또한 자신과 똑같은 방식으로 반응하도록 격려해 줄 수 있을 때에만 가능하다([그림 4 참고]).

이것을 성취하기 위해서는 치료사는 안전하고 안아 주는 환경을 제공해서, 그 안에서 취약성이 마침내 별것 아닌 것이 될 수 있도록 해야 할 필요가 있다. 처음엔 안전한 순간은 잠시일 뿐이고 분노의 비난(때로는 치료사를 향한)이 곧 또다시 나타난다. 탐험 시기에 상처를 받은 파트너들은 잘 알려진 현상인 흑/백 사고 또는 전부/전무 사고를 끌어들이는 것으로 유명한데, 특히 그들이 계속해서 문제를 경험하는 것에 대해 치료사를 비난하게 될 때 그런 사고를 보여 준다. 치료사는 그들의 비난을 대할 때, 자신이 그 커플에

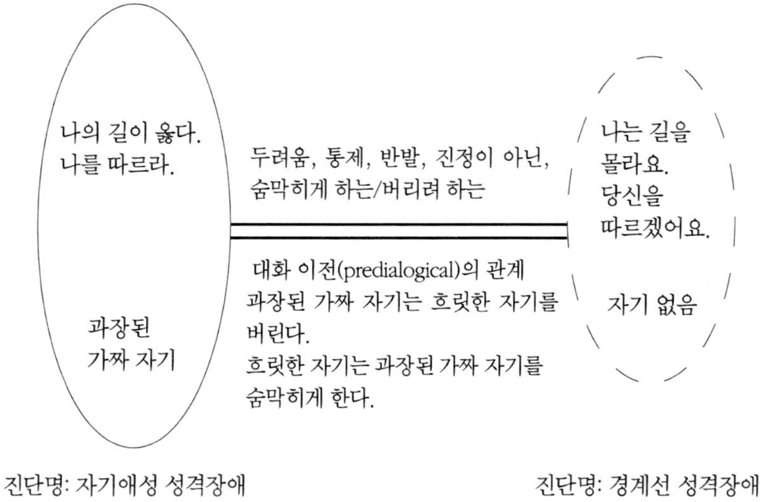

[그림 3] 탐험 시기에 상처받은 커플 (대화 이전)

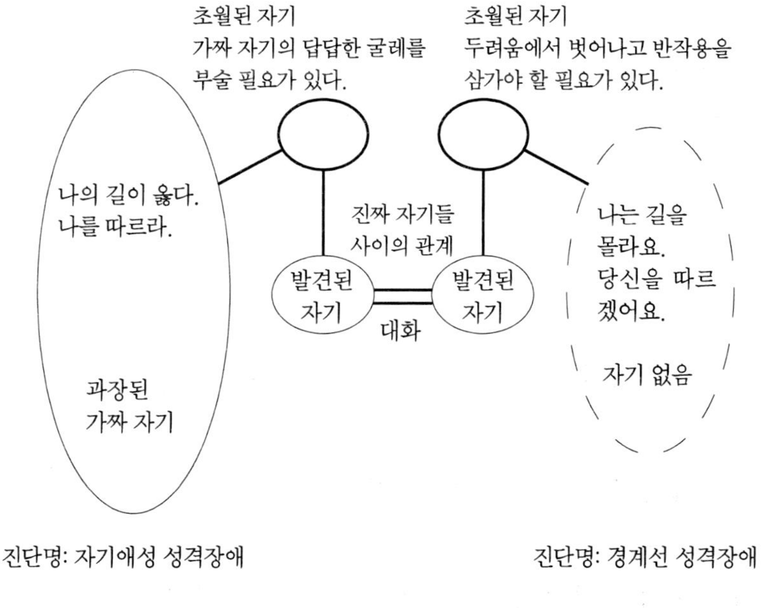

[그림 4] 탐험 시기에 상처받은 커플 (대화 가능)

게 그들이 서로 어떻게 반응해야 하는지를 조언해 주었던 것과 똑같이 반응해야만 할 필요가 있다. 즉, 그들의 좌절감을 충분히 듣고 반영해 주어야 한다. 치료사가 그들을 경청하고 있다고 느낄 때, 그들은 태도를 누그러뜨리고 다시 진행에 협조하게 된다.

탐험 단계에 상처를 받은 커플과 함께 이마고 치료를 진행하다 보면 결국 두 가지 시나리오 중 하나로 끝이 난다. 커플은 자신들의 방어 구조를 더욱 고수하면서 치료사가 자기들이 무엇을 하는지를 전혀 모른다고 불평하면서 치료를 중단하고 다른 치료사에게 가거나, 종전과 같은 생활로 되돌아간다. 또 하나 좀 더 희망적인 시나리오는 커플이 충분히 통찰을 경험하게 됨으로써 마침내 방어적인 행동이 그들 모두를 자신들의 커플관계로부터 원하는 것을 얻지 못하게 만든다는 사실을 깨닫는 것이다. 이것이 커플이 함께하는 과정 중에서 보다 현명한 길이긴 하지만 확실히 더 힘든 길이다. 분리되어 있으면서도 또한 연결된 존재들로서 서로 관계하는 방법을 배우기 위해 그들은 탐험기의 두 살짜리 아기만큼 많은 반영과 지지, 구조와 지침을 필요로 한다. 그리고 치료는 새롭게 나타나는 진정한 자기(true self)를 반영해 주고 승인해 주는 과정이 된다.

4 빌과 앨리스가 아직도 가야 할 길

빌과 앨리스는 주말에 열리는 부부 워크숍에 참여하기로 결정했다. 거기서 그들은 이마고 부부대화법과 그 밖의 다른 이마고 과정을 배웠다. 빌은 처음에는 회의적이었지만, 나중엔 앨리스의 고통을 들어 주고 자기 자신의 어린 시절의 아픔까지도 어느 정도 대면할 수 있을 만큼 충분한 시간 동안 외면의 논리적 태도를 내려놓을 수가 있었다.

빌은 자신의 부모님이 비록 좋은 의도를 가지고 있기는 했지만, 자신으로 하여금 부모님과 구별된 사람이 되기를 허용해 주지 않았다는 사실을 깨달았다. 그는 거의 전 생애를 부모님이 설계해 준 가짜 자기(false self)와 더불어 살아왔던 것이다. 그는 뚜렷한 목적 없는 활동은 그저 시간 낭비일 뿐이라고 여겼던 부모님을 실망시키는 것이 두려웠기 때문에, 자연에 심취하는 것을 비롯하여 자신의 몇 가지 관심거리를 포기해야만 했던 일들이 생각났다. 또한 앨리스는 연결과 승인이 없는 가정에서 자라난 것에 대해 빌에게 이야기할 수 있었고, 이번에는 빌에게 이해받은 느낌을 가질 수가 있었다.

정기적으로 계획된 부부상담치료 약속을 통해 빌과 앨리스가 이마고 부부대화법을 사용하도록 촉진하는 것이 중요했다. 탐험 시기에 상처를 받은 커플들은 반발적이고 상처를 주는 방식의 대화로 되돌아가기 쉽다. 빌과 앨리스는 일주일에 2회씩, 7~8개월 정도를 함께 만났는데, 그동안 그들은 제법 효과적인 대화가 가능해지게 되었다.

빌: 나는 엄마나 아빠가 나와 놀아 준 기억이 많지 않아요. 옆에 있어 주기는 했지만 그건 언제나 그럴 일이 있었기 때문이지요. 나는 나 자신일 수가 없었어요. 단지 그들이 원하는 사람이 되어야만 했으니까요.

앨리스: 그러니까 당신은 엄마, 아빠와 놀았던 기억이 많이 없고, 그분

들이 항상 옆에 있어 주기는 했지만 그건 모두 그럴 일이 있었기 때문이라는 말이죠. 그리고 당신은 자기 자신이 될 수가 없었고, 부모님이 원하는 사람이 되어야만 했다는 거로군요. 내가 잘 이해했나요?

빌: 네, 맞아요. 내가 만약 부모님이 좋아하지 않는 것을 원한다면 창피를 당할 것만 같았어요. 내가 토요일 밤에 청바지를 입고 외출하려 했다면 아마 도덕적인 죄를 짓는 것으로 생각하셨을 거란 말이죠.

앨리스: 부모님이 좋아하시지 않는 일을 하는 경우엔 그분들이 당신에게 창피를 줬을 거란 말이군요. 토요일 밤에 청바지를 입는 것 같은 일은 부모님께는 도덕적인 죄였다는 거죠. 내가 잘 이해했어요?

빌: 네. 그래서 나는 그 좁고 곧은 길을 따라갔지요. 나는 부모님이 가장 잘 아실 거라고 생각했기 때문에 그분들이 혹시라도 아들에게 원하실 수 있는 것이라면 모두 해 드렸어요. 부모님이 나를 자랑스럽게 여기는 것을 가로막는 것은 당신을 포함해서 그 무엇이라도 용납하지 않으려 했어요. 문제는 그런 과정에서 내가 나 자신조차도, 그리고 당신도 잊어버렸다는 거예요. 난 내가 누군지를 잘 안다고 생각했어요. 그런데 이제는 내가 누군지, 그리고 당신이 또 누군지 잘 모르겠어요.

앨리스: 그러니까 당신은 좁고 곧은 길을 따라갔다는 거네요. 그래서 부모님이 아들인 당신에게 원하는 것이라면 무엇이든 다 해드렸고, 그분들이 당신을 자랑스럽게 생각하는 데 방해가 되는 것은 나를 포함해서 그 무엇도 용납하지 않으려 했고요. 그러나 그 과

정에서 당신은 우리 둘 다를 잊어버려서 지금은 내가 누군지 또 당신 자신이 누군인지 더 이상 알 수가 없다는 말이군요. 이 모든 것이 정말 이해가 돼요. 당신 부모님은 당신에게 어떠어떠한 사람이 되라고 하셨죠. 그렇지만 정작 당신 자신이 어떤 사람이 되고 싶어 하는지는 중요하지가 않았던 거예요. 내가 느끼기에 당신은 지금 허탈하고, 혼란스럽고, 그리고 조금은 두려울 것 같아요.

앨리스는 새롭게 나타나고 있는 빌의 자기존재감이 이제 가장 취약한 단계에 놓여 있다는 것을 알았다. 그녀는 그가 자기존재감을 새롭게 구성할 때 좀 더 연결이 되고 좀 더 개별화되는 것 두 가지 모두 포함하도록 지지해 주는 것에 있어 공감적 이해의 힘을 발견하였다. 대화의 구조를 통해서 앨리스는 숨이 막힐 거라는 빌의 두려움을 자극하지 않고도 빌이 원하는 것을 공급해 줄 수 있었다. 그 대화는 앨리스 자신에게도 그녀가 갈망해 오던 빌과의 연결의 느낌을 가져다주었다. 앨리스는 또한 자신이 빌과 연결됨을 느낄 때는 그를 밀쳐내게 되는 반작용적 행동을 자신이 훨씬 덜 하게 된다는 것을 배웠다.

빌의 과제 역시 자신의 전형적인 방어 자세로부터 물러서서 엘리스에게 자신의 입장을 강요하지 않고 그녀의 말을 공감적으로 들어 주며, 그녀가 뚜렷한 자기를 형성할 수 있도록 지지해 주는 것이었다. 빌은 이 과제를 실행해 보면서 그 과제가 앨리스에게 얼마나 어려웠을지를 알게 되었다.

앨리스: 나는 자기를 형성할 처지가 못 되었어요. 부모님은 나를 거들

떠보지도 않았어요. 그러나 부모님이 나를 가끔 쳐다볼 때가 있기는 했죠. 그건 내가 집에서 일어나고 있는 일에 대한 나의 생각이나 감정을 그분들께 이야기하려고 할 때였어요. 그럴 때마다 그분들은 곧바로 나를 찍 소리도 못하게 했어요. "너 어떻게 감히 우리한테 그 따위로 얘기하니! 그런 말은 듣고 싶지 않다." 그래서 나는 항상 그들의 마음을 미리 짐작해 보고 문제를 일으키지 않을 적당한 말을 생각해 내려고 노력했어요. 나는 마침내 자기 의견을 갖는 것을 두려워하게 된 것 같아요. 그나마 얻은 눈곱만큼의 사랑마저 잃어버릴까 봐 두려웠었거든요.

빌: 그러니까 당신은 부모님이 항상 당신을 무시했기 때문에 자신이 누군지 존재감을 가질 수가 없었단 말이지요. 부모님은 당신에게 "너 어떻게 감히 그렇게 생각하고 느낄 수 있니?"라고 말씀하셨다는 거로군요. 그래서 당신은 항상 그들의 마음을 짐작하게 되고 마침내 자기 의견은 하나도 가질 수가 없게 되었다는 거지요. 내가 잘 이해했나요? 좀 더 얘기해 봐요.

앨리스: 네, 잘 이해했어요. 그래서 난 늘 당신이 나를 이끌어 주기를 기대하게 된 것 같아요. 당신은 자신이 무엇을 원하는지를 항상 잘 알고 있는 것 같았고 난 그것을 붙잡으려고 했지요. 그러나 내 부모님이 그랬던 것처럼 당신이 나를 버리고 가고 나를 모른 체 한다고 느끼기 시작할 땐 난 무서웠어요. 난 당신의 주의를 끌려고 소리를 지르곤 했지요. 난 당신 없이 나 혼자 존재할 수 있으리라고 느껴지지가 않아요.

빌: 당신은 어렸을 때 스스로 결정하는 것이 허용되지 않았기 때문에 항상 내가 당신을 이끌어 주도록 나를 의지했다는 말이군요. 그

래서 내가 당신을 떠나려 하면 당신은 무서웠고 내 주의를 끌려고 소리를 질렀다는 거고요. 그리고 나 없이 당신 스스로 살 수 있으리라곤 느껴지지 않는다는 거지요. 내가 당신 말을 잘 이해했나요?

앨리스: 네. 아주 잘 이해했어요. 최근에는 당신에게 전적으로 의지하는 상태로 머무를 수만은 없다는 것을 깨닫고 있어요. 그렇지만 지금 당장 나 스스로 많은 일을 하기엔 여전히 너무 두려워요. 내가 나 자신이 되기 위해서 난 당신의 도움이 필요해요. 그리고 당신이 나를 너무 몰아붙이거나 나에게 빨리빨리 고치라고 하지 않았으면 좋겠어요.

빌: 그러니까 당신은 내게 전적으로 의지할 순 없다는 것을 깨닫고 있기는 하지만 지금 당장은 전적으로 스스로 하기엔 너무 두렵다는 거군요. 그래서 당신이 당신의 삶을 찾도록 내가 함께 도와주기를 바라고 또 내가 당신을 몰아붙이거나 빨리 고치라고 말하지 않았으면 좋겠다는 거고요. 내가 잘 이해했나요?

앨리스: 네.

빌: 당신의 가족 배경을 볼 때 당신이 스스로 결정내리는 것이 힘들었고 누군가에게 의지하는 것이 필요했다는 것이 이해가 되는군요. 당신 스스로의 생각을 갖는 것이 금지되었었으니 말이에요. 당신에게 나의 도움이 필요하다는 것과 내가 당신에게 독립적이 되라고 몰아붙이지 말았으면 좋겠다는 것도 이해할 수 있어요. 내가 느끼기엔 아마 당신은 두렵고 상처받기 쉬운 상태인 것 같아요. 그리고 내가 당신 옆에서 당신을 지지해 주기를 원할 것 같아요.

앨리스: 맞아요.

치료사: 앨리스, 빌에게 행동수정요청(Behavior Change Request)을 해 보실래요? 당신이 스스로 결정하는 데 도움이 되면서도 빌과의 연결을 잃어버리지 않을 수 있는 것으로 긍정적인 문장을 사용해서 세 가지를 부탁해 보세요. 빌이 당신에게 해 주기를 원하는 것과 당신이 그것을 얼마나 자주 그리고 얼마나 오랫동안 해 주기를 원하는지를 구체적으로 말해야 한다는 것을 기억하세요.

앨리스: 그러죠, 한번 해 보겠어요. 난 당신이 사업과 관련해서 무슨 결정을 내릴 때 내게 물어봐 줬으면 좋겠어요. 그리고 나에게 생각할 수 있는 시간을 충분히 주고, 처음부터 끝까지 내 생각을 이야기할 수 있도록 중간에 말을 끊지 말아 주었으면 해요. 그리고 그다음 거기에 대해 논평하지 말고 내가 한 말을 그대로 반영해 주었으면 좋겠어요. 논평은 그날 말고 다른 날 하구요. 다음 두 주 동안 일주일에 한 번씩은 이렇게 해 주었으면 좋겠어요.

빌: 그러니까 당신은 내가 사업상 내려야 할 결정에 대해 당신의 의견을 물어봐 달라는 거군요. 다음 두 주 동안 일주일에 한 번씩 말이에요. 당신이 생각을 정리한 다음 그것을 이야기할 수 있도록 당신에게 시간을 줬으면 좋겠다는 말이구요. 그리고 내가 당신 말을 반영해 주되 논평은 다른 날 하라는 거고요. 내가 잘 이해했나요?

앨리스: 네, 잘 이해했어요.

빌: 그리고 또 있어요?

앨리스: 이번 달에 한 번, 출장 떠나기 전에 20분만 시간을 내서 당신이 떠나는 것에 대해 내가 얼마나 두려워하는지 나와 대화를 나눠 줬으면 좋겠어요. 당신이 떠날 때 난 정말 두렵거든요.

빌: 이번 달에 한 번 내가 출장을 떠나기 전에 내가 떠나는 것 때문에 당신이 얼마나 두려운지에 대해 당신과 대화를 나눴으면 좋겠다는 거지요. 내가 집을 떠날 때 그것이 당신에게 얼마나 두려운 일인지 내가 들어 주기를 정말로 원하는 것 같군요. 맞아요? 또 있나요?

앨리스: 네, 하나 더 있어요. 당신은 사업을 하니까 해외 문제에 능통하잖아요. 나도 세계 뉴스에 뒤떨어지지 않으려고 뉴스 잡지를 읽거든요. 다음 달 동안 세 번, 20분씩 세계에서 일어난 사건들에 대해서 나와 함께 얘기하고 당신이 내 의견을 진지하게 받아 주었으면 좋겠어요.

치료사: 앨리스, 빌이 당신 얘기를 진지하게 듣는지, 그렇지 않은지 무엇을 보고 알겠어요?

앨리스: 당신이 내 말을 반영해 주고 또 준비가 되면 내가 어떻게 해서 그런 결론에 이르렀는지 이해한다는, 뭐 그런 말을 해 주면 알 수 있겠지요. 그런 다음 그 주제에 대한 당신 의견을 듣고 싶고, 나도 당신의 말을 반영해 주고 승인해 주고 싶어요.

빌: 와! 그러니까 당신은 이번 달에 세 번, 한 번에 20분씩 세계의 사건에 대해 논의해 보자는 거군요. 그리고 내가 당신 말을 반영해 주고, 그런 다음 당신 말을 이해하게 되었을 때 당신의 의견을 승인해 달라는 거구요. 또한 내 의견도 듣고 싶고, 그것을 당신이 반영해 주고 승인해 주겠다는 거죠. 내가 잘 이해한 건가요?

앨리스: 네.

치료사: 앨리스, 만약 빌이 이 세 가지를 한다면 그것이 어떻게 해서 당신이 오늘 이야기한 어린 시절의 상처를 치유하는 데 도움이

될 수 있는 건지 빌에게 얘기해 주기 바랍니다.

앨리스: 당신이 그렇게 해 준다면 나 자신이 보잘것없고 하찮다고 느꼈던 어린 시절의 상처와 가족들에게 내 의견을 표현한다면 버림받을 거라는 두려움이 치유되기 시작할 것 같아요.

빌: 내가 이 세 가지 요청을 들어주면 당신은 당신 자신이 보잘것없고 하찮다고 느꼈던 어린 시절의 상처가 치유되기 시작하고 그리고 당신 자신의 의견을 표현한다면 버림받을 것이라는 두려움을 극복하는 데 도움이 될 거라는 말이지요. 정말 이해가 되는군요. 나도 어렸을 때 그런 비슷한 경험을 했거든요. 그리고 또 이 모든 일들이 우리들의 관계에서 어떤 행동을 하게 만들었는지를 이제 알 것 같아요.

처음에는 많은 커플들이 그렇듯, 빌과 앨리스 역시 집에서보다는 상담치료실에서 좀 더 성공적으로 대화할 수 있었다. 그렇지만 그들은 점차 주요 폭발 상황에서도 다툼보다는 대화로 가라앉힐 수 있었다는 보고를 하기 시작했다. 시간이 갈수록 그들의 싸움은 점점 줄어들었고, 간격이 뜸해졌으며, 싸움이 지속되는 시간이나 그 후 이어지는 냉전도 점점 짧아졌다. 빌과 앨리스가 처음 시작할 때 어떠했는지를 비교해 볼 때 상당히 좋아진 것이 분명했다.

5 두 발짝 앞으로, 한 발짝 뒤로

탐험 시기에 상처를 받은 커플들에 대해서는 논의할 것이 참 많다. 그들은 어린 시절 뿐만 아니라 결혼생활을 통해서도 깊은 상처를 받았다. 즉, 한 사람 또는 두 사람 모두에 의한 정서적 학대가 있었을 수 있다. 그러므로 그들 관계의 역사 가운데 있었던 모든 고통이 논의되고, 승인되며, 용서되어야만 할 필요가 있다. 또다시 상처를 주는 행동을 되풀이하지 않도록 약속하되, 타임아웃이나 그 밖의 다른 예방조치를 사용해서 상처를 주는 행동으로 되돌아가는 일을 줄여야 한다.

그들의 향상은 항상 빈약하다. 조금만 스트레스를 받아도 이 커플들은 논쟁적인 태도로 되돌아가 버린다. 한 사람은 접촉을 추구하고, 다른 한 사람은 뚫고 들어갈 수가 없다. 그러므로 상담 치료 회기 동안 그들이 폭발을 하는 경우에는 치료사가 적극적으로 개입해 줘야만 한다. 즉, 치료사는 그들이 서로 반영을 잘해 줄 수 있을 때까지 각각에게 반영해 주는 일을 해야 한다.

앨리스: 당신이 여행을 떠났을 때 내가 얼마나 외로운지 당신이 이해해 주면 정말 좋겠어요. 난 한 달에 이틀 이상은 견디기 어려울 것 같아요.

빌: 다른 여자들은 다 잘 지내고 있잖아요. 내가 없을 땐 그 사람들하고 뭔가 하며 지내 보란 말이에요.

앨리스: 당신은 내 말을 못 알아들었군요. 우리가 좀 나아졌다 싶으면 당신은 그렇게 또 한심한 소리를 하는군요. 내 마음이 어떤지 당신은 결코 이해하지 못할 거예요. 차라리 우린 당장 갈라서는 게 낫겠어요. 당신은 곧장 옛날 방식으로 되돌아갈 테니까요. 당장 변호사를 부르는 편이 좋겠어요.

빌: 당신이 그렇게 느낀다면 변호사를 부르지 그래요.

앨리스: 이 나쁜 놈. 독선자, 바보 같으니라고.

치료사: 여기서 잠깐만 멈춰 보세요. 뒤로 기대고 심호흡을 해 보세요. 앨리스, 내가 잠깐 당신의 말을 반영해 볼게요. 내가 듣기로는 당신은 빌이 떠나고 없을 때 당신이 혼자 남은 것이 어떤 느낌인지를 빌이 이해하지 못한다고 말했던 것 같아요. 그런데 당신이 다른 아내들처럼 하지 못한다는 빌의 마지막 말이 당신을 화나게 만들었군요. 당신은 빌과 단절되고 이해받지 못했다고 느끼는 거지요. 내 말이 맞나요?

앨리스: 그래요. 난 빌이 도대체 나를 이해할 수 있을지 믿음이 안 생겨요.

치료사: 빌이 정말 당신을 이해하게 될지 믿을 수 없다는 거군요. 그 말이 무슨 뜻인지를 알겠어요. 현재는 빌이 당신을 이해하지 못하는 것 같으니까요. 아마도 당신은 이해받지 못하고, 거절당하고, 외롭고, 무능한 느낌일 거예요. 내가 잘 이해했나요?

앨리스: 네, 그래요.

치료사: 앨리스, 빌이 당신과 함께 있어 주었으면 하는 당신의 마음을 빌이 알아주기를 얼마나 원하는지를 잠시 생각해 보고 계세요. 나는 잠시 빌의 말을 반영해 보겠어요. 빌, 내가 듣기로, 당신은 당신이 출장 가고 없을 때 앨리스가 왜 그렇게 혼자 있기를 힘들어하는지 이해하지 못하겠다고 하신 것 같아요. 다른 부인들은 잘 지내는 것처럼 보인다고 얘기하셨고, 앨리스가 왜 그 사람들과 어울려 뭔가 하려 하지 않는 걸까 의아해하셨지요. 내가 잘 이해했나요?

빌: 맞습니다. 그러자 앨리스는 변호사를 부르겠다는 둥 나를 마구 몰아세웠잖아요.

치료사: 그리고 당신은 앨리스가 변호사를 부르겠다는 말을 했을 때 몰아세운다는 느낌을 받으셨군요. 그녀가 변호사를 운운했을 때 몰아세운다는 느낌을 받았다는 것이 이해됩니다. 변호사 얘기는 민감한 사항일 수 있으니까요. 당신은 놀라고, 화가 나고, 아마도 부적절하다는 느낌이 들었을 것 같네요.

빌: 그렇습니다. 그렇게 빨리 그런 얘기까지 할 필요는 없었다고 생각해요.

치료사: 그러니까 당신은 앨리스가 그렇게 빨리 변호사를 부르겠다는 말까지 할 필요는 없다고 생각하신다는 거죠. 빌, 내가 혹시 이렇게 해도 될지 모르겠네요. 잠시 안전한 곳에 자신을 맡기고 몇 분 동안만 내 말을 좀 들어 주지 않겠어요?

빌: 그렇게 하죠.

치료사: 고맙습니다, 빌. 앨리스의 말에 답변을 하기 전에 한번 앨리스가 말한 것을 모두 들으려고 해 보면 어떨까요? 두 분이 서로 충분히 상대방의 얘기를 들어 주지 않을 때 서로 다투게 된다는 걸 제가 알아차렸거든요. 그래서 당신이 앨리스의 말을 충분히 듣고 반영해서 되돌려 줄 수 있도록 당신이 자신을 안전하게 지키는 것이 어떨까 합니다. 당신이 앨리스의 말에 동의해서 좀 더 집에 머물러야만 한다든가, 이틀 이상 집을 떠나 있지 않는 것에 반드시 동의해야 할 필요는 없어요. 그렇지만 앨리스가 당신에게 무슨 말을 하려고 하는지 이해할 수 있기를 바란다면 그녀의 말을 잘 들어야만 합니다. 그렇게 한번 해 보시겠어요?

빌: 해 보지요. 집중할 수 있도록 잠깐만 기다려 주세요.

이번에 빌은 앨리스의 말을 잘 들어 주었다. 그렇다고 집에 더 많이 머무르는 것에 동의하지는 않았지만, 그는 아내의 외롭고 버림받은 느낌에 대한 이야기의 핵심을 이해했다. 그는 앨리스가 어린 시절 가족과 연결된 느낌이 없었다는 얘기를 할 때 그녀에게 공감을 표현했다. 그녀가 어렸을 때 안겨 보지도 못했고 예쁘다거나 똑똑하다는 말도 들어 보지 못했었다며 울었을 때 빌도 마음 아파했다. 앨리스는 빌이 집에 없을 때면 자기가 어렸을 때 느꼈던 것과 똑같은 공허감을 느낀다고 설명했다. 그녀는 빌이 그 공허감을 채워 줄 수 없다는 사실은 알고 있었지만, 그러나 그가 그녀의 마음을 알아 줄 때 더 강하게 그와 연결된 느낌을 갖게 된다는 사실을 그가 이해해 주기를 원했다. 빌은 마침내 이전에는 앨리스의 '지나친 요구' 라고 생각했던 것이 자신과 접촉하려 하는 그녀의 방식이라는 것을 재해석할 수가 있었다. 그리고 빌이 기꺼이 앨리스의 필요를 이해하고 인정하는 한 앨리스 또한 빌이 항상 자신의 모든 필요를 다 채워 줄 수는 없다는 것을 받아들일 수가 있었다. 이제 빌과 앨리스는 '관계 안에서의 자기(the self-in-relationship)' 를 발견해 가고 있었다.

6 빌과 앨리스, 다시 방문하다

빌과 앨리스 같은 커플들은 단기치료만으로 금방 좋아지지는 않는다. 그렇다고 해서 그들이 평생 치료를 받아야 한다는 말은 아니다. 그렇지만 부부상담치료를 받을 때 배운 과정을 앞으로도 수년간 사용해야만 한다. 탐험 시기에 상처를 받은 커플들에게 있어서 황홀한 결혼생활이라고 하는 것은 희망은 있지만 확실한 보장은 없다. 이들 커플은 여러 번 과정을 쉽게 터득하고, 처음에는 그것을 사용하겠지만, 후에는 다시 서로에게 상처를 주는 예전의 관계방식으로 되돌아가기가 쉽다.

부부상담치료를 받고 나서 1년 후, 빌과 앨리스는 정기적인 후속 회기에 참석했다. 앨리스가 자기는 좋아졌지만 빌은 다시 일에 빠진 것 같다고 말했다. 그런데 재미있는 변화가 나타났다. 앨리스는 이제 좀 더 자신감 있는 파트너가 되었다. 그녀는 자신이 스스로를 믿을 수 있도록 이마고 치료가 자신에게 도움을 주었다고 말했다. "빌은 현재의 나와 관계를 해야만 해요. 지금은 이것이 내가 나를 바라보는 방식이고 다시 이전으로 되돌아갈 수는 없어요. 나는 나 자신에 대해서 좋게 느낀답니다. 빌에게 이렇게 말했지요. 나와 관계하기를 원한다면 동등한 입장에서 내게 말해야만 할 거라고요. 그가 내 말을 이해한 것 같아요."

부부치료에 있어서, 특히 빌과 앨리스 같이 어린 시절 초기에 상처받은 커플들의 치료에 있어서 그들의 향상은 종종 분노 폭발이 줄었다든가, 떠나겠다는 협박이 뜸해졌다거나, 미래에 대해 좀 더 낙관적이 되었다든가 등의 아주 작은 변화로만 측정될 수가 있다. 빌과 앨리스는 비록 황홀한 결혼과는 아직도 거리가 멀긴 하지만, 둘 다 모두 한층 행복해했다. 우리는 그들의 치료 작업이 매우 긍정적인 결과를 낳았다고 믿는다. 앨리스는 이제 자기 자신에 대해 좋은 느낌을 가지게 되었고 빌은 그녀의 말을 듣게 된 것 같다. 무엇보다도 중요한 것은 그들이 목표를 향해 함께 노를 젓고 있다는 것이다. 그들은 기꺼이 이 싸움을 계속할 것이다. 이 싸움이 때론 힘들긴 하겠지만 그들이 성장할 수 있는 통로의 역할을 할 것이다.

편저자의 말

이번 장은 관계의 맥락에서 나타나는 행동에 대해 이마고 치료가 취하고 있는 독특한 관점을 강조하고 있다. 어떤 임상적 접근법에서는 문제가 있는 상호관계 스타일을 정신병리(예를 들어, '경계선 성격장애' 또는 '자기애적 성격장애')로 명명하고 있지만, 이마고 치료는 그러한 특징들을 관계 안에서 살아남기 위해 필요로 했던 행동적인 적응 방식으로 이해한다.

이러한 관계적 관점이 빌과 앨리스에 대한 저자의 설명에 잘 나타나 있다. 앨리스가 더 크게 소리를 지르면 지를수록 빌은 더욱 더 조용해진다. 앨리스가 더 맹렬히 밀어붙일수록 빌은 더 냉혹하게 철수한다. 그들의 행동이 역기능적으로 보이겠지만 사실 그 행동들은 그저 상처입은 두 사람의 결합을 보여 줄 뿐이다. 결혼과 관계없는 상황에서, 빌과 앨리스는 건강하고 생산적인 개인으로 행동한다. 하지만 낭만적 관계에서의 그들의 결합은 장작불 위에 놓여진다. 자아(id)를 덮었던 뚜껑이 벗겨지고 복수심에 불타는 그들의 방어행동이 나타나기 시작한다.

애착이 탐험을 위한 기반이 되는 것과 똑같이, 탐험 단계는 정체성 발달의 기초를 놓는다. 탐험 단계 동안 아이의 탐험행동에 대해서 부모가 충분히 격려와 승인을 제공해 줄 때만 아이는 바깥세상을 탐험할 수 있는 용기를 얻는다. 탐험의 충동에 대한 지지는 아이가 세상과 대면하면서 불가피하게 부딪치고, 깨지고, 상처입는 고통을 덜어 준다. 바깥세상이 도대체 어떤 것인지 적절히 이해하게 되었을 때 아이는 독특한 자기만의 내면세계를 탐색할 준비가 된다. 그러나 그러한 준비가 되지 않았을 때에는 대신 방어적인 행동적 적응이 우세해져서 그 틈새를 메우며 정체성 형성 작업을 강행하게 된다.

빌과 앨리스의 관계는 탐험기 상처의 영향을 압축적으로 보여준다. 빌은 자기의 생각이나 감정에 대해 승인받을 필요에 대해 부인한다. 그는 마치 "나는 내가 무엇을 생각하고 느끼고 믿는지를 알고 있어요. 나는 내가 어떤 경험을 해 왔는지 알아요. 그런데 내가 왜 당신의 생각, 감정, 신념에 대해 들어야만 하지요?"라고 주장하는 듯하다. 그와 대조적으로 앨리스는 자신의 내면세계를 끊임없이 승인받는 것이 필요하다. 그녀는 마치 "내가 보는 것이 정확한지 내게 말해 주세요. 나는 내가 무엇을 경험하고 있어야만 하는지조차 모르겠어요. 내게 무엇을 경험해야 하는지를 말해 주세요."라고 호소하는 듯하다.

이번 장에서는 고통 중에 있는 커플들의 일반적인 모습을 제시하였다. 최소화하는 파트너(여기서는 빌)는 최대화하는 파트너(여기서는 앨리스)보다 건강해 보인다. 적어도 우리 사회에서는 최소화하는 행동이 최대화하는 행동보다 더 사회적으로 용인된다. 파트너와 싸우는 중에도 냉정하고 조용하고 침착한 남자는 완벽하다.

그러나 마음의 평정을 잃고 몹시 흥분한 여자는 미친 것처럼 보인다. 최소화하는 사람의 내면화된 고통은 보이지 않은 채로 남아 있다. 최대화하는 사람의 고통이 앨리스로 하여금 그런 식으로 행동하지 않을 수 없게 만드는 것과 마찬가지로, 최소화하는 사람의 내면화된 고통은 그로 하여금 그런 방어적 행동을 하게끔 강하게 내몬다. 빌은 똑같이 깊은 그의 상처를 앨리스에게 드러내 보여 줌으로써 그녀를 환자의 역할로부터 해방시켰다. 빌과 앨리스는 모든 다른 커플들과 마찬가지로 자기 자신에 대한 치유의 열쇠를 쥐고 있다. 그리고 그들은 또한 상대방에 대한 치유의 열쇠 또한 같이 쥐고 있다. 그 열쇠를 먼저 자기 자신에게 사용할 수 있는 용기를 낼 때에만 상대방의 치유를 위해서도 서로 사용할 수가 있다.

참고문헌

Kernberg, O. (1980). Developmental theory, structural organization and psychoanalytic technique. In RuthnLax et al. (Eds.), *Rapproachement*. New York: Jason Aronson.

Kohut, H. (1971). *The analysis of the self*. New York: International Universities Press.

Kohut, H. (1977). *The restoration of the self*. New York: International Universities Press.

Kohut, H. (1984). *How does psychoanalysis cure?* Chicago: University of Chicago Press.

Lachkar, J. (1992). *The narcissistic/borderline couple*. New York:

Brunner/Mazel.

Masterson, J. F. (1981). *The narcissistic and borderline disorders*. New York: Brunner/Mazel.

Solomon, M. F. (1989). *Narcissism and intimacy*. New York: Norton.

Solomon, M. F. (1959). Echo and Narcissus. In T. Bullfinch (Ed.), *Mythology* (pp. 87-89). New York: Dell.

04

정체성 시기에 상처받은 커플들

경직된/흐릿한 커플 유형

게리 브레이너드(Gary Brainerd), 웨이드 루켓(Wade Luquet)

"우리는 2년 동안을 함께했는데, 그는 나와 결혼하려 들지 않아요." 보니는 2년간 남자친구인 던을 기쁘게 하는 일이라면 무엇이든 다 했다고 느끼고 있기 때문에 그만큼 좌절감이 컸다. 그러나 던은 보니에게 더욱 더 큰 기대를 드러내고 있었고, 그것들은 그녀가 결코 채워 줄 수 없는 것들이었다.

던은 53세의 제조회사 간부인데, 이전에 그는 그의 표현에 따르면 불이 훨훨 타던 사람이었다. 5년 전 그와 그의 전부인은 20년간의 결혼생활을 한 후 결코 타협적일 수가 없는 그런 이혼을 했다. 던과 그의 전 부인은 재산 관리, 연금 계획, 두 자녀의 양육 등 사사건건 부딪쳤었다. 던은 전 부인을 '형편없는 여자' 라며 그가 현재 겪고 있는 대부분의 어려움을 그녀의 탓으로 돌렸다. 그리고 다시는 똑같은 실수를 되풀이 하지는 않겠다는 의지가 확고했다.

모델 출신으로 47세인 키가 크고 우아한 보니는 성공적인 인테리어 디자인 사업체를 가지고 있다. 두 번 결혼했고 두 번 이혼했지만 자녀는 없다. 그녀는 사업적으로는 수완이 있지만 관계에서는 쩔쩔맨다. 첫 남편에게는 신체적인 학대를 당했으며, 모든 낭만적 관계에서 수동적이고 비굴한 태도를 취한다. 이런 태도는 일에 있어 유능한 그녀의 리더십 스타일과는 매우 날카롭게 대조를 이룬다.

던은 가정을 마치 육군사관학교처럼 이끌어 가는 엄격한 부모 밑에서 자랐다. 그의 집에서는 완벽 외에는 아무것도 용납이 되지 않았다. 깨끗한 방, 완벽하게 정리된 침대, 정확하게 끝마친 숙제, 두말없는 순종이 아이들에게 요구되었다. 던의 말에 따르면, "나는 무엇을 하든 성공하도록 양육받았어요." 반면 보니는 무질서한 가정에서 자랐다. 그녀의 부모는 일에 파묻혀 그녀와 함께 있어 주질 않았다. 보니의 미술적 재능에 관심을 보이며 그녀를 설득하여 미술을 전공하게 한 것은 그녀의 고등학교 선생님이었다.

1 상처를 주는 양육-두 종류의 상처

고의든 아니든, 부모가 자녀들에게 줄 수 있는 상처에는 두 종류가 있다. 즉, 최소화하는 자기방어 스타일을 만드는 상처와 최대화하는 자기방어 스타일을 만들어 내는 상처다.

최소화하는 사람으로 만드는 상처

최소화하는 방어 스타일을 만드는 경향이 있는 상처는 '지나친' 양육, 즉 지나친 통제 또는 거절하고, 숨막히게 하고, 지배하려 하고, 수치심을 심어 주는 등 고통스러운 상호작용으로부터 비롯된다. 특히 정체성 형성의 시기에는 '자기감(自己感, sense of self)'의 발달이 외부의 반응에 대해 매우 의존적이기 때문에 양육자가 인정해 주지 않거나 깎아내리는 것은 아이로 하여금 방어적 적응기제를 사용하도록 만든다. 어떤 식으로든 개입이 이루어지지 않는다면 이러한 방어적 적응기제는 결국 굳어져서 아이의 성격의 일부가 되어 버린다.

선택적인 반영

선택적으로 반영해 주는 부모는 자신이 용인할 수 있는 특징들에 대해서만 알아 주고, 반응해 주고, 반영을 해 준다. 부모는 아이의 행동이나 자기감의 틀을 잡아 주려고 자신들이 인정할 수 없는 특징은 무시한다. 예를 들어서, 아이가 전쟁터의 군인 역할놀이를 할 때 군인이 되는 것이 못마땅한 부모는 그것이 그냥 사라져 버리기를 바라면서 모르는 체할 수 있다. 만일 남자아이가 "나는 멋진 무용수야."라고 한다거나, 여자아이가 "나는 훌륭한 축구 선수야."라고 한다면, 어떤 부모들은 아이가 성 정체성에 혼란을 갖게 되는 것이 두려워서 그 말을 무시하거나 아예 못하게 한다. 부모가 아이의 자기 발달을 조종하려는 시도는 불행스럽게도 아이의 자기 발달을 해칠 수 있다.

수치심을 심어 주는 반응

단순히 아이의 동일시를 무시하는 것보다 더 큰 상처를 주는 것은 수치심을 심어 주는 말을 통한 불인정의 전달이다. 군인놀이를 하는 아이에게 "우리 가족은 사람 죽이는 걸 싫어해." 또는 "넌 어떻게 사람을 죽이는 놀이를 하니?"라고 말한다면 아이는 놀이를 통해 자기 자신이 되는 일을 주저하게 된다. 그는 표현하고 싶어 했던 자기 자신의 '군인 같은' 부분을 싫어하게 되고, 버리고, 억압하는 것을 배우게 되어, 후에 '자기-거절'을 낳고 경직된 '자기-경계선'을 만들 수 있다.

마찬가지로 군인놀이를 하는 여자아이가 전형적인 남자 역할을 선택한 것에 대해 놀림감이 될 수 있다. "너는 간호사나 미용사가 될 수 있는 거야. 바보같이 굴지 마. 넌 남자애가 아니야!" 무시하거나 수치심을 심어 주는 것은 아이로 하여금 무시당했거나 수치를 당했던 부분을 자신의 정체성에 통합시키지 못하도록 만든다. 당시에는 그 영향력이 미미해서 아이의 놀이활동 영역이 그저 축소되는 정도이겠지만, 아이가 어른이 되고 특히 낭만적인 관계를 맺을 때는 성격이나 개성에 끼친 그 영향력이 보다 분명해진다.

수치심을 심어 주는 것은 통제하기 위한 효과적인 방법이지만 수치를 당하는 사람에게 심각한 부작용을 일으킨다. 즉, 수치를 당한 자기의 일부분을 부인하는 것과 함께 자존감이 낮아진다.

지배하려는 반응

어린 시절에 수치를 당하고 지배를 받은 경우, 나중에 다른 사람들에게 수치를 주고 지배하는 사람이 된다는 것은 결코 놀라운 일이 아니다. 그들은 또한 경직된 견해를 고수하며, 인생의 애매하거나 모호한 부분을 다루기 어려워하고, 개인적인 흠이나 약점을 조금도 드러내려 하지 않게 된다.

던은 자신이 이 지역에서 가장 나쁜 어머니를 두었었다고 농담을 했으며, 이어서 자신이 그것 때문에 상처를 받은 것이 아니라 오히려 강철이 불에 의해 단련되듯 단련이 되었다고 말했다. 그는 어린 시절의 경험이 자신을 성공할 수 있게 만들었다며 그것에 대해 도리어 감사해했다. 어머니의 그런 행동이 그에게 상처를 주었을지도 모른다는 제안은 던으로 하여금 강한 반발을 불러일으키게 했으며, 그는 우리가 어떻게 해서 자기 스스로를 희생자로 보게 되는지에 대해 설교를 했다.

던에게 있어서는 자신이 수치를 당했다는 사실을 조금이라도 인정한다는 그 자체가 곧 수치스러운 것이었다. 던은 '수치심을 부인'하는 상처가 있는 사람으로서, 함께 작업하기가 매우 힘든 내담자다.

최대화하는 사람으로 만드는 상처

'최대화하는 방어를 만드는 상처'는 유기, 은근한 방임 또는 아이가 가족 안에서 주목을 받지 못하거나 마치 없는 것처럼 느끼게 하는 양육자의 일종의 방임에 의해 비롯된다. 정체성에 상처를 받은 사람은 최대화하는 적응을 하게 되며 주목받지 못한 상처를 가지고 있다. 즉, 자신이 아무것도 아니고 다른 사람에게 아무런 영향력도 없는 존재였다는 상처를 말한다. 최대화하는 상처를 가진 사람들은 감정 표현을 과장함으로써 적응한다. 이것은 단순한 원리다. 아이는 자신이 방치된 경우에 관심을 받을 수 있는 한 가지 방법은 화가 났을 때 엄청난 소란을 피우는 것이라는 사실을 발견하게 된다. 최대화하는 배우자들도 이와 똑같은 행동을 한다.

2 정체성의 상처가 있는 커플

수치심의 상처가 있는 사람들은 자신이 누구인지에 대해 높은 정의를 내린다. 그들은 강력한 견해를 주장하고, 통제하려는 욕구가 많고, 비판에 매우 민감하다. 그들은 감정을 최소화하거나 억제하곤 하는데, 그 이유는 감정을 가지고 있으면 수치를 당할지도 모르기 때문에 그러한 위험을 최소한 줄이기 위해서다.

반면에 주목을 받지 못한 상처를 가지고 있는 사람은 자신에 대해 정의 내리기를 어려워한다. 대체로 다른 사람들에게 순종적이고 협력적이지만, 자신이 위협을 받고 있다고 느낄 때는 비난하고 비판한다. 그들은 감정적으로 민감하며, 자신의 파트너에게 중요하지 않은 사람이 되는 것을 두려워해서, 최대한의 효과를 내기 위해 자신의 감정을 극적으로 표현한다.

던과 보니

던과 보니는 자신들의 관계를 '80% 훌륭한' 관계로 묘사했다. 그들은 경제적으로 안정되어 있으며, 함께 여행하고 다양한 여가 활동을 즐길 수 있는 수입과 자유시간이 있다. 문제는 보니가 던의 기대에 부응하지 못할 때 일어나는데, 그는 화를 내며 그녀를 비난하는 등 수치를 주는 방식으로 반응한다. 그러면 보니는 자신이 바보 같다고 느낀다. 그래서 그녀가 던에게 자신의 입장을 설명하려 하면 그는 들으려고 하지 않는다.

던의 상처는 즐거움보다는 일을 더 가치 있게 여기는 경직된 양육 환경으로부터 기인하였다. 특히 상상놀이는 금지되었었고, 생산적인 행동에 대한 기대가 높았었다. 던이 규칙을 어길 때마다 그의 부모들은 재빨리 창피를 주었으므로 던은 그런 행동을 거의 하지 않게 되었다. 그는 '아버지를 꼭 닮아 자랑스러운' 좋은 소년이 되었다.

반면에 보니는 외롭게 자랐고 대부분 혼자 놀았다. 그녀는 어려서부터 그림을 그리기 시작했고 거기에 상당한 재능을 보였지만, 가족들은 그녀의 그림을 거의 칭찬해 주지 않았고 심지어 쳐다보기조차 하지 않았다. 그녀는 줄곧 자기 자신과 자신의 재능에 대해 아무런 확신이 없었다. 그녀의 말대로 그녀는 항상 '뒤에서 따라다니는' 사람이었다.

이마고 부부관계치료의 이마고 부부대화법에 대해 설명해 주자 던은 기가 막힌다는 듯이 "나더러 이 여자가 하는 말을 반복하라는 거예요? 도대체 그게 무슨 소용이 있죠?"라고 했다. 그는 자신은 항상 안전감을 느낀다고 말했다. 그런데 왜 보니의 얘기를 듣기 위해 자신이 다시 안전한 곳으로 가야만 한다는 말인가?

던은 일주일에 한 번 회기에 올 때마다 이마고 치료 과정을 힘들어했다. 그리고 진행이 너무 느리다고 불평했다. 그는 '본론으로 들어가기'를 원했으며, "나는 결코 이런 식으로 일하지 않아요. 결정을 내리고 실행으로 바로 옮기죠."라고 말했다. 그렇게 마지못해 하면서도 그는 매주 다시 왔다. 그리고 "보니에게는 이것이 도움이 되는 것 같군요."라고 말했다.

하지만 보니는 치료 과정을 좋아했다. 왜냐하면 던의 속도를 늦출 수가 있고 자기가 하고 싶은 얘기를 전달하는 데 도움이 되었기 때문이었다. 대화법은 보니에게 자신의 견해를 분명하게 하고, 그것들을 제시하고, 필요하다면 바꿀 수 있는 기회를 주었고, 던으로 하여금 위협하거나 수치를 주지 않는 방식으로 그녀의 의견을 승인할 수 있게 만들었다. 그녀는 그런 대화가 자신이 인간으로서 정당하고 중요하며 자신의 이야기가 전달되고 있다는 느낌을 준다고 말했다.

다섯 번째 상담 회기에서 던과 보니는 '부모-자녀 대화법(Parent-Child Dialogue)'을 소개받았다. 이 과정에서는 한 사람이 상대방의 어머니나 아버지가 되어 말을 들어 주는 역할을 한다. 듣는 사람은 다음과 같은 질문을 하게 된다. "나는 너의 어머니(아버지)란다. 나와 함께 사는 것이 어땠니?" 그러고 나서 공감하며 얘기를 듣는다. 보니는 자신의 아버지에 대해 이야기를 하기로 선택했다.

보니: 아버지와 함께 사는 건 힘들었어요. 아버지는 집엔 있었지만 한 번도 나를 위해 있어 준 적은 없었어요. 항상 텔레비전이나 신문에 더 관심이 있는 것 같았죠. 아버지에게 있어서 난 '보이지 않는 존재'라는 느낌이었어요.

던(가상아버지 역할): 넌 보이지 않는 존재처럼 느꼈다는 거구나. 좀 더 얘기해 보렴.

보니: (눈물을 흘리며) 나는 아무것도 아닌 것 같았죠. 아버지에게 내가 그린 그림을 보여 주곤 했지만 별것 아니라고 보는 것 같았어요. 내 생각을 말해도 내 얘기를 듣지 않는 것 같았어요. 난 적어도 아버지가 내가 재능이 있다고 말해 주거나 아니면 내 생각이 이치에 맞는지를 내게 말해 주길 바랬어요. 그래서 난 아직도 내가 맞는지, 틀리는지를 잘 모르겠어요. 난 아직도 내가 정말 재능이 있는지 의심이 든단 말이에요. 그렇지만 난 주목받을 만한 자격이 있었다고 생각해요.

던: 너는 사실 단 한 번도 주목을 받지 못했다고 느꼈는데, 그렇지만 네가 주목을 받을 자격이 있었다고 생각한다는 말이구나.

보니: 네, 그래요.

이 대화 후에 보니가 이야기한 것에 대해 던이 느낀 점을 함께 나누었다.

던: 난 당신의 말을 들으면서 정말 마음이 아팠어요. 당신이 그렇게 힘들었다는 사실을 몰랐어요. 당신은 재능이 있고 당신 아버지는 그것을 주목해 주셨어야 마땅해요. 그 일이 현재의 당신에게 영향을 끼칠 수 있었다는 걸 알겠어요. 그리고 내가 당신 얘기를 들어 준 것이 당신이 이 일을 극복하는 데 도움이 되길 바라고 있어요.

치료사: 던, 보니의 말을 들으면서 당신이 진심으로 마음 아파하는 것을 볼 수 있었어요. 그렇지만 목표는 보니가 그 문제를 극복하는 것이 아니라 당신이 그녀의 경험을 진심으로 이해하게 되는 것이라는 점을 알려 주고 싶군요. 이 경험은 또한 당신으로 하여금 자

신의 어떤 행동이 어떻게 해서 그녀에게 또다시 상처를 주게 되는지를 이해할 수 있도록 도와줄 거예요.

그다음 상담 회기에서는 남편인 던이 자신의 부모 중 한 사람에게 이야기할 차례였다. 던 또한 아버지를 선택했다.

던: 난 아버지에 대해 나쁜 기억이 없어요. 아버지는 내게 최선을 다했다고 생각해요. 내가 최고가 되길 원했고, 내가 좁고 곧은 길에 머무를 수 있게끔 확실하게 해 주셨죠. 내가 성공할 수 있도록 길러 주셨고, 세상에서 성공할 수 있는 기술을 가르쳐 주신 점에 감사하지요. 그렇지만 때로는 제게 소리도 지르고 거칠게 대하기는 했죠. 어떤 때는 벨트로 나를 때리기까지 했어요. 그렇지만 그건 내가 그럴 만한 잘못을 했었기 때문이었고, 사실 그것 때문에 내가 상처를 받았던 건 아니에요. 도리어 그것이 나로 하여금 아버지를 더욱 존경하게 만들었죠. 그리고 나는 존경은 중요한 것이라고 생각합니다.

치료사가 좀 덜 긍정적인 감정을 표현해 보도록 자극하자 던은 점점 더 불쾌해하기 시작했다. 이것이 경직된/흐릿한 커플에게 흔히 일어나는 현상이다. 던의 경우에서처럼, 경직된 파트너는 자기 가족의 문제들을 기억하는 데 어려움이 있으며, 부모들은 할 수 있는 한 최선을 다했고 자녀들이 잘되기만을 바랐다고 이야기한다. 그러한 입장을 지속적으로 가지고 있다는 것을 성인으로서의 낭만적 파트너 관계에서도 볼 수 있다. 경직된 파트너는 '나는 당신이 잘되기만을 바라기' 때문에 상대방의 행동을 비난한다. 흐릿한 파트너는 경직된 파트너로부터 이해를 구하는 반면, 경직된 파트너는 일이 올바르게 처리되기만을 바란다.

이마고 부부대화법과 다른 이마고 과정이 이 던과 보니 커플을 도울 수 있었음에도 불구하고 그들은 아직 완전히 만족스러운 것 같아 보이지 않았다. 던은 보니에게 정서적으로 연결되는 능력이 결핍되어 있었기 때문에 보니는 여전히 던의 이해에 갈증을 느꼈다. 던은 계속해서 보니가 왜 그렇게 감정에만 매달려야만 하는지, 왜 그것으로부터 빨리 벗어나지를 못하는지 의아해했다. 마침내 던은 그들이 대화할 때 자기가 그녀의 말을 좀 더 잘 듣게 되었다고 보고했다. 하지만 이 모든 것에도 불구하고 그는 결혼을 결심할 수가 없었다. 좀 나아졌다고는 해도 그는 여전히 결혼 전부터 이미 이렇게 문제가 있는데, 과연 결혼 후에 어떻게 될지를 의심했다.

3 정체성의 상처를 점검하기

정체성 테스트

커플들이 정체성의 상처를 가지고 있는지를 알아볼 수 있도록 돕기 위해 다음과 같은 문장을 완성하도록 요청한다. '나는 ____한 사람이다.' 빈칸에 들어갈 말을 1번부터 10번까지 번호를 매겨 각각 다른 말들을 적어 넣도록 한다. 그들이 적은 것을 가족 구성원이나 친구 등 그들에게 중요한 사람들과 나누게 될 것이라고 미리 알려 준다. 끝마치게 되면 다음의 질문에 답하도록 요청한다.

- 이 과제가 당신에게 어려웠나요? 그렇다면 당신은 정체성의 상처를 가지고 있을 수 있습니다.
- 이 과제가 바보 같은 것이라는 생각이 들어서 쓰기를 거절했나요? 그렇다면 당신은 수치심의 상처를 가지고 있을 수 있습니다.
- 받아들여지지 않을 수 있다고 생각되는 것들은 생략했나요? 혹은 당신이 적은 것을 보고 다른 사람들이 뭐라고 생각할지 걱정이 되었나요? 그렇다면 당신은 수치심의 상처를 가지고 있을 수 있습니다.
- 자신을 묘사하는 항목을 생각해 내기가 어려웠나요? 그렇다면 당신은 주목받지 못했던 상처를 가지고 있을 수 있습니다.
- 당신의 리스트에 아무도 관심이 없을 거라고 생각했나요? 또는 누군가 당신의 리스트를 읽어 주기를 간절히 원했나요? 그렇다면 당신은 주목받지 못했던 상처를 가지고 있을 수 있습니다.
- 다른 사람들이 당신이 쓴 리스트를 비판할까 봐 두려웠나요? 그렇다면 당신은 수치심이나 주목받지 못했던 상처를 가지고 있을 수 있습니다.

정체성의 상처의 증거를 제공해 주는 것은 대답 그 자체보다는 정체성 테스트 중에 했던 경험들(기대, 염려, 고심 등)이다.

정체성 점검표

파트너가 정체성의 상처를 가지고 있는지를 점검할 수 있는 또 다른 방법은 다음과 같은 점검표를 사용하는 것이다.

최소화하는 사람 - 수치심의 상처

(a) _______ 수치를 당하거나, 비판을 받거나, 지배당할 것에 대한 두려움

(b) _______ 자기나 타인들을 통제하려는 성향

(c) _______ 기분이 언짢을 때 다른 사람에게 창피를 주고 비난하게 될 수 있다.

(d) _______ 사물에 대해 적어도 조금은 경직된 경향이 있다.

(e) _______ 무엇이 어떻게 되어야만 한다는 강한 감정을 가지고 있다.

최대화하는 사람 - 주목받지 못했던 상처

(a) _______ 중요하지 않은 존재일 것에 대한 두려움

(b) _______ 주목받지 못한 상처

(c) _______ 처음에는 순종적, 협동적인 경향이 있다.

(d) _______ 간혹 원망, 비난, 책망한다.

(e) _______ 자기를 묘사하기를 어려워한다.

4 수치심과 통제의 상처-최소화하는 유형

수치심에 기초한 사람은 두려움을 줄이거나 충족되지 못한 필요를 채우기 위해 행동한다.

두려움

수치심에 기초한 사람은 틀릴까 봐 두려워한다. 자신이 틀렸을 수도 있다는 어떤 암시라도 '네가 틀렸다면 넌 나쁜 거고, 네가 나쁘다면 넌 창피를 당하게 될 거야.' 라는 뜻으로 해석한다. 수치심에 기초한 사람은 수치를 당하는 느낌을 견딜 수 없기 때문에 그런 경험으로부터 자신을 방어하기 위해 '옳음' 에 대한 불변의 신념을 포함하는 경직된 경계선을 발달시킨다.

이와 마찬가지로 이해받지 못하는 경우에도 수치심과 굴욕감이 나타날 수 있다. 수치/지배를 당한 사람은 이해받지 못한 것에 대해 분노로 반응하며 자신의 파트너에게 창피를 주고 지배적이 되기 시작한다.

수치/지배를 당한 개인은 또한 관계에 있어서 통제라는 주제에 매우 민감하다. 그래서 일방통행적인 사람이 된다. 그러므로 이런 특징 그 자체만 가지고는 그것이 정체성의 상처를 의미한다고 볼 수는 없다.

욕 구

수치/지배를 당한 사람에게는 사랑보다는 존경이 더욱 중요하다. 존경을 받는다는 것은 수치를 당하거나 지배를 받지 않는 것을 의미한다. 그 결과 수치/지배를 당한 사람은 자신의 약점 또는 실수에 대해 솔직하기가 매우 어렵다.

이 모든 것 때문에 수치/지배를 당한 사람은 종종 자기 자신이 그런 줄도 모르는 채 전적으로 이해해 주고 수용해 주는 파트너를 깊이 열망한다. 무조건적인 수용, 이해와 존경은 수치/지배를 당한 사람의 상처에 바르는 연고와도 같다. 불행하게도 그들은 그러한 필요가 있다는 것을 인정하려 하지 않으려는 것이 전형적이다. 왜냐하면 그 필요를 인정하는 것은 상처받을 수 있고 안전하지 못하다는 느낌을 불러일으키기 때문이다.

민감하게 반응하는 것

정체성의 상처를 가지고 있는 사람 중 최소화하는 유형으로 하여금 민감하게 반응하도록 만드는 무의식적 촉발 요인이 무엇인지를 아는 것이 중요하다.

방금 논의한 것과 같이 이해받지 못하는 것은 수치심의 상처가 있는 사람을 촉발시킨다. 왜냐하면 그다음 단계에서는 자기가 옳지 못한 것에 대해 부당하게 판단받고, 비난받고, 수치를 당하게 되기 때문이다. 부정확한 반영에도 화를 낸다. 그것은 파트너가 자신을 이해하지 못했고 잘못된 견해를 가지고 있다는 뜻이기 때문에 고통스럽고 수치스러운 것이다. 그런데 순종적/흐릿한 파트너는 대화를 할 때 꼭 그렇게 부정확한 반영을 한다.

다정한 놀림조차도 수치심의 상처가 있는 파트너의 오래된 뇌의 반응을 촉발시킬 수 있다. 정체성의 상처가 있는 커플들은 부부관계를 치유하는 작업 동안에는, 아니 어쩌면 영원히, 상대방을 놀리는 일만은 삼가야만 한다. 그것은 수치심의 상처가 있는 파트너에게 또다시 상처를 줄 위험성이 너무나 크기 때문이다.

수치/지배의 상처가 있는 사람은 비난받거나, 수치를 당하거나, 통제를 당할 것에 대한 두려움이 있다. 그것이 순종적/흐릿한 사람에게 끌리는 이유 중 하나다. 수치/지배를 당했던 파트너가 리드를 할 수 있어서 무엇이 '옳은지' 정의할 수 있을 때 옳지 못해서 수치를 당할 위험성이 적어진다. 그러나 불행하게도 순종적/흐릿한 파트너조차도 때때로 비난하고, 수치를 주고, 책망을 하는 상태가 되곤 한다.

여러 상담 회기가 지난 후 던은 자신이 '약간은 통제하려' 했다는 점을 인정할 수 있었다. 이어서 반쯤 농담처럼 "그렇지만 나는 대체로 옳아요. 난 상식이 있는 사람이라고요." 하고 말했다. 한번은 그가 웃으면서 들어와서 '경직된/흐릿한 부부대화법' 을 개발했다고 말했다. 그는 "보니가 내게 어떤 말을 했을 때 내가 '당신이 말하고자 하는 것이 이러이러하다는 거였지.' 라고 말하며 반영해 주었어요."라고 설명했다.

비록 유머러스하게 말하기는 했지만, 던의 농담은 정체성의 상처가 있는 커플의 어려움과 힘겨루기를 잘 설명해 준다. 한 사람이 다른 한 사람의 생각을 대신 해 준다. 한 사람은 경직되고 침투할 수 없는 자기를 가지고 있고 또 한 사람은 모호하고 불확실한 자기를 가지고 있다. 한 사람은 '항상 옳은' 반면, 또 한 사람은 자기가 과연 옳은지를 항상 의심한다.

성장에 필요한 것

정체성의 상처가 있는 사람의 성장을 위해 기본적으로 필요한 다섯 가지가 있다.

수치/지배를 당했던 많은 파트너들은 깊은 자기증오를 가지고 있다. 자기증오는 치료를 받기 시작한 후에도 한동안 잘 드러나지 않는다. 따라서 첫째로 필요한 것이 **자기수용**이다. 치료의 초기 단계에서는 치료사의 심리교육과 모델링, 그리고 자기노출이 내담자로 하여금 자기수용에 이르게 하는 데 도움이 된다.

또한 수치심의 상처가 있는 사람은 결국은 **통제**라는 주제를 다루어야만 하며, 특히 자기 개인의 힘과 남을 통제하려는 힘을 구분하는 법을 배워야 한다. 통제당하는 것을 두려워하는 파트너는 아이러니컬하게도 자기보호를 위해서 통제를 사용할 수 있다. 그들은 먼저 그 어떤 약점이라도 부인하며 수용받을 수 없다는 생각과 충동들을 억압함으로써 자신을 통제한다. 그다음 고분고분한 세상이 안전한 세상이라고 믿으면서 다른 사람들을 통제함으로써 영역을 확장한다. 통제를 내려놓고 다른 사람의 입장의 타당성을 인정하는 것은 깊은 불안을 불러일으키며, 경직된 파트너는 통제 포기를 거절해야 그 불안이 감소될 수 있다. 치료적 목표는 다른 사람이 자신을 규정하도록 허용하지 않는 것과 다른 사람을 통제하고 규정하기를 원하는 것은 전혀 다르다는 것을 이해시키는 것이다.

경직된 파트너는 다른 사람을 승인하는 것이란 사고나 감정의 회색지대를 보는 것이라는 점을 배워야만 한다. 그것은 자기수용과 전체성을 향해 나아가기 위해 필요한 단계다. 흐릿한 사람과 결혼하는 것은 회색지대를 보는 연습을 하도록 풍부한 기회를 제공한다. 그것은 또한 경직된 파트너에게 주요 성장 과제를 내준다.

대화 과정 중에서 '반영하기' 는 매우 쉽지만 '인정하기' 와 '공감하기' 는 수치/지배를 당한 파트너에게는 훨씬 더 어렵다. '인정' 한다는 것은 자신이 규정한 경직된 신념 체계를 내려 놓고 상대방의 생각, 신념, 감정의 타당성을 승인해 주는 것이다. 또 하나 중요한 도전은 공감을 발달시키는 것이다. 경직된 세계관을 유지하는 데 필요한 자기몰두는 공감 연습에 의해 도전을 받는다. 경직된 파트너에게는 공감이 특히 어려운데, 이는 공감하기 위해 사용해야 하는 감정을 자기 자신에게조차 허용할 수가 없기 때문이다. 그러나 이 대화가 적어도 이렇게 복잡한 의사소통을 다루고 또한 통제할 수 있는 구조를 제공해 주기 때문에 수치/지배를 당한 사람에게 호감을 주기도 한다.

수치심의 상처가 있는 사람은 최소화하는 사람이기 때문에 자신의 필요를 표현하는 것에 저항한다. 그들은 처음에는 상대방의 결점에 대해 불평하는 데 초점을 맞춘다. 이것은 그들이 대화의 구조 안에 머물러 있는 한 허용될 수 있다. 그렇지만 치료사는 그들이 자신의 개인적 관심, 특히 아무리 작고 보잘것없는 것처럼 보일지라도 자신이 파트너에게 무엇을 원하는지를 이야기하는 방향으로 움직이도록 이끌어 가야 한다.

5 던이 변화를 위해 땀 흘리다

수치심에 기초한 파트너에게는 상대방 파트너의 좌절을 들어 준다는 것이 마치 불 속을 걸어가는 것과도 같기 때문에 대화가 매우 어려울 수 있다. 그래서 대화를 위해 적절한 준비가 되어 있지 않다면 수치심에 또다시 불을 붙일 수도 있다.

던과 보니는 던이 직장 동료들과 교제하며 겪게 된 일을 가지고 왔다. 던은 직장 동료들과 뒤엉켜 있었고 보니는 버림받은 느낌이었다. 던은 보니가 그것 때문에 상처를 받았다는 것을 분명히 볼 수는 있었지만 별로 공감을 할 수가 없었다. 그는 "그건 사업 문제야. 남자들은 본래 그렇잖아." 하고 말했다. 나는 이 일에 대해 서로 이야기해 보도록 요청했다.

치료사: 던, 보니가 이 일에 대해 느꼈던 좌절감에 대해 들어 주시겠어요?

던: 노력해 보겠지만 이건 정말 어려워요. 마음을 가라앉힐 시간을 1분만 주십시오. (그는 잠시 말없이 앉아 있었다.) 믿지 않으시겠지만 난 너무 긴장이 돼서 손에 땀이 날 정도예요.

치료사: 던, 이것이 아마도 당신에게는 마치 지옥으로 걸어 들어가는 것과 같다는 것을 이해할 수 있어요. 당신이 얼마나 긴장이 될지 상상이 됩니다. 이제 당신이 하려고 하는 것을 그 누군들 기꺼이 할 수가 있겠어요? 내 생각에는 틀림없이 일종의 수치스러운 느낌이 드실 것 같군요.

던: 정확하게 보셨어요. 바로 그거예요. 난 수치스러운 느낌이 듭니다. 아시다시피 난 정말 엄하고 내가 항상 옳기만을 기대하던 그런 아버지를 두었었잖아요. 보니와 이런 종류의 이야기를 하고 나에 대한 불평을 듣는 것은 마치 내가 뭔가 잘못되었다는 느낌을 주고 아버지에 대해서 느꼈던 것과 똑같이 느끼게 만들거든요.

치료사: 그럴 수 있겠어요. 당신의 안전한 장소로 가서 자기 자신에게 보니는 당신의 아버지가 아니며 보니가 하는 말 때문에 당신이 죽지 않을 거라고 일러 주세요. 보니가 하는 말은 수치심에 관한 것이 아니라 당신에게 원하는 뭔가에 관한 것이랍니다. 이제 얘기를 들으실 수 있겠어요?

던: 네, 한번 최선을 다해 보죠. 준비됐습니다.

보니: 그날 저녁 당신 직장 동료들과 만났을 때 난 정말 기분이 나빴어요. 남자들은 다 자기들끼리만 그 방 한쪽에 몰려 있었죠. 당신은 내가 거기 있다는 것조차 모르는 것 같다는 느낌이 들었고, 당신에게 있어서 난 함께 있기를 원하는 존재라기보다는 짐이었죠.

던: (반영해 준다.) 내가 잘 이해했나요? 좀 더 얘기해 봐요.

보니: 그러죠. 다른 여자들은 별로 신경 쓰지 않는 것 같았지만 난 그럴 때 정말 내가 혼자라는 느낌이 들었어요. 아무도 날 쳐다보지 않는 것 같았고, 도대체 내가 왜 거기에 있어야 하는지조차 모르겠더군요.

던: (반영해 준다.) 내가 잘 이해했어요? 더 얘기해요.

치료사: 왜냐하면 내가 어렸을 때…….

보니: (눈물을 흘리며) 우린 고모네 집에 가곤 했는데, 엄마와 아빠는 어른들과 얘기하기 시작하고 언니들과 사촌들은 함께 놀기 시작했지만 난 혼자였어요. 아무도 날 쳐다보지 않았어요. 난 거기 없는 사람 같았어요. 아무도 내게 가까이 오려 하지 않았죠. 난 아무것도 할 수 없는 그냥 얼어붙은 느낌이었어요. 집에서도 엄마가 가끔 한 번씩 우리에게 미친 듯이 욕설을 퍼부었을 때 아버지는 아무것도 하지 않았죠. 그냥 술에 취해서 가만히 앉아 있었을 뿐이었어요. 우린 하나도 중요하지 않은 것 같았어요. (울며) 아버지가 어떻게라도 했었어야죠. 우린 그냥 어린아이에 불과했고 너무나 혼자라는 느낌이 들었어요.

던: (반영해 준다.) 그러니까 아버지가 어떻게라도 했었어야 했다는 거군요. 당신은 어렸고 너무나 혼자라는 느낌이 들었다는 거죠.

치료사: 던, 보니가 방금 이야기한 것을 승인해 주실 수 있나요?

던: 네, 이해가 됩니다……. (던이 울기 시작한다.) 아무도 당신을 보지 않는 것 같았고 정말로 혼자인 것처럼 느껴졌다는 것을 이해할 수가 있어요. (울면서) 아버지가 당신이 받고 있었던 그 학대로부터 당신을 보호해 주길 바랐다는 것도 이해가 돼요.

치료사: 내 생각에 그럴 때 아마도 당신 느낌은…….

던: 내 생각에 그럴 때 당신은 보호받지 못한 느낌, 자신이 보이지 않는 존재가 된 느낌, 그리고 두려움을 느꼈을 것 같군요.

보니: 당신이 이번에는 정말 공감을 잘해 준다고 느껴지네요.

치료사: 던, 대단해요. 그런데 당신의 눈물은 자신의 수치심 때문인지, 아니면 보니가 말한 것에 대한 느낌 때문인지 잘 모르겠군요.

던: 보니가 한 말 때문이에요. 내가 한 번도 보니의 말을 충분히 들어

주지 못했다는 생각이 떠올랐어요. 내가 한 번이라도 정말로 인정을 해 준 적이 있었는지조차 모르겠어요. 그리고 그것이 얼마나 중요한지 알 수는 있지만 충분히 그럴 수 있을 만큼 안전하다고 느낀 적이 결코 없었죠. 하지만 방금 전에 이제 안전하다고 느끼게 되자 보니의 고통을 느낄 수 있었어요.

보니: 던, 고마워요. 정말 기분이 좋아요. 당신이 정말 자랑스러워요.

잠시 동안 던은 보니에 대한 공감을 경험했다. 그는 보니의 이야기를 듣고 매우 감동이 되었고, 자신의 행동이 그녀의 오래된 상처를 건드렸다는 것을 볼 수가 있었다. 파티에서 그가 의도적으로 그녀를 버려 둔 것은 아니었지만, 그의 행동은 보니가 어려서부터 지니고 있었던 감정 보따리를 헤쳐 놓았던 것이다.

보니는 던에게 좀 더 자기를 주목해 달라는 것을 포함하여 여러 가지 행동수정요청을 하였다. 던의 공감 경험은 그녀의 요청을 들어주도록 노력하는 데 필요한 연료를 공급해 주었다.

6 주목받지 못하고 침범당한 상처 -최대화하는 유형

수치/지배를 당한 사람의 파트너는 으레 어린 시절 심각한 방임을 경험했던 사람이다. 방임은 정체성 형성 시기의 어린아이에게 특히 해롭다. 수치/지배를 당한 파트너와 똑같이 이런 사람의 주요 동기 역시 불안을 감소시키고 채워지지 않았던 필요를 채우는 것임을 우리는 보게 될 것이다.

주목받지 못했던 상처가 있는 사람의 채워지지 않은 근본적 필요는 다른 사람에게 소중하고, 영향력 있고, 중요한 사람이 되는 것이다. 그들은 특히 파트너에게 소중한 사람이 되기를 원한다. 불행하게도 그들은 순응하고 협력하고 순종함으로써 중요하게 되는 법을 배워 왔다. 하지만 그렇게 하면 수용받는다고 느낄 수는 있었지만 자기 자신의 정체성의 중요한 한 부분을 포기해야만 하는 값비싼 대가를 치러야만 했다.

이들에게는 중요한 사람이 되는 필요와 관련해서 특별한 주목과 배려를 받고 싶어 하는 깊은 열망이 있다. 흐릿한 파트너의 불평은 종종 상대방이 그들을 쳐다보지 않았다거나, 결코 주의를 기울여 주지 않았다거나, 결코 그들의 의견을 물어보지 않았던 것에 집중되어 있다. 비록 사소한 방법으로라도 주목해 주고, 배려해 주고, 참여시켜 주는 것은 주목받지 못했던 상처가 있는 사람에게 엄청난 치유를 가져다준다.

경직된/흐릿한 파트너들은 자기들의 아이디어, 견해, 생각을 타당하고 중요하다고 여겨 주는, 즉 존중에 대한 필요가 엄청나다는 점에서 서로 비슷하다. 이 점에 있어서 이마고 부부대화법의 '인정하기' 단계가 필수적이다. 던이 보니에게 '이해가 된다' 고 처음으로 말했을 때 보니는 "정말이에요? 정말 그렇게 생각해요?'라고 되물었다. 그리고는 눈물을 펑펑 쏟았다. 던은 그런 보니를 보고 매우 놀랐다.

민감하게 반응하는 것

무시당한다는 느낌은 주목받지 못했던 파트너를 자극하는 만성적인 촉발 요인이다. 경직된 파트너는 자기몰두가 심한 나머지 희미한 파트너에게 주목해 주는 것을 종종 잊어버린다. 경직된 파트너가 다른 사람이나 일 또는 취미 같은 다른 일에 집중할 때, 주목받지 못한 상처가 있는 사람은 경직된 파트너의 좋은 의도와는 상관없이 자신이 작아지고 미미해진 느낌을 갖는다. 예를 들어, 하루는 던이 출장에서 돌아와 공항에 도착한 후 보니에게 전화하기 전에 회사에 먼저 전화를 했는데, 보니는 그것을 던에게는 자기보다 회사가 더 중요하다는 확실한 증거라고 해석하며 망연자실해했다.

흐릿한 파트너는 자기 의견을 물어봐 주거나 존중해 주지 않을 때 무시당했다고 느낀다. 경직된 파트너가 흐릿한 파트너의 의견을 구하지 않기 때문에, 주목받지 못한 상처가 있는 흐릿한 파트너는 자신이 잊혀지고, 인정받지 못하고 무시당했다고 느끼게 된다.

성장에 필요한 것

주목받지 못한 상처가 있는 사람은 자기(self)가 충분히 발달하지 못했기 때문에 자신이 누구이며, 어떤 생각을 하고, 무엇을 원하는지를 규정하는 데 어려움이 있다. 그들은 포괄적이고 모호한 언어를 사용하며, 자기 의견과 다른 사람의 의견을 분리하는 것을 힘들어한다. 예를 들어, 보니는 자기 자신이 믿는 바를 이야기할 때도 '우리' 라는 말을 사용하곤 했다. "우리는 교회에 참여하는 것이 중요하다고 생각해요." 경직된 파트너는 이런 종류의 대화를 반영해 주기가 어렵게 느껴질 수 있다.

마찬가지로 흐릿한 파트너는 보다 정확하고 강력하게 표현되는 경직된 파트너의 의견을 반영해 주는 것이 매우 어렵게 느껴질 수 있다. 다음의 대화를 보기 바란다.

던: 난 당신이 학교에 가려는 것이 걱정이 돼요. 학교에 가게 되면 일을 덜 하게 될 텐데, 노후자금을 준비하려면 우리에겐 지금 돈이 필요하니까요.

보니: (반영해 준다.) 내가 학교에 갈 돈이 우리에게 없다는 말이죠.

던: 아니, 내 말은 그게 아니에요. 돈은 있어요. 하지만 은퇴 후의 목표에 차질이 생길 수 있다는 거죠.

보니: 내가 잘 이해했는지 보세요. 우리에게 돈은 있지만 당신은 내가 학교에 가는 데 돈을 쓰기를 원하지 않는다는 말이죠.

던: 난 그런 말이 아니에요. 돈을 학비로 쓰는 게 싫은 것은 아니지만, 지금 우리에게 그것이 현명한 일이 아니라는 거예요.

대화는 보니의 '볼록렌즈형의 반영(convex mirroring)'으로 끝났다. 즉, 그녀는 던이 한 말에 자기 자신의 생각을 덧붙였다. 이 대화는 '담아두기(containment)'의 어려움과 더불어 흐릿한 파트너가 좌절감을 느낄 때 비난하고 원망하게 되는 경향이 있다는 것을 보여 준다. 주목받지 못한 상처가 있는 파트너는 최대화하는 사람으로서, 상대방의 메시지를 가감하려는 충동을 고쳐야만 한다.

주목받지 못한 상처가 있는 사람은 어린 시절에 심리적 경계선이 분명하게 발달되지 못했고 존중받지 못했기 때문에 종종 다른 사람의 경계선이나 한계를 인식하고 존중하는 데 어려움이 있다. 예를 들면, 대화 과정에서는 그저 듣는 역할에 머무르며, 함께 동의한 예산을 그대로 지키고 계획을 완수하는 것에 대해 저항을 할 수 있다.

7 힘겨루기

수치/지배의 상처와 주목받지 못한 상처가 있는 파트너들은 처음에는 아주 잘 지낸다. 주목받지 못한 상처가 있는 파트너는 경직된 파트너의 통제적인 행동에 잘 순응한다. 그러나 결국 균형이 깨지고 최대화하는 파트너의 비난과 원망, 분노와 저항이 폭발한다. 이것이 이번에는 최소화하는 사람의 수치심을 자극해서 끔찍하게도 커플의 핵심 장면이 재연되거나 '관계의 악몽' 으로 이끈다. 이런 위기는 으레 최대화하는 사람이 먼저 사과하고 또다시 순종하게 됨으로써 해결된다. 일시적으로 평형이 회복되고, 최소화하는 사람의 비난과 창피를 주는 폭발이 또다시 일어날 때까지 그 관계는 지속된다.

8 던과 보니의 큰 진전

비록 아직까지 결혼을 망설이고 있기는 했지만, 던은 이제 보니가 그의 집으로 들어오는 것까지는 원하게 되었다. 그는 계산을 모두 마쳤다. "당신은 당신 집과 대부분의 가구를 팔면 돼요. 정말 간직하고 싶은 것이 있다면 보관할 장소를 빌려주겠어요. 내 가구가 낡으면 당신 것을 쓰게 될 수도 있겠지요. 그렇게 하면 당신 대출금에서 매달 1,000불은 절약할 수 있고, 또 나중에는 가구에서도 돈이 절약될 거예요. 정말 완벽하군! 당신 생각은 어때요?"

보니는 혼란스러웠고 화가 났다. 무슨 말인지는 알겠지만 옳지 않다는 느낌이었다. 그녀는 반발심이 끓어올랐다. "난 생각해 봐야겠어요." 그녀가 대답했다. 던은 기가 막혀 하는 듯 했다. "도대체 뭘 생각해 보겠다는 거예요?" 그가 되받아쳤다. "내가 모두 계산해 봤거든요. 이렇게 하는 게 우리에게 가장 좋아요." 그들은 싸웠고, 그 문제를 다음 회기에 가져왔다.

그들이 싸움을 촉발한 사건에 대해 이야기한 후에 치료사는 던을 향했다.

치료사: 잠시 후에 당신에게 부부대화법을 사용해서 보니의 이야기를 들어달라고 요청하려 합니다. 그러나 먼저 당신에게 하고 싶은 말이 있어요. 나는 보니의 반응이 당신을 자극했다는 걸 알 수 있어요. 당신도 알다시피 우리는 당신의 경직성과 통제의 필요에 대해 논의를 했었죠. 그런 일이 어떻게 벌어지는지 그러니까 당신의 아이디어에 의문이 제기되고 당신이 통제할 수 없게 된다는 것이 당신에게 얼마나 힘이 드는 일인지, 이 사례가 그것을 볼 수 있는 좋은 예가 되겠군요. 당신은 당신의 아이디어가 논리적으로 훌륭하다는 걸 알아요. 그러나 그 아이디어에 대한 보니의 감정에 조금만 자리를 내어 주시면 좋겠군요. 감정은 항상 논리적이

지는 않지만 그래도 중요하답니다. 잠시 보니의 감정에 귀를 기울여 주시겠습니까?

던: 나는 내 아이디어가 최선이라는 걸 알기 때문에 이게 바보 같은 짓이라고 생각은 하지만 어쨌든 한번 해 보죠. (던이 마음을 모으는 데까지 몇 분이 걸렸다.) 좋아요. 이제 들을 준비가 됐어요.

보니: 당신이 너무 갑자기 그 아이디어를 내게 던져 주고, 그리고 내가 거기에 동의하기를 기대할 때 난 몹시 불안했어요.

던: (반영해 준다.) 내가 잘 이해했나요? 더 얘기해 봐요.

보니: 뭔지 그건 아니라는 느낌이 들었는데, 뭐라고 설명해야 할지 알 수가 없었죠. 난 두려웠고 말문이 막혔어요. 나 때문에 당신이 폭발할 거라는 것을 알고 있었죠. 난 당신이 내 감정은 이치에 맞지 않다고 내게 말하게 될 것이 두려웠어요.

던: (반영해 준다.) 내가 잘 이해했나요? 좀 더 말해 봐요.

보니: 그리고 내가 어렸을 때 생각이 났어요. 난 미술을 했고 내가 느끼는 대로 그림을 그리곤 했죠. 그렇지만 가족들에겐 그게 중요하지 않았어요. 그들은 나나 내 그림을 중요하게 보질 않았죠.

던: (반영해 준다.) 내가 잘 이해했나요? 더 얘기해 봐요.

보니: 내 집은 내 그림과 같아요. 내 집은 나를 나타내는 거예요. 당신 집이 더 크고 내가 그 집으로 들어가는 것이 좋을 거라는 건 알지만, 내가 내 집에서 내가 누군지를 표현할 수 있을 것이라는 점을 난 알아야만 해요. 나는 보이지 않는 사람이 될 수는 없어요. 내 존재감이 필요하거든요.

던: (반영해 준다.) 당신이 당신 가족 안에서 존재감을 가질 수 없었기 때문에 당신 집에서 당신의 존재감이 필요하다는 말을 이해할 수

있어요. 당신은 예전에 자신이 보이지 않는 것처럼 느꼈었고, 그래서 내가 이 결정에 따르라고 몰아붙이려 하니까 당신은 마치 자기 의견이 하나도 없고, 자기 자신이 하나도 중요하지 않은 것 같은 그런 느낌이었던 것 같군요.

보니: 그래요.

치료사: 던, 정말 대단해요. 보니의 입장에서 바라보게 되다니, 정말 얼마나 대단한 발전이에요. 조금만 더 노력해서 보니가 행동수정 요청을 할 수 있도록 해 주시겠어요?

던: 그럴 수 있을 것 같네요.

보니: 저, 내가 원하는 것은 우리의 관계에서 당신이 나의 생각과 감정을 진지하게 받아들여 줬으면 하는 거예요. 그래서 첫 번째 나의 요청은 한 달에 두 번 우리 둘 모두에게 관련된 결정을 하려고 할 때는 당신이 내게 "우리가 결정을 내려야 할 부분에 대해서 당신 의견을 듣고 싶어요."라고 말해 줬으면 좋겠어요.

던: (반영해 준다.) 내가 잘 이해했나요?

보니: 네. 두 번째는 내 집을 파는 문제에 대해서 함께 얘기하자는 거예요. 다음 한 달 동안 매주 한 시간 정도씩 당신과 이 얘기를 하고 싶어요. 이마고 부부대화법을 사용하고 싶고요. 내가 나 자신의 아이디어를 생각해서 당신에게 이야기하게 해 주세요. 내 아이디어가 당신이 보기에 아무리 바보 같아도 꼭 당신이 들어 주고 인정해 줬으면 좋겠어요.

던: (웃으며) 그러니까 매주 한 시간 동안 당신 집을 파는 것에 대해 당신이 하는 얘기를 들어 달라는 거로군요. 그리고 아무리 당신의 생각과 감정이 바보 같더라도 반영해 주고 인정해 주길 바란

다는 말이죠. 내가 잘 이해했나요?

보니: (웃으며) 정말 맞아요!

치료사: (보니에게) 던, 당신이 만약 그렇게 해 준다면 나의 이러이러한 상처가 치유되기 시작할 거예요.

보니: 던, 당신이 그렇게 해 준다면 내가 주목받지 못했었고 나의 의견이 중요하게 여겨지지 않았었던 나의 상처가 치유되기 시작할 거예요. 그리고 내가 미술가로서 그런 것처럼, 내 방식대로 하는 것에 대해 좀 더 좋게 느끼게 될 거예요.

던: (반영해 준다.) 이해가 되는군요. 어떻든 당신은 미술가예요.

9 경직된/흐릿한 커플의 치유 과정

일반적으로 어린 시절 상처의 치유는 다음의 두 가지 방식으로 일어난다. 첫째, 어린 시절에 채우지 못했던 필요들을 지금 채운다. 그리고 둘째, 어린 시절 상처의 고통을 재경험하면서, 당시에는 얻지 못했던 것을 지금 얻는다. 후자를 위해서는 고통스러운 재경험을 거치는 동안 반영해 주고, 인정해 주고, 위로해 주고, 사랑해 주는 공감적인 사람이 필요하다.

수치심의 상처 치유

정확하고 확실한 반영

경직된 파트너는 대개 불분명한 경계선을 가지고 있는 사람(흐릿한 파트너)과 결혼한다. 흐릿한 파트너는 대화법을 배울 때 종종 너무 포괄적이고 추상적인 반영을 한다. 부정확한 반영은 자신을 비판하려 한다는 두려움을 촉발하게 되어, 경직된 파트너는 안전감을 갖기보다는 불안을 느낀다. 경직된 파트너는 흐릿한 파트너의 부정확성 때문에 점점 초조해지고, 부정확성으로부터 예상되는, 자신을 향한 비판의 화살을 흐릿한 파트너에게 되돌려 쏘게 된다. 그러므로 이 커플들은 서로를 정확하고 확실하게 반영하도록 배우는 것이 매우 중요하다. 경직된 파트너가 정확한 반영을 받으면 오해를 받아 수치를 당하거나, 멸시를 받거나, 부당하게 취급될 것에 대한 두려움이 없어진다.

승인

승인은 수치심의 상처가 있는 사람에게 특별히 더 중요하다. 특히 그들이 자신의 연약함과 약점을 좀 더 표현하기 시작할 때 더욱 그렇다. 현명한 파트너는 수치심의 상처가 있는 상대방의 생각과 감정을 조심스럽게 확인해 주고, 수치심을 더 자극하게 되는 일을 피하기 위해 특별히 주의해야 할 것이다.

다양한 인간 경험에 대한 깊은 승인

수치심에 기초한 사람은 종종 자신의 개인적인 생각이나 필요, 욕구, 환상, 충동 등이 다른 사람에 의해 수용되지 않을 것이라고 느낀다. 그러므로 그들의 생각이 왜곡되었거나, 이상하거나, 수치스러운 것이 절대로 아니라는 메시지를 전달할 필요가 있다.

취약성을 내보인 순간에 대한 존중

특별히 상처를 드러내 보이는 것과 같은 취약성을 드러내는 순간, 자신의 분노가 슬픔과 비통으로 바뀌는 그런 순간이 있다. 그때 수치심의 상처가 있는 사람들에게는 그들이 느끼는 감정에 대한 부드러운 반영이 반드시 필요하다.

인정

누구나 자신이 한 일에 대해 인정이 필요하다. 수치심의 상처가 있는 사람들은 공정한 자기 몫 이상으로 비판을 받았다고 느끼고 있기 때문에 인정을 퍼부어 주어야 한다. 비판이 그들로 하여금 인정이 필요하다는 것을 부인하도록 만들었을 수 있다. 비록 그들이 인정을 받으면 어깨를 으쓱하는 반응을 보이거나 혹은 선심 쓰는 척하지 말라고 불평을 하더라도 계속해서 인정을 표현해 주어야만 한다. 경직된 파트너는 조만간 그것을 즐기는 법을 배우게 될 것이다.

비난, 책망, 비판을 피할 것

설령 건설적인 비판이라 할지라도 수치심에 기초한 사람은 거기에 민감하게 반응할 수 있다. 경직된 파트너에게 접근하는 가장 좋은 방법은 긍정적이고, 세부적이며, 측정가능하고, 달성이 가능한 요청을 하는 것이다.

10 주목받지 못한 상처의 치유

주목받지 못한 상처가 있는 사람들은 어린 시절에 다음과 같은 것들을 박탈당했다. 세밀하게 주의를 기울여 주는 사람, '나타나고 있는 자기(emerging self)'에 대한 존중, 고통에 대한 이해가 그것이다. 주목받지 못한 상처가 있는 파트너들은 낭만적 관계에 있어서 이 세 가지 모두를 믿을 만하고, 일관되게, 그리고 충분한 기간 동안 받아야 할 필요가 있다.

돌보는 행동

돌보는 행동이란 사려 깊고 친절하게 관심을 기울여 주는 행동을 뜻한다. 예를 들어, 하루를 어떻게 보냈는지, 마실 것이 필요한지 또는 그냥 "당신 어때요?"라고 물어봐 주는 것이다. 이와 같은 것들은 주목받지 못한 상처를 치유하는 데 도움이 되는 행동이다.

승인

순종적이고 흐릿한 파트너가 의견, 감정, 욕구 등을 표현하기 시작할 때 상대방 파트너가 그러한 표현을 반영해 주고, 특히 승인을 해 주는 것이 매우 중요하다. 설령 흐릿한 파트너의 말에 동의하지는 않더라도 그 내면의 논리를 알아 주고 인정해 주는 게 정말로 중요하다. 그래야만 '당신의 생각은 중요해. 당신이 중요해. 당신은 내게 의미가 있어.'라는 메시지를 줄 수 있다.

기억해 주기

흐릿한 파트너가 말했던 것(필요하다거나, 원한다거나, 희망한다거나, 즐긴다고 했던 것)을 단순히 기억해 주거나 거기에 응답해 주는 것은 주목받지 못한 상처를 치유한다. 예를 들어서, 방금 구운 빵을 사가지고 와서 "길모퉁이 식당의 호밀빵, 당신 좋아하지요? 우리가 거기서 점심 먹을 때마다 당신이 그거 주문했잖아요."라고 말하는 것이다.

높이 평가해 주기

주목받지 못한 상처가 있는 사람은 평가절하 받은 느낌이 있다. 그 사람과 그의 아이디어, 의견, 필요를 다른 사람들이 알아 주고 가치 있게 여겨 주지 않았던 것이다. 그러므로 그들은 그들이 파트너십을 위해, 그리고 세상을 위해 자신이 기여한 것을 상대방이 알아 주기를 원한다.

의견을 물어보고 아이디어를 승인하기

"이것에 대해 당신은 어떻게 생각해요?" "나는 이것에 대한 당신의 의견을 알고 싶어요." "내가 새 옷을 사려고 했는데, 사기 전에 당신 의견을 듣고 싶었어요." 이와 같은 말은 주목받지 못한 상처를 갖고 있는 사람을 몹시 기쁘게 할 것이다. 그 사람의 생각과 의견의 중요성을 인정해 주는 것이기 때문이다.

의식적인 관심을 보여 주는 질문하기

"당신이 사랑과 배려를 받는다고 느낄 수 있게 하려면 내가 무엇을 어떻게 하면 좋을까요?" "당신은 오늘 밤, 어디서 저녁 식사를 하고 싶어요?" "당신 생일에 뭘 하고 싶으세요?" "당신이 퇴근해서 집에 왔을 때 어떤 일이 일어나는 걸 제일 보고 싶어요?" 이런 질문들은 특별히 배려해 주는 태도를 보여 준다.

11 던과 보니-숨겨 둔 보물

던과 보니는 이마고 대화법을 사용해서 관계 개선을 위해 열심히 노력했지만, 다른 많은 커플들과 마찬가지로 종종 옛날 방식으로 되돌아가곤 했다. 보니는 가끔 자기 의견 없이 던이 결정을 내리도록 했다. 그리고 때로는 아직도 여전히 자신이 던의 주목을 받지 못한다고 느끼곤 했다. 그러나 이제는 던이 좋아하든 말든 그에게 자신의 감정을 알리고 불쑥 끼어들어 의견을 말한다. 보니는 강하면서도 유연한 자기감을 일단 한번 맛보기 시작하자 뒤돌아보는 일이 거의 없어졌다. 점점 더 자신감이 증가함에 따라 그녀의 사업 또한 전보다 더 번창했다.

던의 편에서 보자면 던은 보니와 대화하는 법을 배웠고, 보니나 다른 사람들이 종종 자기와 다른 생각을 가질 수 있다는 점을 이해하기 시작했다. 자신이 싫어하거나 동의하지 않는 것을 보니가 이야기할 때도 그것을 들으면서 아직도 여전히 불안해하기는 하지만, 불안 때문에 전처럼 반응하지는 않으려고 노력한다. 이제 그는 보니의 다른 의견을 자신에 대한 위협이 아니라 모험으로 보려고 노력하고 있다.

던과 보니는 자신들의 관계를 통해서 진정한 자기 자신을 발견해가고 있다. 일단 어린 시절의 자기 모습을 놓아 보내기 시작하자, 그들 각자는 자신들이 꾸며 냈던 것보다도 더욱 분명한 자기를 발견했다. 그들은 이제 두 사람의 관계와 자기 자신을 전보다 훨씬 더 좋아한다.

편저자의 말

어린아이들은 정체성을 형성할 때 양육자에게 접근하는 것과 거리를 두는 것 사이에서 균형을 맞추는 일로 고심한다. 유아기에서 초기 아동기로 넘어감에 따라 신체 접촉에 대한 필요는 줄어들지만, 아이의 자기 발달을 돕기 위해서는 신체적 접촉은 그것만큼 중요한 다른 무언가로 대체되어야만 한다. 게리 브레이너드(Gary Brainerd)와 루켓은 그다음 단계에 필수적인 것으로 '반영하기' 를 제안한다.

이제는 음성 언어로 의사소통이 가능하기 때문에 '정체성 단계' 는 발달 과정 중에서 처음으로 아이가 말로 하는 반영을 이해하게 되는 때다. '애착 단계' 와 '탐험 단계' 동안에 아이와 양육자와의 연결의 기초가 되는 것은 양육자의 신체 접촉, 목소리 톤, 그리고 그 밖의 비언어적 행동이다. 또한 정체성 단계의 연결의 기초는 말로 하는 언어다. 반영을 통해 어린아이가 자기 정체성의 모든 면을 탐험하도록 격려를 받는다면 그 아이는 마침내 수용받을 만한 것이든 그렇지 않든 그것이 실제 자기이든 상상의 자기든, 여성적이든 남성적이든 자기 존재의 모든 보완적인 부분을 받아들이고 자기의 발달에 이러한 부분을 통합시킬 정도로 충분히 용감해진다. 그렇지만 만일 아이가 '수치심을 심어 주는 메시지' 를 듣게 된다면 정체성의 어떤 부분은 인정하고 다른 부분은 거부하면서 경직되고 제한된 자기를 발달시킬 것이다. 그러나 만약에 아무런 메시지도 주어지지 않는 경우라면 아이들은 정체성 세우기를 스스로 포기하여 흐릿한 자기를 발달시키게 될 것이다.

정체성의 상처가 있는 아이가 성장하면 방어적인 적응이 아주 잘 맞물리는 낭만적인 파트너를 선택한다. 우리 문화에 널리 퍼져 있는 '역할에 기초한 결혼' 이 이것을 증명해 준다. 만일 흐릿한 파트너가 자기 자신이 보잘것 없다고 생각하며 사는 것을 견딜 수 있다면 치료사를 찾아오게 만들 정도의 갈등은 결코 빚어지지 않을 것이다. 그러나 흐릿한 파트너는 종종 경직된 파트너의 그늘에서 사는 것에 불만족을 느끼게 되고, 마침내 그들의 관계에서 자신의 위치와 발언권을 요구하기 시작한다. 마찬가지로 많은 경우 경직된 파트너들은 조만간 양보하는 파트너와의 관계에서 충격이나 감동, 연결감을 느낄 수 없어지고 점점 지루해지게 된다.

던과 같은 경직된 파트너는 항상 통제할 수는 없다는 것에 대해 불안을 견디는 법을 배워야만 한다. 그렇다면 경직된 파트너에게 있어서 통제할 수 없다는 만성적인 느낌을 가지고 살아온 파트너보다 더 나은 선생이 어디 있겠는가! 경직된 파트너는 또한 자신이 '틀릴' 수 있다는 것을 받아들여야만 한다. 한편 '틀리는' 경험이 풍부한, 겸손하고 민감한 파트너는 경직된 파트너가 마음을 열고 연약한 상태가 되게 하는 데 딱 맞는 유형의 사람인 것이다.

보니는 다른 흐릿한 파트너들처럼 자기를 발견하기 위한 탐험여행

중에 있다. 이 여행의 동반자로서, 확고한 견해와 강한 자기감을 지닌 던처럼 훌륭한 사람이 또 어디에 있겠는가? 모든 이마고 짝들처럼, 던과 보니는 서로 상대방의 발달의 결함을 채워 줄 수 있는 완벽하게 어울리는 한 쌍인 셈이다. 그들은 서로의 '잃어버린 자기(the lost self)' 이며, 상대방의 치유와 완전성의 주요 근원이다.

05

치료사 자신의 치료는 어떻게 할 것인가? 힘과 능력 시기에 상처받은 커플들

경쟁적/수동적 커플 유형

모우 테레사 한나(Mo Therese Hannah)

나는 한 사람 또는 두 사람 모두가 심리치료사인 커플들의 상담을 시작할 때마다 직업적으로, 개인적으로 긴장이 된다. 흔히 생각하는 것과는 반대로 심리치료사들은 함께 작업하기 쉬운 그런 내담자들이 아니다. 우리는 서로 너무 잘 알아서 탈이다. 함께 일하는 동안 내가 그들로부터 듣는 말은 의사가 자기의 의사 환자로부터 듣는 말과 비슷할 것이다. "네, 박사님, 나도 이미 잘 알고 있어요." 나 자신도 지금 연애 중인데 그 사람도 상담치료사다. 나는 우리의 결혼 문제를 도우려 할 정도로 어리석은 치료사에게 우리가 어떤 요구를 하게 될지를 나는 잘 안다. 이마고 치료가 파트너를 위한 공감을 일깨우기 위한 것이라는 점을 잘 알고 있기는 하지만, 나와 내 파트너가 내담자일 경우 대부분의 상담치료 회기 동안 내가 가장 깊이 공감할 수 있는 사람은 사실 내 파트너가 아니라 우리의 치료사다. 그래서 나는 치료사들과 함께 작업하는 것을 싫어한다. 게다가 나의 내담자인 치료사는 내가 읽은 책들을 이미 다 읽었고, 나와 똑같은 훈련을 받았으며, 내가 사용하는 치료 기법 또한 익히 잘 알고 있다. 내가 그들의 관계를 돕기 위해 임상적 지식을 사용할 때 어떤 이들은 나보다도 훨씬 더 능숙하게 그 지식을 사용하여 치료 과정을 훼방한다. 일을 어렵게 만드는 것은 치료사들이 다른 치료사의 지시에 심하게 저항하기 때문이라는 점은 잘 알려진 사실이다. 내 경험에 의하면, 적어도 한 사람의 심리치료사 혹은 그밖에 사람을 돕는 전문직의 직업을 가진 사람이 포함된 커플은 수동적/경쟁적 파트너십의 모습을 보인다. 이러한 부부관계에서는 두 사람 모두 네 번째 아동 발달 단계인 능력 단계에서 비롯된 미해결 갈등을 가지고 있다. 그리고 두 사람은 각각 이 단계에서 발생한 상처에 서로 정반대의 방식으로 적응했다.

1 샘과 제시카의 어린 시절

샘과 제시카가 둘 다 치료사라는 것을 알았을 때 난 별로 신이 나지 않았다. 사실 제시카는 부부치료 전문가였다. 나는 그 말을 듣자 그들에게 어떤 특징이 있든지 간에 이 커플을 가장 빨리, 그리고 가장 멀리 옮겨 놓는 치료적 입장을 취하기로 굳게 다짐했다. 그것은 꾸준한 공감을 보여 주고, 과정을 간단하게 하고, 대화의 힘을 신뢰하는 것을 포함한다. 나는 상호부정적 투사의 늪에 빠져 길을 잃은 커플에게 할 말을 스스로에게 상기시켜 주었다. '대화를 잃었을 때, 대화로 돌아가라.' 커플이 대화의 과정에 머무르는 한, 그 관계의 매듭이 풀리지 않는 것을 여태까지 단 한 번도 본 적이 없다. 그런데 대화란 단지 어떤 기술만을 의미하는 것이 아니라, '상대방과 접촉함으로써 그 마음을 만나려는 자발성' 같은 본질적인 태도를 말한다.

샘과 제시카를 두 번째 만난 후 나는 두 사람이 우리가 시작도 하기 전에 그들의 관계 변화를 돕기 위해 치료사가 사용할 수 있는 모든 가능한 전략들을 남김없이 적어 놓은 리스트를 만들어 놓고 그 각 항목마다 '사용 불가' 라고 적어 놓은 것이 거의 분명하다고 확신하게 되었고, 나의 전문가로서의 자긍심은 썰물처럼 빠져나갔다.

나는 곧 샘과 제시카의 관계가 비슷한 것과 정반대의 것들로 이루어진 아주 복잡한 패턴이라는 사실을 알게 되었다. 그들은 결혼 20주년이 되었고, 둘 다 40대 초반이었다. 어린 아들과 딸을 하나씩 두고 있었는데, 큰아이는 2학년, 작은아이는 유치원생이었다. 두 사람은 지적으로 출중했고, 다른 사람들을 이해하는 데 있어서 철저한 지식을 갖추고 있었다. 제시카는 유명한 연구 대학교에서 박사학위를 땄고, 샘은 석사학위를 두 개(상담, 연기 및 연출) 가지고 있었다. 제시카는 수많은 부부치료를 포함해서 성공적인 치료 경험이 있는 심리학자였다. 비록 이마고 부부치료 훈련을 자신이 직접 받아 보지는 않았지만, 하빌 헨드릭스의 『당신이 원하는 사랑 만들기(*Getting the Love You Want*)』(1988)를 읽었고, 그 책에서 묘사한 '힘겨루기(power struggle)' 가 자기와 샘 사이의 관계와 비슷한 것을 보고 강한 인상을 받았었다.

사람들은 샘을 르네상스맨이라고 부를 것이다. 그는 배우 훈련과 상담 훈련을 받았으며, 특히 상품판매원 훈련을 받았고, 아마추어 작곡가요, 음악가였다. 내가 그에게 돈벌이로는 무슨 일을 하는지 질문하자, 제시카가 즉시 끼어들어 "돈은 안 벌어요."라고 말했다. 나는 그 문제는 나중에 다루어야겠다고 생각하고 그냥 지나쳤다. 샘 역시 그녀의 말을 무시하고 "나는 여러 가지 일을 조금씩 합니다."라고 말했다.

제시카에게는 위아래로 모두 합해 7명의 형제자매가 있다. 제시카에게 부모님 중 누구에게서 가장 큰 영향을 받았는지를 질문하자, 그녀는 지체 없이 "아버지요. 그는 천재였어요."라고 말했다. "아버지는 또 어떤 분이셨죠?"라고 묻자, 그녀는 다음과 같이 대답했다. "저, 매우 복합적인 분이었어요. 비판적이고, 요구가 많고, 비합리적이고, 열정적이었죠. 나를 몹시 짜증나게 만들긴 했지만 아버지는 나의 모델이었어요." 그녀는 잠시 쉬었다가 계속하기를 "아버지도 역시 치료사였어요. 부부상담사였죠. 프로이트학파란, 흥, 그렇죠?" 제시카의 어머니는 집에서 살림하며 아이들을 길렀다. 운전도 절대로 안 했고, 직장에 다닌 적이 한 번도 없으며, 절대로 제시카의 아버지에게, 아니 사실 다른 누구에게도 많은 것을 요구하지 않았다. 그녀는 온화하고 조용했는데, 아버지와는 정반대였다. 제시카는 아키의 부인 에디스 벙커(1971년부터 1979년까지 미국 TV에서 인기리에 방영되었던 드라마 〈All in the Family〉에서 완고한 고집쟁이 남편인 아키(Archie)의 부인인 에디스(Edith)는 남편과는 너무나 대조적으로 아주 친절하고 동정심이 많으며 가족과 친구들을 사랑한다. 고집불통 남편을 무조건 사랑하기가 때때로 힘들기는 하지만 말

이다: 역자 주) 아시죠? 그게 우리 엄마예요." 하고 말했다. 샘이 덧붙였다. "우리는 어머니를 '베개' 라고 불러요. 부드럽고 따뜻하시죠. 어머니는 성인(聖人)이세요." 제시카의 성장 과정에서 가장 강하게 기억에 남은 것은 무엇이었을까? "나는 엄마가 굉장히 잠을 많이 주무셨던 것이 기억나요. 내가 엄마를 찾을 때마다 엄마는 침대에서 자고 있었어요. 항상 지친 모습이었죠. 아마도 아빠나 애들을 보살피느라 그랬을 거예요!" 그녀에게 자신의 원가족을 묘사해 보라고 했다. "글쎄요……. 시끄럽고, 가톨릭이었고, 무질서했어요. 모든 사람이 다른 모든 사람들과 경쟁했어요. 목소리가 가장 큰 사람이 자기 몫을 차지했죠."

샘에게는 한 살 많은 누나가 하나 있었다. 그의 아버지는 공인회계사로 대학의 감사였고 어머니는 주부였다. 부모 중 어떤 사람이 샘에게 가장 영향을 주었을까? 샘은 "두 분 다 아니에요."라고 대답했다. "아버지는 굉장한 사람이었어요. 지금도 여전해요. 완벽한 신사죠. 그렇지만 아버지와 내가 많이 친했다고 할 수는 없어요. 아버지가 나와 조금 놀아 주기는 했지만 주로 그냥 나 혼자 놀게 내버려 두었다고나 할까요. 아버지가 나와 함께 무엇을 많이 했던 기억은 없어요. 내게 단 한 번 소리를 질렀던 기억조차 없어요. 내가 자라는 동안 아버지가 화 내는 모습을 딱 한 번 보았던 것 같아요. 아버지는 정말 부드러웠어요." 어머니는 어떠셨을까? "어머니는 달랐죠. 강렬하고, 감정적이고, 변덕스럽고…… 때로 비판적이었어요." 샘이 덧붙였다. "내가 십대가 되어 여자애들하고 같이 자기 시작할 때까지 어머니는 내게 온통 관심을 쏟았어요." 샘은 자기 가족을 어떻게 묘사했을까? "〈Ozzie and Harriet〉(1950년대

미국에서 매우 인기가 높았던 시트콤의 주인공들로, 모범적이고 행복한 '이상적인 부부' 의 전형적인 예로 쓰인다: 역자 주) 같았죠. 아버지는 일 나가고 어머니는 집에서 살림하고요. 어머니가 화를 내기도 했지만 아버지는 그냥 못 본 척했어요. 내 생각에는 가장 전형적인 부부의 모습이었던 것 같아요."

제시카의 말에 따르면 그녀와 남편 샘은 결혼해서 처음 1년 동안 히피 다음 세대인 꽃의 아이들로, 즉 돈을 버는 일보다는 인류를 돕는 일에 항상 더 관심이 있었다. 그들은 '영적인 타입' 이었다. 젊은 시절 잡다한 '광적인' 종교적 대체물 사이에서 정신없이 떠돌아다닌 후, 그들은 제시카 가족의 종교였던 가톨릭에 정착했다. "가톨릭은 우리가 접했던 건전한 종교들 중 하나지요." 샘이 말했다.

샘의 말이 끝나기가 무섭게 제시카가 말했다. "문제는 이제 우리에게는 아이가 둘이 있고, 두 명의 대학 등록금이 필요하게 될 거고, 두 사람의 노후를 준비해야 하고, 두 대의 차를 굴려야 하고, 하나의 장기 대출과 그 밖의 청구서가 있다는 거죠." 그녀의 목소리가 더 커졌다. "나는 내 생활을 바꿨어요. 이 모든 것들 때문이죠. 그것은 샘도 자라야만 한다는 것을 뜻해요. 그런데 당신은 아직 덜 자랐어요. 이것이 우리에게 가장 큰 문제죠. 사실 그게 우리의 유일한 문제랍니다." 샘이 뭐라고 중얼거렸는데, 난 듣지 못했다.

내가 예상했던 대로 일, 돈, 그리고 책임이라는 주제가 드러났다. 나는 제시카가 자신의 잃어버린 어린아이(the lost child)와 같은 자기를 샘에게 투사하고 있으며, 샘은 아직도 자기 자신의 어린아이 같은 특징을 유지하고 있는 것 같다는 가설을 세웠다. 어쩌면 샘의 정체성 단계 또는 능력 단계 기간 동안에 드러나고 있던 자기감에 너무 적은, 혹은 너무 많은 관심을 기울였던 부모 때문에 상처를 받았을지도 모르는 일이었다. 혹은 제시카가 지금 샘의 부모 입장이 되어 행동하고 있을 수도 있었다. 커플들 중에서 드문 유형은 아니지만 쉬운 치료 대상 또한 아니었다.

샘과 제시카는 결혼 후 몇 년 동안 아이가 없었고 그저 즐겼다. "우리는 단순하게 살았어요. 우리에게 정말 중요했던 것은 세상의 한 모퉁이를 변화시키는 것이었어요." 샘은 동의했다. "결혼 초에는 우리 둘 다 그까짓 돈이나 소유나 지위, 그런 것들엔 하나도 관심이 없었어요. 우리는 그저 사랑으로 살았어요."

불우한 사람들을 돕고자 하는 그들의 공통 관심으로 인해 그들은 마침내 정서와 행동에 문제가 있는 아이들을 위한 그룹 홈에서 전임으로 일하게 되었다. 샘은 다음과 같이 회상했다. "그 당시에 나는 내가 무슨 일을 하고 있는지조차 몰랐던 것 같아요. 심지어 그 경험을 견뎌낼 수 있을지도 확신이 없었지요." 제시카가 그에게 지적했다. "그렇지만 우리는 다른 어떤 커플들보다 오래 그곳에 머물러 있었어요. 나는 서류에 관련된 모든 일을 좀 더 잘했고 당신은 아이들에게 정말 잘했죠. 나는 엄격한 편이었고 당신은 너그러운 편이었어요. 나는 우리가 완벽한 균형을 이뤘었다고 생각해요." "그래요. 그렇지만 난 다시는 그 일을 하지는 않을 거예요. 정말이에요." 샘이 말했다.

샘과 제시카는 상호 애착, 개인적 자율성, 정체감 그리고 능력 시기의 개인적인 발달에 있어서 둘 다 긍정적인 특징들을 보였다. 그들은 서로 다른 접근법을 가지고 있음에도 불구하고 함께 협력해서 일할 수 있었다. 그들은 서로의 장점을 존중했다. 그러나 그런 관계의 초기에는 낭만이 현실을 능가하는 경향이 있다. 커플의 상보성, 즉 정반대의 특징들은 지금처럼 그때도 있었겠지만, 그때까지 그들은 아직 서로의 긍정적 투사를 붙잡고 있었다.

두 사람은 만나기 시작한 후, 그리고 결혼하기 1년 전쯤 학사학위를 마쳤다. 샘은 연극을 전공했고 제시카는 심리학을 전공했다. 샘은 비록 다른 과목들은 점수가 그리 좋지 않았지만 ("'신사들의 B들과 C들'이죠."라고 제시카가 비웃었다.) 무대 연극에서 상을 받았다. 그러나 무대에 대한 샘의 관심은 곧 시들었다. "연기의 세계에서는 경쟁이 너무 치열해요. 난 그런 곳에 붙잡혀 있기가 싫었어요. 대학에서 연기하는 것과 수백 명의 다른 사람들과 역할을 놓고 경쟁하는 것은 아주 다른 얘기죠. 게다가 그 당시 나는 사람들을 돕고 싶었고, 내 시간을 대사를 외우는 데 모두 쓰고 싶지는 않았어요. 나 자신을 증명해야 할 필요성을 전혀 느끼지 않았죠. 난 그런 일에는 관심이 없어요."

제시카는 학사학위를 최우등으로 땄다. 그녀는 말했다. "나는 A 밑의 점수는 못 참아요. 그리고 그런 점수는 거의 받은 적이 없어요. 그렇지만 좋은 점수가 저절로 나오는 것은 아니랍니다. 내가 그만큼 똑똑했던 건 아니에요. 전 과목 A를 받기 위해 정말 죽도록 공부했어요. 최고가 아니면 난 만족 못해요. 학교 공부뿐 아니라 내가 하는 다른 모든 일에 있어서도 마찬가지죠." "당신은 내가 하는 모든 일에 있어서도 그렇지."라고 샘이 덧붙인 후, 곧이어 제시카가 내게 다음과 같이 말했다. 이게 "우리의 문제 중 하나죠."

첫 상담 회기가 끝날 때쯤 나는 한 가지 주제를 명확하게 하려고 했다. 그것은 두 사람 모두 각자 자기가 하는 일에 정력을 쏟았지만, 그 일에 어떻게 정력을 쏟았는가 하는 것에는 서로 차이가 있다는 것이다. 제시카의 자존감은 학업과 일에서 목표를 달성하는 데 달려 있다. 그녀는 자신이 세상에서 중요한 사람이라고 느낄 수 있도록 눈에 보이는 업적이 필요했다. 그녀가 성장하는 동안 그녀의 자기 가치는 좋은 성적을 받고 그 밖에 어른들의 인정을 받는 다른 일을 함으로써 부모님을 기쁘게 하는 데 달려 있었다. 나는 제시카가 항상 많은 사람들 중에서 최고였고, 다른 사람들이 그녀에게 기대하는 것을 하고, 그것을 훌륭하게 함으로써 자신이 능력이 있다는 인정을 얻었을 것이라는 결론을 내렸다.

제시카와는 대조적으로 샘은 자기 식대로 사는 사람이다. 구식 표현이기는 하지만 이것이 그에게는 잘 맞는 표현이다. 제시카가 성공을 향해 곧장 뚫린 좁은 길을 전속력으로 걷는다면, 샘은 사람들이 덜 다니는 길, 경치가 좋은 길을 한가로이 걸어 내려간다. 그 나이의 다른 남자들은 직장에 다니지만, 샘은 더 나은 사람이 되려고 하고, 자신의 영성을 개발하며, 인류를 섬기고 있다. 샘은 무엇을 증명하거나 대단한 사람이 될 필요성을 느끼지 않는다. 그는 그냥 자기 자신으로 만족했다.

이런 유형의 목표의식에 관한 차이는 젊을 때는 그리 문제가 되지 않을 수 있다. 그러나 나이가 들어 감에 따라, 특히 성인기 초기의 친밀감의 단계를 지나 경력을 쌓는 일과 가족에게 집중하게 되는 생산성의 단계로 옮겨감에 따라 자신의 파트너가 생산성을 어떻게 표현하는가 하는 것이 부부관계의 주요 갈등이 될 수 있다. 그러므로 샘과 제시카의 힘겨루기는 이미 예정된 것이나 다름이 없었다.

2 힘겨루기 단계에 들어가다

우수한 대학 성적에도 불구하고 그들 중 누구도 대학원에 진학할 계획을 세우지는 않았었다. 제시카는 다음과 같이 회고했다. “사실은 학사학위를 마친 직후 대학원에 갈까 생각해 보았어요. 내가 심리학 학사에 스스로를 너무 제한하고 있었다는 생각이 들었거든요. 그렇지만 다시 학교로 뛰어들 준비가 되어 있지 않았죠. 난 사랑에 빠졌고 샘과 함께 시간을 보내는 것만 원했어요.” 두 사람 모두 그룹 홈에서 아이들을 돌보는 일을 좋아하긴 했지만, 적은 수입이 마음에 들지 않았기 때문에 좀 더 나은 기회를 찾아보기로 동의했다. 제시카는 상담학 석사학위를 받으면 정신건강 분야에서 돈을 좀 더 벌 수 있으리라는 것을 발견했다. “우리에게 돈은 별로 중요하지 않았지만, 좋은 일을 하고 동시에 돈도 벌 수 있는데, 그렇게 하지 않을 이유가 없다고 생각했죠.” 샘은 반대하지 않았고 그래서 그들은 대학원 공부를 시작하기 위해서 동부로 옮겨갔다.

샘과 제시카는 석사학위 과정에 있는 동안 동부 해안 도시에 집을 사 놓고 거기서 공부도 하고 개인적으로 상담도 했다. 나중에 그들은 이 시기가 그들의 결혼생활에서 가장 행복했던 때 중의 하나였다는 데 동의했다. “거기 있는 동안 우리는 같은 두뇌의 양쪽처럼 움직였어요.”라고 제시카는 말했다. “우리는 함께 공부하고, 함께 일하고, 함께 음악을 연주하고, 함께 여행도 했죠.” 샘도 말했다. “아, 정말 석사 공부를 하면서 일주일 내내 일하고 또 상담 실습도 하느라 사는 게 정말 힘들었는데, 우리가 어떻게 그렇게 잘

해냈는지 모르겠어요. 어떻게 그렇게 했을까?" "무슨 소리에요? 누워서 떡 먹기였죠." 제시카가 대답했다. "그때는 사는 게 쉬웠어요. 우리는 각각 직업이 하나뿐이었고 애들도 없었으니까요."

여기에서 공공연한 싸움이 시작되기 전에 나타난 샘과 제시카의 서로 대립시키는 경향을 엿볼 수 있다. 예를 들어, 그들이 개인적으로 상담을 할 때 나타났던 불균형에서 이러한 밀고 당기는 특징이 보인다. 제시카가 내담자들을 많이 받을수록 샘은 적게 받았다. 제시카는 너무 사랑에 빠져 있었고, 또 내담자들을 보느라 너무 바빴기 때문에 그 점을 보지 못했던 것이 분명하다.

그들은 비교적 긴 시간 동안 낭만적 단계를 지속했는데, 10년 동안이나 아기가 없었던 것이 도움이 되었다. 제시카는 샘을 '믿을 수 없을 정도로 부드럽고 예술적인 나의 다른 반쪽, 나의 남성 버전'이라고 생각했었다고 회상했다. 샘의 감정도 이와 유사하게 장미빛이었다. "그녀는 이상적인 여자였어요. 부드럽고도 강했지요. 그런 힘과 에너지를 가진 여자를 나는 결코 만나 본 적이 없었어요."

초기 단계의 관계에서 그들은 어디서 살고 어디서 일할 것인지, 진로의 과정을 어떻게 밟아 나갈 것인지 등 주요 결정을 내리는 일에 경쟁하기보다는 잘 협력했다. 이렇듯 협동적인 정신이 초기 몇 년 동안 그들이 함께 일하는 데 필요한 신뢰감을 쌓는 데 도움이 되었었다. 이 커플은 아직 아이가 없었기 때문에, 그리고 일도 아직은 놀이처럼 하고 있었기 때문에 힘겨루기를 하지 않아도 되었었다. 돈이나 경력은 아직 최우선 주제가 아니었다. 이 커플은 여전히 두 사람의 친밀감 발달에 초점을 맞추고 있었다. 수동적/경쟁적 커플의 줄다리기가 활성화되는 것은 경력을 쌓고 자녀를 양육하는 것이 중요한 관심사가 되는 시기다.

이들의 협동적인 모습은 아기 낳는 것을 나중으로 미루자는 공동의 결정에서도 찾아볼 수 있다. "아이는 나중에 우리가 갖고 싶을 때 갖자. 시간은 충분해. 우리는 그런 태도를 가지고 있었어요." 샘이 말했다. 제시카도 동의했다. "우리는 그렇게 사는 것이 행복했어요. 그 당시엔 우리가 아이를 원하는지 확신도 없었지요. 엄마나 언니들이 샘과 나에게 언제 '시작' 할 거냐고 물어볼 때마다 나는 '걱정 마, 언젠가는 할 거야.' 라고 대답하곤 했죠. 사람마다 우리가 나이 들고 있다는 것에 대해 어떤 암시를 주는 것이 정말 귀찮았어요. 우리 일인데, 도대체 왜 그렇게 간섭을 하는 건지요. 그렇지만 지금 뒤돌아보면 아기 갖기를 연기하기로 우리가 함께 결정하긴 했지만 난 그걸 두려워했었던 것 같아요. 나는 내가 좋은 엄마가 될 수 있으리라는 확신이 없었어요. 난 내가 자란 환경을 그리 좋아하지 않았어요. 부모님은 최선을 다했지만 나는 어린 시절의 고통을 아직도 많이 지니고 있어요. 나는 성장 과정 동안 가족 안에서 완전히 잊혀진 존재였지요. 부모님에게는 아이들 모두에게 다 나눠 줄 만큼의 시간과 에너지가 없었던 거예요. 그렇다면 과연 나는 내 아이들을 위해 시간을 내줄 수 있을까? 나는 나의 부모님이 내게 그랬던 것과 똑같은 것을 내 자녀들에게까지 또다시 반복하고 싶지 않았어요."

제시카의 가족은 가족으로부터 거리를 두고 많은 성취를 이루었던 아버지의 지배를 받았으며, 무엇을 하는지가 인생에서 가장 중요하다고 믿는 철학에 따라 살았다. 아무도 자기 자신의 있는 모습 그대로를 인정받지 못했었다. 그보다는 무엇을 성취했는가가 더 중요했다. 제시카가 어렸을 때 가족 안에서 주목받고, 그 가족의 일원으로 살면서 정서적으로 살아 남을 수 있는 유일한 방법은 다른 사람들보다 더 일을 많이 하고 더 잘하는 것이라는 결론을 내렸다. 이 적응 방식이 그녀에겐 아주 효과가 있었다. 그렇게 함으로써 그녀는 처음엔 자신, 그리고 아버지의 환호, 나중에는 세상의 인정을 얻었다. 그녀는 전형적인 행동가, 즉 한꺼번에 많은 일을 하고, 그러면서도 잘 해내고, 자신들이 그렇게 할 뿐만 아니라 다른 사람 또한 그렇게 해 주길 기대하는 A 유형의 성격으로 발달했다. 그런데 그 이상의 것을 발견해야 하는 것은 아닐까? 무엇을 하기 위해서가 아니라 단지 세상에 존재하도록 부름받아야 되는 건 아닐까? 제시카는 불안해지곤 했다. 그런 제시카에게 본을 보여 주고 불안을 반영해 줄, 어떤 야망조차도 없는 그런 이상적인 이마고 짝이 바로 샘이었을 것이다.

샘이 아이를 갖지 않기로 결정한 것은 좀 더 실용적인 이유에서였다. "나는 제시카처럼 우리가 좋은 부모가 되지 못할 것 때문에 걱정이 되진 않았어요. 나는 항상 아이들을 좋아했고 아이들과 정말 잘 지냈거든요. 그렇지만 나는 우리 단 둘이 그렇게 사는 게 더 좋았어요. 그리고 또한 아마도 가족을 갖는 데 따르는 그 모든 책임감까지 간절히 고대하진 않았겠지요."

"샘." 제시카가 말했다. "우리 문제는 아마 그때부터 시작되었던 것 같아요. 당신은 우리가 상담일을 할 때 내가 항상 당신보다 더 많은 내담자를 받았던 것을 기억할 거예요. 당신은 우리에게 좀 더 많은 돈이 필요하다고 생각하지 않았기 때문에, 그리고 또 당신이 원하는 만큼만 일을 하고 싶어 했기 때문에, 난 당신보다 더 많이 일을 하지 않을 수 없었어요. 그전에는 당신이 하는 일과 나의 일에 대해서 우리 두 사람의 의견이 잘 맞았던 것 같아요." "그렇지만 난 그 문제에 대해 우리 의견이 맞았던 기억이 거의 없어요."라고 샘이 대답했다.

샘에게 있어서는 인생은 누군가의 수고의 열매로 차려진 식탁과 같았을 것이라고 나는 깨닫게 되었다. 아이가 둘이었던 가족의 막내로서, 그리고 아버지와 할아버지, 증조할아버지, 고조할아버지의 이름을 물려받은 후계자로서, 샘은 그가 존재한다는 그 이유 하나만으로도 존중을 받았고 소중히 여김을 받았다. 그는 별로 간섭을 받지 않고 자랐다. 성취에 대한 기대나 압력도 거의 없었다. 따라서 그는 양육자의 찬사를 얻기 위해 많은 것을 할 필요가 없었다. 그의 성취가 어떤 것이든, 그것이 크든 작든 똑같이 환영받았다. 샘은 똑똑하고, 매력 있고, 예술적인 성향이 있었기 때문에 좋은 성적을 받고, 학교 연극에서 주인공 역할을 맡고, 심지어 제시카가 자신을 사랑하게 하는 데까지도 별 어려움이 없었다. 그런데 어른의 세계, 즉 사람을 그 사람 자신으로서가 아니라 무엇을 생산하는지에 따라 평가하는 세계를 대면했을 때 비로소 샘의 안이한 그 적응 방식이 그리 잘 작동하지 않기 시작했다. 샘에게 제시카는 그를 시험하고, 비평하고, 그가 부족하다는 것을 드러내는 세상을 상징했다. 어른으로서의 샘은 자신이 무능하다는 것이 증명될 것에 대한 공포(제시카와 똑같은 공포)를 경쟁적인 노력 자체를 완전히 피해 버림으로써 다루려 하고 있었다.

그러는 동안 제시카는 그다음 도전인 박사 과정, 그것도 쉬운 것이 아니라 맹렬한 경쟁 분야로서 그녀에게 최고 경력의 기회를 제공할 임상심리학 박사 과정을 준비하기 시작했다. 차로 운전해 갈 만한 곳에 박사 과정이 있는 학교가 없었기 때문에 부부는 다른 곳으로 이사를 가야만 했다. 그저 흘러가는 대로 사는 남자임이 분명한 샘은 그답지 않게, 그리고 완강하게 다른 곳으로 옮겨가는 것을 반대했다. 그는 그들의 집, 그들의 일, 그들의 삶의 방식을 그냥 그대로 좋아했다. 샘은 제시카의 계획에 대해 자기가 어떤 말을 했었는지에 대해 다음과 같이 묘사했다. "나는 이렇게 말했어요. 지금 좋은데, 왜 망치려고 해요? 당신이 이미 성취한 것을 좀 봐요. 우리가 성취한 것을 보라고요. 잘못된 게 뭐가 있나요? 왜 항상 뭐가 좀 더 있어야만 하는 거지요?" 제시카가 어떤 대답을 했을지 예측하기는 쉽다. "샘, 이미 성취한 것을 바라보기보다 조금만 더 노력하면 성취할 수 있는 걸 바라보면 왜 안 되나요?"

이것은 이 부부의 삶에 있어서 아주 익숙한 주제가 되었을 것이다. 이것은 자꾸 반복되는 갈등 중의 하나였는데, 이마고 치료사들은 이것을 **핵심 장면**(core scenes)이라고 부른다. 힘겨루기에 들어간 커플들은 그들의 관계 전반에 걸쳐 여러 다양한 상황에서 이러한 논쟁을 조금씩 변형해 가며 이 핵심 장면을 계속 반복하곤 한다. 방금 개봉된 장편 영화의 비유를 사용해 보겠다. 보스턴에 가면 적어도 한 영화관에서는 그 영화를 상영한다. 그런데 신시내티에 가도 똑같은 영화를 발견할 수가 있다. 시카고, 미니애폴리스 또는 마이애미에서도 똑같은 영화가 상영되고 있는 것을 발견할 수 있을 것이다. 다른 도시, 다른 영화관에서도 똑같은 영화를 상영한다. 핵심 장면은 마치 이 영화와도 같다. 이마고 치료사들은 커플이 '정말로' 다투는 것은 핵심 장면의 이 싸움 내용 때문이 아니라고 지적한다. 커플들이 싸우는 진짜 이유는 자기의 파트너, 양육자, 그의 인생의 그 밖의 중요한 사람들에 의해 박탈당했다고 느끼는 필수적인 정서적 요소(the emotional essentials) 때문이다. 전쟁의 열기 속에서 감정이 고조되어 파트너들이 다투고 있는 대상은 단지 상대방 파트너만이 아니다. 그들은 자기의 파트너, 그리고 자신의 과거 파트너들, 그리고 그들의 부모들을 모두 합친 혼합물과 다투고 있는 것이다.

샘과 제시카의 핵심 장면 싸움은 그들의 어린 시절의 미해결 과제(unfinished business from childhood)를 포함하고 있다. 청구서를 지불하고 수표장의 잔액을 맞추는 등 '남자가 무엇을 해야 하는지'에 대해 충분히 가르쳐 주지 않았던 자기 아버지에 대한 샘의 분노, 모든 무리들 중에서 뛰어나고 싶은 욕구를 만든, 주목받지 못했던 것에 대한 제시카의 두려움, 샘이 능력 시험에서 실패했을 때 마치 그의 엄마가 그에게 그랬던 것처럼 아무 말없이 자신을 인정하려 들지 않는 모습을 보이는 유능한 아내에게 굴복하는 샘의 수동성, 그리고 얼이 빠져 있었을 뿐만 아니라 사랑하면서도 정서적으로는 늘 부재했었던 엄마로부터 제대로 된 양육을 거의 받아보지 못했던 제시카. 샘과 제시카의 핵심 장면 싸움은 놀랍게도 아주 자세하게 이 모든 주제를 치료사인 내 앞에 드러내놓게 되는 것이다.

3 경쟁적/수동적 춤

나는 차츰 이 커플에게서 경쟁적/수동적 춤의 그림을 보게 되었다. 능력 단계에서 받은 상처에 대한 제시카의 적응 방식은 최대화하는 유형의 사람들이 항상 그러하듯 자기 자신뿐만 아니라 다른 사람들에게 그녀 자신이 유능하다는 것을 확신시키기 위해 바깥세상에 에너지를 쏟는 것이었다. 이에 비해서 능력 단계의 상처에 대한 샘의 반응은 최소화하는 유형과 같다. 샘은 에너지를 간직하고 내면을 향하게 하는 한편, 세상과 제시카가 생각하는 유형의 유능함을 추구하기를 거부했다. 이마고 치료사들이 말하는 것처럼 같은 상처지만 상보적 적응(similar wounding, complementary adaptations)인 셈이다. 그러나 이마고 치료사들은 또한 '두 사람 모두 둘 다다.' 라고 말한다. 샘과 제시카의 경우에 있어 이 말은 초능력의 제시카는 비록 거의 밖으로 표현은 안 되지만 그녀의 내면 정반대쪽 끝에 그 수동성을 지니고 있으며, 샘 또한 마찬가지로 수동적이고 저항하며 마치 제시카 뒤에 수마일이나 뒤쳐져서 좇아가고 있는 것처럼 보이지만, 사실은 제시카로 하여금 샘을 자기처럼 만들어 보려고 하는 시도를 좌절시킴으로써 우위를 차지하고 있다는 뜻이다. 내가 나중에 보게 되었던 것처럼, 각 파트너는 서로 방향을 바꿔서 상대방이 주로 사용하는 적응행동을 시도해 보기도 했었다.

그들의 특성에 따라 샘은 자기의 뜻을 접었고 제시카는 자기 계획대로 진행했다. 이 커플은 대륙을 가로질러 옮겨가서 침실 한 개의 아파트에 정착하게 됐는데, 제시카는 그 건물의 관리자 일을 맡았다. 그 일은 그들의 임대료를 대신 내 주고 적지만 월급도 받는 자리였다. 게다가 그녀는 교과 공부를 하는 틈틈이 통계 관련 자문 일을 해 주고 학부 수업을 맡아 가르쳤다. 한편 샘이 얻을 수 있었던 유일한 직업은 발달장애가 있는 성인들을 위한 그룹 홈의 파트타임 일이었다. 그 기간 동안 샘은 자유시간이 아주 많았는데, 그것이 샘의 생활 태도의 특징이 되어 버렸다고 제시카는 생각한다. 샘은 슬슬 연극학과의 공연 리허설을 보러 다녔다. 그러다가 그 배우들보다도 자신이 더 연기를 잘한다고 확신을 하게 되었으며, 다시금 연극에 대한 관심이 불타올랐다. "연기가 완전히 내 적성이라는 생각을 하긴 했지만, 일단 그리로 되돌아가려 하기만 하면 옛날 감정이 모두 되살아났어요."라고 샘은 말했다. "혼란의 절정이었고 상담일을 하는 것이 정말 싫증났어요."

샘은 결코 다시는 학교로 되돌아가지 않겠다고 했었지만, 연기/감독으로 예술학 석사학위를 받고 싶다는 자신의 계획을 알렸다. 제시카가 이에 흔쾌히 동의했을 때 그는 놀랐다. 제시카는 이렇게 말했다. "공부하랴 일하랴 정말 정신이 없었지만, 그래도 내가 하는 일이 재미있기는 했어요. 나는 샘이 자기가 좋아하는 일을 못하고 있는 것에 대해 죄책감을 느꼈었고, 그다지 좋은 경력을 쌓지 못하게 될까 봐 걱정이 됐었지요. 그래서 그가 다시 연기에 관심을 갖게 된 것이 기뻤어요. 예술학 석사학위가 그에게 새로운 길을 열어 줄 수도 있으리라는 생각도 들었어요."

나중에 샘은 두 번째 석사학위를 따려 했던 것이 새로운 문을 열기 위한 것이라기보다는 상담사 일을 그만두기 위한 것이었다고 시인했다. 샘은 이렇게 설명했다. "내가 상담을 싫어했던 것은 아니에요. 내가 항상 중요하게 생각했던 것은 사람들을 돕는 것이었고 상담이 사람들을 돕는 일이라고 생각했지요. 그렇지만 솔직히 말하자면 나는 내가 아주 훌륭한 상담자라고는 결코 생각하지 않았어요. 제시카는 항상 자기가 무슨 일을 하고 있는지를 잘 알고 있었죠. 그러나 나는 항상 내 자신이 가짜 같았어요. 그러나 연기를 할 때는 내가 무엇을 하고 있는지를 아는 느낌이었어요. 나 자신을 좋아하는 느낌이 들었고요." 제시카가 반기를 들었다. "어머, 기가 막혀. 당신이 자신을 좋아했던 때가 연기할 때뿐이었단 말이에요? 말도 안 돼요." "그런 뜻이 아니에요." 샘이 되받아쳤다.

샘은 예술학 석사 과정에 합격했다. 두 번째 석사학위를 하는 동안 그는 무대 공연을 통해 그 지역에서 이름이 나기 시작했다. 마침내 홍행사의 눈에 띄어 그 지역에서 상영될 영화에 출연할 수 있게 되었다. 샘은 그 영화에서 불타는 건물에서 뛰어나오면서 "저 안은 지옥이에요."라고 외치는 소방수를 연기했다. 비록 이 한 문장이었지만, 영화 출연에서의 이 첫 대사로 인해 그는 장래 영화 출연의 열쇠인 영화배우조합(Screen Actor' s Guild)의 회원 자격을 얻게 되었다. 그는 일이 쉽게 풀리고 유명한 배우들과 함께 연기하는 기회(엘리자베스 테일러, 발 킬머와 함께 영화에 출연함)를 얻게 된 것에 황홀해져서 그것 외의 다른 일에 대한 관심을 점차 잃어버렸다.

연기는 자신감과 정체성이라는 두 배의 효과를 얻는 기회였다. 수백만의 사람들이 자기가 나오는 영화를 보게 되자 그는 자기 자신을 잘 알려진 사람으로 간주하게 되었고, 그저 무척 즐거웠으며, 조금 일하고 큰 액수의 지불수표를 받게 되어 만족스러워했다.

그즈음 샘은 낮에는 학교 수업을 듣고, 밤에는 무대에서 연기를 하고, 틈틈이 영화 일을 하며 아주 바빴다. 제시카는 곡예하듯이 박사 과정을 3년간 공부하면서 다양한 파트타임 일을 하고 있었다. 그런 때에 임신이라는 생각지 못했던 일에 부딪혀 둘 다 깜짝 놀랐다. 처음에는 흔들렸지만, 두 사람은 자신들이 부모가 된다는 것에 점차 흥분하기 시작했다. "지금이 물론 우리가 아기를 갖기에 그다지 좋은 때는 아니지만, 아기를 갖기에 좋은 때가 어디 따로 있겠어요."라고 샘이 말했다.

그들의 딸 레일라는 불편하게도 학기 중간에 태어났다. 제시카는 집에서 오후에 아기를 낳고는 바로 그날 저녁 식료품 가게에 갔다. 그리고 2~3주 동안 수업과 일을 쉬고 난 뒤 다시 일상으로 되돌아갔다. 제시카가 논문 계획서를 준비하는 동안 샘은 수없이 많은 기저귀를 갈고 레일라를 흔들어 주며 재웠다. 또한 엄마의 젖이 있는 곳이라면 어디든지 아기를 데리고 갔다. 제시카는 수업을 듣고 일하는 짬짬이 아기를 돌봤다. 샘은 아빠가 되는 것에 환멸을 느끼기는커녕 너무나 행복해했다. 비록 자신들이 가장 잘 준비가 된 부모라고 할 수는 없었지만, 그들은 그럭저럭 부모역할을 하면서 대학원을 마쳤다.

사실상 두 사람은 너무나 잘해 냈기 때문에 자녀의 나이 차이가 너무 벌어지지 않도록 하기 위해 제시카가 박사 과정을 마치기 전에 둘째 아기를 가질 계획까지 세웠다. 아들 새미는 제시카가 논문 심사를 성공적으로 마친 지 2~3일 후에 태어났다. 그녀가 말했다. "절묘한 타이밍이었어요. 난 배가 남산만 했었는데, 그것을 이용해서 논문 심사위원들의 동정을 모두 얻어 냈죠. 그들은 나를 될 수 있는 대로 빨리 밖으로 내보내려 했어요. 내가 금방이라도 진통을 시작할까 봐 겁이 났던 게 틀림없어요."

이 부부는 부모가 된다고 하는 새로운 단계에 접어들자 잠시 낭만적 단계로 되돌아간 것 같은 시간을 즐겼다. 사실상 그것은 힘겨루기 중간의 짧은 휴전이었다. 첫 아기의 탄생은 그들이 낭만적 단계에서 즐겼던, 더할 나위 없이 행복한 융합에 대한 암시를 주기도 했지만, 또한 레일라의 탄생은 잠시 묻어 두었던 유능함이라는 주제가 다시 나타나도록 촉발하게 되었다. 하지만 그 주제가 또다시 돌아왔을 때는 아주 오랫동안 머물러 갈 것이었다.

샘이 그 해에 일단 예술학 석사학위를 받자 제시카와의 뜨거운 논쟁 시리즈 중 그 첫 번째가 시작되었다. 그것은 이주에 관련된 것이었다. 샘은 이제 자기가 가족이라는 배의 키를 잡고 자기가 원하는 방향으로 항해를 할 때라고 느꼈다. 대학 무대에서 가장 노른자위 같은 몇몇 역할들을 따냈었고, 특히 영화의 세계에도 이미 도전을 했던 터라, 그는 자신이 전문배우가 되어 돈을 벌 수 있을 것이라고 믿었다. 그러므로 할리우드로 가는 것이 가장 합리적인 선택이라고 생각했다. "나는 내 인생에서 다른 아무것도 원하지 않았어요." 샘이 고백했다. '드디어 내게도 성공할 기회가 왔구나! 내가 사랑하고 또 잘할 수 있는 일이 여기 있구나!' 하고 느꼈어요."

제시카는 할리우드에서 성공하리라는 샘의 '망상'에 대해 다음과 같은 반응을 보였다고 말했다. "영화배우로 돈을 벌려고 하는 게 어떤 건지 알기나 해요? 샘의 연기 과목 책들 중 하나에 이렇게 쓰여 있었어요. 200명의 사람들과 배를 탔고, 그 배에는 4명이 탈 수 있는 구명보트가 단 한 개 있는데, 지금 배는 가라앉고 있는 중이고, 200명이 단 한 개의 구명보트를 타려 한다고 한번 상상해 보라고요. 할리우드 영화에서 역할 얻기가 그만큼 어렵다는 거예요. 나는 바로 그때 심리학자로서의 일을 막 시작했기 때문에 한동안은 돈을 많이 벌 수 없다는 걸 알고 있었죠. 샘이 할리우드에 가서 가족을 부양하겠다는 생각을 하게 되었을 당시 우리에겐 이미 아이가 둘이나 있었단 말이에요!"

나는 제시카에게 로스앤젤레스에서 사는 게 어땠는지 물어봤다. "나는 로스앤젤레스가 정말 싫어요." 그녀가 대답했다. "로스앤젤레스 하면 갱들, 범죄, 지진, 진흙더미, 낙서, 교통 혼잡, 폭동, 더러움, 가난밖에 생각나는 게 없어요. 그리고 샘은 결코 배역을 따내지 못했어요!" "배역을 못 얻은 건." 샘이 정정했다. "그렇게 잠시 머물렀으니 그럴 수밖에 없었던 거예요. 조금 더 있었으면 영화 일을 할 수 있었겠죠."

"그렇게 해서 떠났군요." 내가 말했다. "그다음엔 어디로 갔나요?" 제시카가 대답했다. "나는 우리가 동의한 것처럼 고향으로 돌아가고 싶었어요. 그렇지만 샘은 그걸 고려조차 해 보지 않았어요. 그는 연기일을 할 수 있는 기회를 열어 놓고 싶어 했지요." 샘은 자기 생각이 맞을 거라고 말했다. 만약 배우 지망생에게 최고의 도시인 로스앤젤레스에서 살 수 없게 된다면 그는 두 번째로 좋은 도시인 뉴욕에 정착하고 싶었다. 뉴욕에서는 영화보다는 무대 일을 더 많이 할 수밖에 없겠지만 적어도 중심 지역 안에 남아 있을 수는 있기 때문이었다.

이 전쟁은 추가 협상을 통해 종결되었다. 그들은 샘이 오디션에 갈 수 있도록 가능한 한 뉴욕 가까이에 살되, 자녀양육을 고려해서 저소득층 거주 지역으로부터 가능한 한 멀리 떨어져서 살기로 했다. 롱아일랜드가 그 조건에 맞았고, 그곳에는 친구들도 있었기 때문에 결국 그곳으로 결정했다.

그래서 제시카가 성공을 향하여 힘차게 내닫는 동안 샘은 가장 성공하기 어려운 일 중 하나인 영화배우의 길을 고집하는 상황이 되었다. 그러는 가운데 힘겨루기가 고조되고 확장되었다. 제시카는 자기가 일을 정말 많이 하는데도 자기가 하는 그 모든 일을 샘이 알아 주지 않는다고 불평했고, 샘은 제시카가 자신이 한 일은 알아주지도 않고 무슨 일을 하지 않은 것에 대해서만 비난을 한다고 느꼈다. 제시카가 혹독하게 불평을 하면 할수록 샘은 그녀의 불평에 관심을 보여 주지 않았다.

샘이 말했다. "나는 우리가 롱아일랜드에서 정말 잘되었다고 생각해요. 나는 한 시간이면 뉴욕으로 오디션을 보러 갈 수 있고 제시카는 좋은 직장을 잡았잖아요." 제시카는 샘이 갑자기 중국어로 말을 하기 시작이라도 한 듯 그를 노려보았다. "나는 내 일이 싫어요. 9시부터 5시까지 병원에 있다니. 내가 거기서 일하는 이유는 단지 먹고 살기 위해서예요." 샘은 당혹스러운 듯이 "그래 알았어."라고 했다. 제시카는 다시 나를 향해 말했다. "이렇게 사는 게 아예 패턴이 된 것 같아요. 로스앤젤레스에서부터 시작된 거죠. 샘은 오디션이 있을 경우를 대비해서 낮시간을 비워 놓아야만 해요. 그리고 저녁에는 연기를 짧게 가르쳐요. 많아봤자 일주일에 10시간 정도 될 거예요. 그동안 나는 하루 종일 일하고 밤에도 개인적으로 상담을 하지요. 나는 일주일에 50시간 일해요. 그는 10시간 일하고요. 아시겠어요?"

"그러니까." 나는 신중하게 질문했다. "두 분은 롱아일랜드를 떠나 여기에 정착하셨군요. 어떻게 해서 그렇게 되었나요? 샘?"

샘은 불편해 보였다. "그건 제시카가 원했던 거예요. 나는 뉴욕 가까이에 머무는 것이 좋았어요. 좀 더 오래 버틸 수만 있었더라면……."

제시카가 끼어들었다. "그래요, 맞아요. 샘이 오디션에 갈 수 있도록 하기 위해, 두 아이들과, 전국에서 물가가 가장 비싼 롱아일랜드에 살면서, 50시간을 일해서, 청구서를 지불하려고 애를 썼었어야 했다는 말이로군요. 그가 혹시라도 영화 배역을 얻게 될 경우를 위해서 말이죠." 제시카의 분노가 빠르게 끓어올랐다. "그때 난 정말 벼랑 끝에 몰려 있었어요. 난 내가 하고 싶은 일을 못하고 있었고, 샘은 자기가 하고 싶은 일을 했고, 그리고 모든 돈은 몽땅 내가 지불했지요!"

샘은 "우린 또다시 이사했잖아요. 안 그래요?" 하고 말했다. 짜증난 목소리였다. "나는 지금 사는 이곳으로 옮겨올 때 내 꿈과 희망을 다 포기했어요. 살기에 나쁜 곳은 아니지만 여기서는 연기 활동을 결코 할 수 없을 테니까요."

"샘, 로스앤젤레스와 롱아일랜드를 떠나는 일은 틀림없이 당신에게 힘들었을 거예요. 그건 당신의 꿈의 마지막을 뜻하는 것이니까요. 그런데 어떻게 해서 이사하는 데 동의하게 된 거죠?"

샘은 의자에 기대고 잠시 천장을 쳐다보았다. 그리고 이렇게 말했다. "이유가 많았어요. 제시카는 항상 불행했고 그것 때문에 나를 원망했어요. 나는 연기를 사랑했고 배우로 성공할 수 있으리라 믿었지만 그것이 그만한 가치가 있는지 의심이 들기 시작했지요. 도시의 공기 오염이 어린아이들의 폐에 어떤 영향을 주는지에 대한 얘기를 들었어요. 그때 우리에겐 두 아이가 있었죠. 그것이 마침내 저를 설득했어요. 내 아이들에게 그렇게 할 순 없었거든요."

아슬아슬한 질문이기는 했지만 묻지 않을 수가 없었다. "샘, 제시카가 거기서 사는 것에 대해 어떻게 느꼈는지, 얼마나 불행했는지…… 아셨는데, 아이가 없었다 하더라도 당신이 이사하려 했을까요? 단지 제시카의 마음 때문에 말이죠."

샘은 잠시 나를 쳐다보더니 머리를 흔들었다. "그건 지나치게 가설적이로군요. 대답을 할 수가 없겠는데요."

제시카는 마치 신호가 떨어진 것처럼 분노를 폭발했다. "보셨죠?" 그녀는 샘을 가리켰다. "저게 문제랍니다! 내가 어떻게 느끼든 상관 안 해요. 이 사람은 자기 좋을 대로 해요. 나를 미치게 만드는 방식으로 인생을 살고 있어요. 이 사람은 자기가 하는 어떤 일도 내게 영향을 주지 않는 것처럼 행동해요!" 그전에도 제시카가 화를 내는 것을 보았지만 그렇게 격노하는 걸 본 것은 처음이었다.

4 첫 대화

커플을 대화로 옮겨 놓아야 할 때가 된 것이 분명했다. 나는 부부대화 3단계를 설명한 후 샘에게 제시카가 하는 말을 반영해 주도록 요청했다. 제시카에게는 방금 한 말을 반복하되 목소리를 낮추어 부드럽게 하고 '나는 ……'으로 시작해서 자신의 느낌을 말해 주도록 부탁했다.

"나는 지난 18년간 멍청이 바보와 살았던 것같이 느껴져요." 제시카가 흥분해서 말했다. 나는 그녀를 달래어 "제시카, 이렇게 해 봐요. 샘, 당신이 이러이러할 때 나는 엄청난 좌절감을 느껴요."

제시카는 아무 말도 하지 않았다. 분노가 끓어올라 벽을 바라보고 있었다. "서로 눈을 좀 마주쳐 보시겠어요?" 내가 부탁했다. 샘은 제시카를 바라봤지만 제시카는 샘의 시선을 피했다. 나는 그녀를 재촉했다. "샘, 당신이 이러이러할 때 나는 엄청난 좌절감을 느껴요."

"나는 당신을 참을 수가 없어요." 제시카는 샘에게 소리를 질렀다. "나는 더 이상 당신과 살고 싶지 않아요! 이렇게 사는 게 지긋지긋해요!"

샘에게 그녀의 말을 반영해 주라고 하는 것 외에는 달리 할 수 있는 일이 없었다. 나는 샘에게 거의 속삭이듯 감정적으로 반응하지 않도록 일러 주었다. 그가 자신의 감정을 잘 담고 있어서 안심이 되었다. "그러니까 당신은 더 이상 나와 살고 싶지 않다는 거죠. 나를 참을 수 없고, 이렇게 사는 것이 지긋지긋하다는 거고요." 그는 침착하게 말했다. 나는 그에게 "더 하고 싶은 얘기 있나요?"라고 말하도록 했다.

그녀에겐 할 얘기가 더 있었다. 더 많은 단어를 사용해서 같은 내용의 말을 했다. "당신더러 방황이나 하라고 내가 죽도록 일했던 거예요. 당신이 바쁘게 다녀도 연기 관련 일자리를 얻지 못하는 동안 난 LA에서 일했어요. 당신의 무책임을 수년 동안이나 참아 왔다고요. 이젠 질렸어요!"

샘은 잘 반영해 주었다. "거기에 대해 더 얘기해 주세요."

"우리 관계에서 나는 어른이 되어야만 했어요." 제시카는 즉시 쏘아붙였다. "당신이 늦잠 자고 낮잠 자는 동안 나는 이 가족을 부양했어요. 그러자 당신은 날 일중독이라며 비난했지요. 당신이 나를 슈퍼우먼이 되도록 내몰았고, 내가 일을 덜 하고 쉬는 것이 불가능하게 만든 거잖아요. 그런데 당신은 그것을 당연시했어요. 이젠 정말 지겨워요!" 제시카는 울기 시작했다. 샘은 좀 더 부드럽게 다시 말했다. "하고 싶은 얘기가 있으면 더 해요."

제시카는 이제 훌쩍이고 있었다. 이것은 감정적 돌파였고, 이마고 치료사들이 기다리는 분노로부터 슬픔으로의 전환이 일어난 것이다. 이것은 파트너들 사이의 연결의 가능성을 나타낸다.

몇 분 동안 아무도 말이 없었다. 제시카가 조용해지자 나는 샘에게 더 얘기할 것은 없는지 또 물어보도록 신호를 보냈다.

제시카는 한숨을 내쉬었다. 그녀의 목소리는 이제 좀 더 조용해졌다. 그녀는 마침내 샘을 바라보았다. "나는 우리 관계에서 내가 강한 사람이어야만 한다는 것에 진절머리가 나요. 인정받지 못한다고 느끼는 것이 지겨워요. 내가 지독하게 일하는 동안 당신은 인생을 쉽게 사는 것이 지겨워요." 샘이 반영해 주었다. 그는 점점 더 잘 반영했다. 제시카는 계속했다. "나는 우리의 이런 조합 때문에 엄청난 좌절감을 느껴 왔어요. 나는 일하고 당신은 혜택을 받잖아요."

나는 제시카에게 다음과 같은 문장을 완성하도록 했다. "이 모든 것이 내게 기억나게 하는 것은……." 제시카는 나를 쳐다보았다. 나는 제시카에게 샘을 계속 바라보도록 부탁했다. "아빠와 엄마죠, 물론." 제시카는 말했다. "아빠는 늘 일만 했고, 엄마에게 늘 집안일을 잘하지 않는다고 불평했어요. 어떻게 자기가 모든 일을 다 해야만 하느냐고요. 밖에 나가서 돈 벌고 집에 들어와서는 엄마가 잠자느라 하지 않은 일을 해야만 하겠느냐고 했어요." 제시카는 잠시 멈췄다. "지금 나는 아빠가 어떻게 느꼈을지를 알겠어요!" 그녀는 샘을 노려보았다. "그러고 보니 나는 아빠처럼 변했어요. 난 아빠처럼 되는 게 싫어요. 당신이 내가 그렇게 되도록 만들었어요." 샘은 다시 반영해 주었고, 그때 나는 제시카에게 또 다른 문장을 완성하도록 했다. "모든 일이 이렇게 되는 데 내가 기여한 것은……." 긴 침묵이 흘렀다. 제시카는 마침내 샘에게 말했다. "내가 당신을 우리 엄마처럼 만들었다는 거죠." 나는 제시카에게 또 하나의 문장(sentence stem)을 주었다. "이 모든 문제에서 내가 도움을 받기 위해 당신으로부터 필요로 하는 것은……." 제시카는 즉시 대답했다. "나를 아빠처럼 변하게 만드는 일을 멈추는 거예요."

이제는 샘이 말할 차례였다. 내가 제안을 했다. "샘, '이 일에 대해 당신 말을 들으니 나는 이러이러한 느낌이 들어요.' 라고 얘기를 시작해 보세요."

샘은 생각에 잠긴 듯 미소를 지었다. "내가 어떻게 느끼는지가 뭐가 중요하죠?" 그가 말했다. "제시카는 우리 사이의 모든 문제가 나 때문이라고 하는 걸요. 그것을 바꾸기 위해 내가 할 수 있는 말은 없어요." 익숙한 느낌의 역동이었다. 최대화하는 사람은 거리낌 없이 말하고 최소화하는 사람은 말이 없다. 전자는 후자에게 온갖 비난을 퍼붓고, 후자는 자기의 감정 나누기를 거절함으로써 복수한다. 이번에는 내가 반영을 해 주었다. "그러니까 당신은 제시카에게 자신의 감정을 나누는 것이 무슨 소용이 있을지 모르겠다는 거죠. 둘 사이의 모든 문제를 그녀는 당신의 책임으로 보고 있다고 믿고 있는 거고요." "맞습니다." 샘이 대답했다. 계속해서 내가 말했다. "그리고 그것에 대한 당신의 느낌은……."

나는 샘이 그 말에 대답해 주기를 기대했다. 샘이 말했다. "절망적이죠. 포기하고 싶다고나 할까."

"그러니까, 샘." 내가 부드럽게 말했다. "제시카에게 좀 더 그 얘기를 해 주시지요."

샘은 무표정한 얼굴로 제시카를 쳐다보았다. 긴 침묵이 흘렀다. 마침내 그가 말을 시작했다. "여러 해 동안 나는 내가 나 자신이라는 이유 때문에 당신에게 비난을 받는다고 느꼈어요." 나는 이번에는 제시카에게 반영해 줄 것을 요청하며 그녀가 샘이 계속해서 자기의 감정을 나눌 수 있을 만큼 충분히 안전감을 느끼도록 해 주기를 바랐다. 그러자 제시카는 최대화하는 사람이 그러하듯 반영을 무기처럼 사용했다. 제시카는 눈을 굴리며 샘으로부터 고개를 돌리고 차갑게 말했다. "당신은 내가 당신이 당신 자신이기 때문에 비난을 한다고 생각했다는 말인가요?" 내가 끼어들었다. "제시카, 목소리 톤과 몸으로도 샘에게 반영해 줄 수 있는지를 한번 보죠." 그녀는 시무룩하게 샘을 향했다. 내가 샘에게 계속하라고 하자 그는 방어적이긴 했지만 좀 더 쉽게 말을 하기 시작했다. "내가 당신을 위해 무엇을 하든 그건 결코 충분하지가 않았어요. 당신이 주목했던 것은 내가 하지 않는 것, 내가 하지 않았던 것, 내가 하기를 잊었던 것들뿐이었죠!" 제시카는 말없이 샘을 바라보았다. 내가 반영해 주도록 재촉하자 그녀는 그렇게 했고 더 얘기하고 싶은 것이 있는지 물었다. "난 가족을 위해 많은 것을 해요." 샘이 계속해서 말했다. "당신을 위해 집을 좀 더 안락하게 만들어 보려고 노력하는 건 바로 나예요. 나는 그림을 달고 가구를 옮겨요. 당신이 밖에서 일을 하는 동안 나는 아이들을 조용히 시키죠. 당신이 좀 더 안정된 삶을 살도록 하기 위해서 난 배우 직업을 포기했어요. 그것이 얼마나 어려운 일인지 당신은 몰라요. 난 성공할 수 있었어요. 그럴 수 있다는 걸 난 알고 있었어요. 그렇지만 내가 당신에게 지나친 요구를 했다는 걸 알았죠." 제시카는 이제 반영을 잘하고 있었다. "난 정말로 괜찮은 사람이 되고 싶었어요. 내가 되어야 할 그런 사람 말이에요. 나는 줄 것이 많은 사람이에요. 그렇지만 상황이 내가 원하는 삶을 살 수 있도록 해 주질 않았어요." 이제 그는 애원하는 목소리가 되었다. "내게는 몹시 어려운 일을 그렇게 쉽게 하는 사람과 함께 산다는 게 어떤 건지 알기나 해요? 그 사람을 기쁘게 해 주기를 간절히 원하지만 난 그렇게 할 수가 없어요. 왜냐하면 난 당신이 아니니까. 내가 당신이 될 수는 없어요!" 반영해 주는 제시카의 목소리가 부드러워졌다. 샘의 목소리는 떨렸다. "난 포기했어요. 내가 나 자신을 포기하고 당신이 원하는 사람이 되든가, 아니면 당신이 원하는 사람이 되기 위해 노력하는 것을 포기함으로써 당신에게 거절을 당하든가 둘 중 하나죠. 당신을 이길 수는 없어요!" 제시카는 과녁이 되었다. "더 얘기하고 싶은 것 있어요, 샘?" 샘은 바닥을 내려다보았다. 그의 눈에 눈물이 보였다. 그는 잠시 말이 없었다. "더 얘기하고 싶은 것이 있나요?" 다시 한 번 제시카가 물어보았는데, 이제 그녀의 목소리는 아주 부드러웠다. 샘이 울기 시작했다. "내 인생은 엉망이에요……."

나는 샘과 제시카에게 서로를 안아 주라고 했다. 둘 다 저항하지 않았다. 그들은 조용히 서로를 안아 주었고 그동안 나는 치료 회기의 마지막 몇 분을 음미했다.

5 그 이후-8회기

첫 대화는 3회기에 일어났다. 그 후에도 수년간에 걸쳐 커플의 경쟁적/수동적 밀고 당기기를 통해 쌓여 온 분노, 상처, 좌절을 다루기 위해서 이마고 대화 과정을 사용하여 여러 회기를 진행했다. 나는 대화의 구조를 고수하기 위해 특별히 까다롭게 굴어야만 했다. 서로를 반영해 주지 않을 때마다 제시카의 변덕과 샘의 심한 저항이 나타나는 것 같았다. 그러나 여러 회기가 지나감에 따라서 두 사람 사이에 편안함과 신뢰의 모습이 점차 분명하게 드러나게 되었다. 8회기에 이르자 두 사람은 적당히 눈도 맞추었고, 눈물도 웃음도 더 자연스러워졌으며, 집중적인 대화 후에는 '에너지를 많이 쓰는 재미난 활동(high-energy fun)' 을 하라는 나의 말에도 마치 내가 그들의 첫 아들을 희생 제물로 바치라고 말하기라도 한 듯이 반응했었던 그런 모습은 더 이상 보이지 않았다.

행동수정요청도 어느 정도 수용되었지만, 8회기에 또 다시 하려고 준비하고 있었다. 이 과정에서는 말하는 사람이 먼저 상대방에 대한 좌절을 한두 문장으로 간단하게 설명한다. 그다음에는 상대방의 좌절감을 주는 행동에 대해 어떻게 느꼈고 어떻게 행동했는지를 설명한다. 마지막으로 말하는 사람은 세 가지 행동수정요청을 하게 되는데 상대방은 그 세 가지 중 적어도 하나를 들어주기로 약속한다.

행동수정요청은 파트너들의 부정적인 것을 긍정적인 것으로, 불가능한 것을 가능한 것으로 바꾸기 위한 것이다. 이는 한 사람이 상대방에 대해서 느끼는 좌절감을 담고 있거나 구조화하고, 어린 시절에 경험했던 좌절감과 어떤 관계가 있는지에 대해 통찰을 얻고, 상대방으로 하여금 변화된 행동이라는 선물을 주도록 하기 위해 만들어졌다.

열 문장 또는 열두 문장이 아닌, 한두 문장을 사용해 본 적이 거의 없고, 샘에게 구체적이고 행동화할 수 있는 요청을 하기가 매우 어려웠던 제시카에게 행동수정요청의 구조는 고통스러운 것이었다.

제시카가 처음에 했던 요청은 다음과 같았다. "나는 당신이 다음 달에 나만큼 열심히 일하고, 나만큼 돈을 벌어오기를 원해요."

나는 샘에게 그 말을 반영하게끔 하지 않았다. "제시카, 좀 더 구체적으로 해 봐요."라고 내가 말했다.

제시카는 어찌할 줄을 몰라하더니 이렇게 말했다. "그래요, 알았어요. 나는 당신이 다음 달 동안 매일 하루에 8시간 일하고 하루에 최소한 200불을 벌어오기를 원해요."

샘은 마치 제시카로부터 성전환 수술을 하라는 요청을 받은 듯한 표정을 지었다. 난 이렇게 제안했다. "제시카, 조금 나아지긴 했지만 좀 더 작게 만들어 보세요."

그녀는 침울하게 있더니, "하루에 8시간 일하고 150불 벌어오는 것은 어때요?" 하고 말했다. 내가 웃으면서 말했다. "점점 가까워지고 있군요."

마침내 제시카는 샘에게 2주 동안 매일 그가 몇 시간 일하는지 꾸준히 파악해서 일주일에 두 번 그녀와 대화를 나누며 그 시간에 그의 일과 재정적인 진행에 대해 얘기해 달라고 요청했다.

6 샘과 제시카-이마고의 구성

이마고 이론에서 말하는 것처럼, 이 커플의 어려움의 뿌리는 그들이 만나기 훨씬 이전에 이미 견고하게 박혀 있었다. 제시카가 그들이 하고 있는 일의 양이 다르다는 것에 대해 불평하는 말에서 우리는 그 어려움의 초기 징조를 엿볼 수 있다. 그러나 진짜 어려움은 눈에 보이는 명백한 주제에 관한 것이 아니다. 그것은 두 사람이 각각 인생의 고통과 몸부림을 다루는 방법의 근본적인 차이에 관한 것이다. 좋은 다른 이마고 짝들처럼 그들은 '부적합' 했다. 그렇지만 그 부적합성은 파트너들 사이의 정상적이고 바람직한 조건이다. 누구나 그렇듯이 샘과 제시카의 성격 구조는 사실상 그들이 만나기 훨씬 전, 그들이 청소년기를 끝마치던 시기에 이미 형성되었다. 그들의 부적합성은 그들의 성격 구조의 결핍으로부터 생겨난 것으로서, 그 '구멍' 은 의식적인 파트너십을 통해 채워져야 하며, 그렇지 않은 경우 그들의 힘겨루기가 고조된다.

제시카는 배우자뿐 아니라 인생 그 자체와 경쟁하는 여자다. 그녀에게 있어서 사는 것이란 일련의 장애물을 뛰어넘는 것이다. 제시카는 자신이 얼마나 멀리까지 왔는지에 상관없이 항상 더 일하고, 더 성공하고, 더 성취하고자 한다. 그녀는 사실상 모든 상호작용에, 특히 남편과의 관계에서 온갖 수단을 다 쓰는 접근법을 적용했다. 예를 들어서, 그녀가 샘으로 하여금 자기 방식대로 하게끔 만들고자 할 때 자기 인생의 다른 영역에서 효과적이었던 똑같은 작전을 사용한다. 마치 배우자를 자기를 향해 진군하는 셔먼 장군의 탱크처럼 생각하는 파트너라면 누구나 그러하듯이, 샘은 제시카의 그런 작전에 대해 온 힘을 다해서 저항하는 식으로 반응한다.

샘은 배우로서 자기가 상상하는 모습의 인물이 되는 재능이 있다. 그는 그 인물의 감정을 느끼고, 그의 생각대로 생각하고, 그 순간 우러나서 연기한다. 샘은 자신이 쓴 노래의 가사처럼 "어떤 사람은 와인을 마시죠."의 역할을 했고, 또한 결혼에 있어서는 그가 어떤 사람과 결혼했는지를 고려할 때는 본래 그 자신이 되는 편이 나은 사람의 역할을 했다. 샘에게 있어서 인생은 여행을 즐기는 것과 같았다. 성취는 그 과정에서 우연히 얻는 것이었다. 그는 탁월성을 향한 제시카의 돌진 때문에 정말 곤혹스러웠다. 그녀는 '기다리는 사람이 모든 것을 얻게 된다'는 것을 모른단 말인가? 그녀를 조금만 늦출 수만 있다면 그녀도 그와 함께 인생의 향연을 즐길 수가 있을 텐데. 그러나 샘이 천천히 가면 갈수록, 제시카는 그에게 더 서두르라 하고 뭔가 해내라고 더 압박했다. 그렇게 제시카가 샘을 재촉하면 할수록 샘은 점점 더 느려졌고, 제시카가 믿기로는 점점 더 평범해지고 있었다. 이러한 경쟁적/수동적 시소 효과는 제시카가 박사학위를 취득하게 됨으로써 또 다른 장애물을 뛰어넘으려 하는 것을 샘이 반대했던 것과, 그리고 제시카가 샘을 압박해서 천천히 진행되던 배우 직업을 포기하게 만든 일 등 두 사람의 관계에서 발생한 여러 가지 일들을 통해서 알 수 있다. 물론 이런 줄다리기로는 그들이 원했던 대로 상대방을 자기 자신처럼 만들 수는 없었다. 이제까지의 결과는 서로에게 거듭해서 상처 주기와 그로 인한 소외

뿐이었다.

샘과 제시카의 파트너십에서, 두 명의 불완전한 사람들이 성숙을 향해 함께 걸어가는 힘겨루기의 한복판에서 상대방 파트너를 마치 인생에서 내가 원하는 것을 얻는 데 가장 도움이 안 되는 사람으로 대하고 있는 모습을 보게 된다. 샘과 제시카가 서로 싸우는 것은 사실은 그들이 함께 여행을 시작하기도 이미 오래전에 잃어버렸었던 자신들의 일부분을 그들의 파트너십을 통해서 되찾으려 애쓰는 것에 맞서 싸우고 있는 것이다.

내가 내담자 커플들에게 늘 얘기하듯이 각 파트너는 각자 스스로가 도전해야만 할 일들이 있다. 각자는 악몽 같은 곤경에 함께 기여하고 있으며, 각자가 새로운 관계를 창조하는 일에 협력할 수도 있다. 샘에게 있어서 제시카는 자신이 오랫동안 비밀스럽게 스스로 그렇게도 되고 싶어 꿈꾸어 왔던 바로 그 대상인 셈이며, 샘은 이 세상에 영향력을 행사하는 사람이 될 방법을 찾아야만 할 필요가 있다. 야심만만하고 성공적이었던 제시카의 아버지는 그녀의 이마고, 즉 '연인' 이 가지고 있어야만 하는 이미지의 없어서는 안 될 부분을 형성했다. 샘은 자기 자신에게 없다고 생각하는 것을 이미 실현한 여자일 뿐만 아니라 그가 가장 성장해야 할 필요가 있는 방식으로 자신이 성장하기를 요구하고 있는 여자와 결혼했다는 현실에 굴복해야만 했다. 요약하자면 샘은 좀 더 제시카를 닮아 가도록 노력하고, 성취 지향적이 되고, 자기절제를 해야 할 필요가 있다. 이와 유사하게 제시카가 샘의 드러누워 버리는 스타일을 싫어한다고 하는 것은 그녀가 가장 두려워하면서도 가장 되찾고 싶은 성향이 무엇인지를 보여 준다. 제시카는 결코 느긋하게 쉬지를 못한다. 그녀는 자존감을 유지하면서도 자기 자신에게 보통 수준이 되도록, 즉 어떤 일은 좀 잘 못해도 되도록 자신을 허용하지 않는다. 자기 확신에 대한 그녀의 끊임없는 필요는 마치 마약 중독자의 다음 번 마약 주사에 대한 그것과도 같다. 그러나 다음 번 것도 결코 충분하지 않다. 제시카는 이제 이대로 충분하다는 것을 배워야만 한다. 그녀에게 그것을 가르쳐 줄 수 있는 가장 훌륭한 교사는 물론 샘이다. 샘은 그 점에 있어서 최고의 전문가다. 제시카는 그녀 자신이 정말 되고 싶어 하는 사람처럼 되기 위해서 다른 사람에 대한 아량, 자기 자신의 수용, 인생에 대한 평정심 등 샘의 방식을 좀 더 받아들여야만 할 필요가 있다. 샘은 그녀의 소원이 실현된 이미지였던 것이다.

7 샘과 제시카-후기

샘과 제시카는 12번의 편안한 회기를 통해서 변화될 수 있는 그런 타입의 커플은 아니었다. 그러나 그들은 계속해서 대화하면서 처음으로 얇은 한 겹의 기초를 놓았고, 그 위에 좀 더 안전한 관계를 세우기 시작했다. 그들의 어린 시절의 상처, 즉 제시카의 무능함에 대한 공포와 샘의 자신의 무능에 대한 확신을 그들 관계에서의 좌절과 연결시키는 것을 통해서 그들은 서로에 대한 그들의 감정적 반응의 뿌리를 이해하기 시작했다. 샘은 제시카로부터 그녀가 그에게 필요로 하는 것, 즉 보다 훌륭한 직업적 성공과 목표지향적인 삶의 태도를 박탈함으로써 자기 자신에게 없었기 때문에 오랫동안 슬퍼해 왔던 바로 그 특성들을 스스로가 빼앗았다는 것을 깨달았다. 제시카는 샘의 '삶의 기쁨(Joie de vivre)'을 저주했던 것이 어떻게 해서 그녀로 하여금 쉬고 인생을 즐기고 싶어 했던 자신의 일부분에 다가가지 못하게 하고 받아들이지 못하도록 했는지를 인식하게 됐다. 샘이 제시카가 자신에게 화를 내는 것에 대한 반발심 때문에 억제하고 있었던 공감을 그녀에게 표현하기 시작하자, 그녀의 분노는 부드러워졌고 마침내 평생 동안 지니고 있었던 내면의 슬픔과 상처가 나타났다. 샘이 그녀의 고통을 들어 주고 승인해 준 것이 그녀로 하여금 샘을 자신이 원하는 것을 가지고 있는 사람으로 새롭게 바라볼 수 있도록 도와주었다. 제시카는 샘이 그녀에게 선물을 주기 위해 삶에서 힘든 일을 좀 더 맡아 주기로 결심한 것을 느끼게 되자, 부담을 덜고 결국 샘이 지니고 있는 걱정 없이 쉽게 사는 정신을 어느 정도 자신의 것으로 가질 수 있게 되었다.

여기서 많은 최소화하는-최대화하는 조합에 적용되는, 샘과 제시카의 역동에 대해 주의해야 할 점을 설명해야겠다. 우리는 야심과 예리한 논리, 지속적인 성공의 경험이 있는 제시카를 '건강한' 파트너로 보기 쉽다. 반대로 샘은 미성숙한 게으름뱅이로 볼 수 있다. 개인적 패러다임에서는 샘에게 '의존적' 성격이라는 꼬리표를 달았을 것이다. 또한 체계적 관점에서 보자면 제시카는 과잉 기능(overfunction) 파트너인 반면, 샘은 과소 기능(underfunction)이라고 할 것이다. 그러나 이마고의 관계적 관점에서 볼 때, 샘과 제시카는 모두 어린 시절에 자신을 정서적으로 안전하게 느끼게 해 주었던, 오랫동안 형성된 방어적 전략을 결혼생활에서 사용하고 있었던 것이다. 그런데 그 전략들은 그들을 서로에게서, 그리고 그들 자신의 본래의 완전한 모습으로부터 자신을 단절시키고 있다.

그들의 연결이 점점 더 강해짐에 따라 그들의 대화는 깊어졌고, 나중에는 각 파트너의 개인적인 고통에 대한 논의로 옮겨갔다. 샘은 어렸을 때부터 꿈꾸었던 영향력, 즉 자신이 세상에 영향력을 미칠 수 있도록 해 줄 수 있는 일을 성취할 기회를 버린 것에 대해 얼마나 슬퍼했는지를 제시카에게 드러냈다. 제시카는 그녀가 강박적으로 성취를 이루려 했기 때문에 자기 자신이 평범하고, 완벽하지 않으며, 단순하게 되는 것을 결코 허용하지 못했다는 것을 샘에게 시인했다.

변화가 시작되었다. 샘에게 있어 제시카는 더 이상 거울에 비친 자기 자신의 실패의 이미지나 자신의 잃어버린 일부분이 아니다. 그는 제시카를 탄복할 만한 여자로 보고 자기 자신의 성장 모델로 사용할 수 있게 되어 가고 있다. 그리고 제시카는 그녀의 엄마가 이제껏 그래 왔던 것보다도 샘이 더 튼튼하고 쓰기 좋은 '베개' 가 될 수 있다는 것을 인정할 수 있게 되었다.

편저자의 말

이 커플이 당신에게 익숙하게 느껴졌다면 아마 당신도 이들과 비슷한 낭만적 파트너십을 가지고 있기 때문일 수 있다! 경쟁적/수동적 커플은 상담실이나 부부 워크숍에서 가장 흔히 볼 수 있는 유형이다. 일을 '올바르게' 하려고 하는 압박감은 결혼생활에서도 마찬가지로 '올바르게' 하기를 원하도록 만든다. 이런 커플들은 치료 효과가 좋은 편인데, 왜냐하면 이들은 치료 현장에도 열심히 임하기 때문이다. 게다가 그들은 이 책의 앞부분에 나오는 커플들처럼 아주 초기에 상처를 경험하지는 않았기 때문에 이러한 경쟁적/수동적 커플들에게는 다른 사람들과 타자로서 관계하는 기본적인 능력을 손상시키는 성격적인 문제 같은 것은 없다.

이것은 좋은 소식이다. 나쁜 소식은 경쟁적/수동적 파트너들은 부부치료를 시작할 때 그들의 관계를 장악하려는 역동으로 치료 과정 또한 장악하려 든다는 점이다. 때때로 치료사가 첫 인사를 하기도 전에 이런 일이 시작되곤 한다.

이들 파트너들은 행동, 성격 스타일, 심지어 외모에 있어서까지 서로 크게 다른 것처럼 보이기는 하지만—어떤 경우에는 분명한 대조가 우스꽝스럽기까지 하다—그들의 잠재된 두려움은 사실 똑같다. 즉, 그들은 무능하다고 증명될 것이 두려운 것이다. 한나 박사가 지적한 것과 같이 경쟁적/수동적 상처는 4~6세 사이의 아이들이 경험했던 것으로부터 생긴다. 그 시기는 주목을 받고, 성취한 것에 대해서 칭찬을 듣는 것이 가장 중요한 때다. 샘과 제시카는 그들의 성취를 과대평가하거나 경시했던 부모를 두었었다. 정체성의 상처가 있는 아이들이 어찌되었든 "넌 중요한 사람이야"라는 말을 듣지 못했던 것과 똑같이, 샘과 제시카도 "너는 유능해."라는 메시지를 충분히(크고 강하게) 듣지 못했다. 그리고 다른 모든 상처받은 파트너들처럼, 이 두 사람 모두는 어린 시절에 받지 못한 것을 지금 찾아야 하는 탐험의 임무를 수행 중이다. 그러나 불행하게도 그들에게 그것을 주리라고 희망했던 그 사람은 그렇게 할 수 있는 능력이 없다!

초기에 상처받았던 파트너들이 서로에게서 무조건적인 사랑을 받을 필요가 있는 것과 똑같이, 샘과 제시카에게는 무조건적인 칭찬이 필요하다. 무엇을 하든 그들이 한 일이 대단하다는 말을 들어야만 하는 것이다. 이것이 쉬울 것 같아 보이지만, 사실 그리 쉽지 않다. 샘은 제시카를 칭찬해 주면 초능력 괴물을 풀어 주게 되어 세상에 흔적을 남기려는 자신의 빈약한(샘이 보기에) 시도를 부숴 버릴까 봐 내심 두려워한다. 그렇게 되면 샘은 뒤에 버려져서 실패자로 보이게 될 것이다. 특히 자기의 파트너와 비교할 때 그렇게 보일 것이다.

제시카와는 달리 당연히 샘은 때때로 끈이 풀린 채로 있다. 그러나 삶에 대해 느긋하고 만족스러운 견해를 가지고 있는 샘과 같은 사람들에게는 풀린 끈이나, 그 밖에 자기의 유능한 파트너들이 그토록 참기 힘들어하는 많은 것들이 아무렇지도 않다. 제시카는 주로 샘의 풀린 끈에 초점을 맞춘다. 그녀의 비난은 샘으로 하여금 그가 어린 시절 대부분에 걸쳐 놓여 있었던, 상처받는 상태에 머물러 있게 만든다. 어렸을 때 샘은 이렇게 질문하곤 했다. "내가 일을 옳게 하든 그렇지 않든 다를 것이 없는데, 뭣 때문에 그 일을 하겠어?" 현재 제시카와의 관계에서 샘이 똑같은 질문을 할 때마다 그녀는 쉽사리 "그만둬요. 내가 하지요, 뭐." 하고 응수했다. 그 결과 제시카 역시 자기 자신을 상처받는 마음 상태, 즉 사랑받고 높이 평가받는다고 느낄 수 있기 위해서는 모든 일을 해야만 한다고, 그것도 제대로 해야 한다고 몰아세우는 마음 상태에 갇혀 있게 된다. 이렇게 해서 춤은 계속된다. 아내는 과잉 기능이고 남편은 과소 기능이다. 아내가 더 열심히 일할수록 남편은 더 열심히 논다.

샘과 제시카 두 사람과 같은 커플들의 경우 치료사가 해야 하는 가장 중요한 과제는 경쟁적/수동적 춤에 두 사람이 똑같이 기여하도록 하는 것이다. 경쟁적인 파트너는 기능을 매우 잘하는 것으로 보이는 반면, 수동적 파트너는 기능을 제대로 못하는 것으로 보이기 때문에 수동적인 파트너에게 문제가 있는 것으로 성급한 결론을 내리기 쉽다. 물론 수동적인 파트너는 할 것을 하되, 제대로 할 수 있도록 노력하는 것이 필요하다. 그러나 경쟁적인 파트너 역시 노력해야 할 것이 많다. 제시카는 공원을 거닐고, 주말에 늦잠을 자고, 아이들과 놀고, 자기 자신의 어린아이 같은 부분과 접촉하는 등 삶의 단순한 것들의 가치를 인정하는 것이 매우 어렵다. 그녀는 일을 거절하고 삶을 받아들여야 한다. 물론 이것은 우리 문화에서는 대중적인 말이 아니다. 우리의 문화는 경쟁적인 파트너가 경쟁적으로 사는 것에 대해 박수를 보낸다. 그렇지만 치유로 가는 길이 쉽고 넓은 경우는 드물다. 샘과 제시카 모두가 각각 참된 능력이 무엇인지를 배울 수 있는 가장 완벽한 파트너와 결혼을 했다는 것은 정말로 아이러니이며, 이것은 이마고 이론과도 절묘하게 일치한다.

참고문헌

Hendrix, H. (1988). *Getting the love you want: A guide for couples.* New York: Holt.

06

다문화가정의 커플들을 위한 이마고 부부관계치료

호머 베인(Homer Bain)

나의 내담자들은 중남미계 미국인뿐 아니라 멕시코인과 멕시코계 미국인 등으로 구성되어 있다. 40년간 함께한 내 아내이자 열정적인 친구는 멕시코인이다. 내가 히스패닉 문화를 바로 알게 된 것은 아내와 그녀의 가족 덕분이다. 부부 워크숍의 인도자로서 나는 종종 참석자들이 이마고의 지침과 훈련에 대해 열정적으로 반응하는 것을 보고 매우 감격해한다. 정서적인 주제들을 비롯해서 히스패닉 문화에서 매우 일반적인 주제들 중 많은 것들이 이마고 치료와 아주 강력하게 공명한다는 사실이 내게 감동을 준다.

1 다섯 가지 주요 주제의 짜임

정서성과 프라이버시

부부 워크숍에서 너무도 분명하게 나타나는 표현적 정서성은 이마고 작업의 열쇠다. 이마고에서 우리는 감정에 주목하고, 우리 자신의 감정을 소유하고 나누며, 상대방의 감정을 승인하고 공감하는 것을 강조한다. 이마고가 가지고 있는 가설은, 히스패닉 문화에서와 마찬가지로 우리가 사는 곳에는 감정이 있다는 것이다.

프라이버시—또는 안전—라는 주제는 히스패닉의 문화적 맥락과 이마고의 치료적 맥락 모두에 있어서 정서성에 대해 균형을 맞춰 주는 중요한 주제로 나타난다. 경계선의 보호는 존중의 특성을 형성하는데, 존중은 또한 비밀을 지켜야 하는 필요로부터 우리를 자유롭게 한다. 비밀의 필요는 종종 파괴적이다. 높임말인 usted(당신)로부터 반말인 atu(너)로 언어가 변하는 것은 프라이버시로부터 친밀감으로의 변화를 아주 상징적으로 인정해 주는 것이다. 내 워크숍에서는 프라이버시에 대한 존중이 안전을 공급하는 자연스러운 세구에(segue, 단절 없이 부드럽게 다음 악장으로 넘어가는 변환 과정: 역자 주)다. 커플들이 나누기를 원하지 않는다면 그들의 선택을 지지해 준다. 역설적으로 이 접근법은 커플들 사이에서 안전한 느낌을 만들어 내는 경향이 있으므로 자유롭게 나누기가 훨씬 쉬워진다.

연대감과 권위

정서성과 프라이버시와 나란히, 연대감과 권위라는 속성이 이 민족의 문맥을 반영한다. 소위 거칠고 억센 개인주의보다 강한 연대감을 강조하는 문화에서는 프라이버시를 보강하는 의식과 제스처가 개인적 공간의 느낌을 보호해 준다. 반면에 그 문화에서는 권위를 정서적 표현을 위한 기회들을 촉진 또는 인가해 주는 것으로 사용한다.

어떤 사람들은 워크숍을 인가받은 기회로 볼 수 있다. 한 번은 시연을 하던 중 한 여성이 남편의 확대가족의 무력한 포로로 살았던 것에 대한 감정을 쏟아냈다. 그에 대한 반응으로 또 다른 가족의 가장이 그녀를 통해서 자기 자신의 위치에 대해 배운 것이 있다고 말했다. 그룹의 한 젊은이는 자기통합 연습에 관해 말했다. 그 연습은 부모님을 기쁘게 하기 위해 그들에게 순종하는 등의 거짓 자기의 행동과, 자유와 위엄의 느낌을 가지고 행동하는 등의 진짜 자기의 행동을 대조하는 것이다. 이 연습은 가족의 결속과 개인의 본래 모습이 병행될 수 있고 또 그래야만 한다는 신념을 분명히 하는 한편, 반사적으로 또는 그저 생각 없이 부모님의 가치를 신봉하지만은 않겠다는 그의 결심을 명료화시켜 주었다.

문화권에 따라 연대감과 권위가 연속선상에서 양 극단에 존재한다고 한다면, 개인에 따라서는 분화와 연결이 양 극단에 위치하고 있다. 그렇다면 우리는 반대되는 두 가지 경향, 즉 단절과 융합 사이에서 균형을 맞추기 위해 고심하고 있는 것이다. 균형이 있는 곳에는 안녕이 있다. 이마고에서는 개인과 커플의 발달에 있어서 미숙/성숙을 나타내는 용어로 '공생' 또는 '대화'를 사용한다.

관계 초기의 낭만적 단계는 공생 기간으로 간주된다. 이는 개인의 발달에 있어 유아기 최초의 기간이 공생기라고 불리는 것과 똑같다. 부부관계는 그다음 여전히 공생적인, 힘겨루기 단계로 이동한다. 이 단계는 개인적인 자유를 위해 투쟁하지만 여전히 양육자에게 의존적인 청소년기의 반항과 꼭 닮았다고 말할 수 있다. 커플은 대화의 사용을 통해서 차츰 상호의존으로 발달하면서 힘겨루기로부터 점점 더 잘 벗어날 수 있게 된다. 상호의존에서는 연결의 필요와 자기결정이 나란히 있다. 이 단계는 인간의 발달 과정 중 개별화의 과제와 단계를 협상하는 시기와 매우 유사하다. 그리고 여기에서도 히스패닉 문화와 이마고는 같은 것을 강조한다. 즉, 연결과 개별화는 상호수용적이라고 보는 것이다.

영성

마지막으로 영성은 이러한 다차원적 짜임에 있어 꼭 필요한 실과 같다. 영적 또는 신성한 경험은 종교적 상징과 의식에 반영된 것처럼, 히스패닉 문화의 중대한 특징이다. 초기의 종족 공동체적 신앙은 점차 스페인화된 로마 카톨릭에 의해 덮이게 되었다. 보다 최근에는 복음주의 개신교로부터 뉴에이지에 이르기까지 다양한 종교의 영향을 받고 있다. 대부분의 히스패닉계 커플들에게는 커플의 특정한 종교와 상관없이 영적 가치체계가 가족과 개인의 내력과 더불어 상처의 치유와 성장의 중요한 원천이 된다. 그러므로 당연히 영적 가치체계를 탐구해 보아야 한다.

2 마르코스와 실비아

45세의 텔레비전 방송국 임원인 마르코스는 한동안 다른 치료사에게 개인상담치료를 받은 후 40세의 주부인 그의 아내 실비아와 함께 부부관계치료를 받으러 나에게 왔다. 그들은 10세에서 20세 사이의 자녀들을 다섯 명 두었다. 그들의 호소 문제들 중 하나는 일 때문에 자주 집을 떠나 있게 되는 마르코스가 아내로부터 소외되고 방치되는 느낌을 받는다는 것이었다. 자녀들과 함께 알아서 잘 지내는 데 익숙해진 아내는 남편이 자신에게 관심과 애정을 요구하는 것이 숨막히는 느낌이다.

다음 대화는 이 부부가 이마고 부부대화법을 배우기 전 초기 회기에 있었던 것이다.

마르코스: 난 더 이상 견딜 수가 없어요. 당신은 너무 차갑고 내게 무관심해요. 내가 당신에게 무슨 부탁을 할 때마다 당신은 이젠 나를 적대시하기까지 하더군요. 나는 완전히 거절당한 느낌이에요. 마치 내가 아무것도 아니고 당신에게 역겨운 존재가 된 것 같아요. 출장 중에도 당신이 전화 한 번 해 주길 기다리지만, 전화를 거는 건 언제나 나예요. 전화 통화를 할 때도 당신은 마치 내가 방해가 되기라도 한 듯 쌀쌀맞게 말하죠. 어떤 때는 당신이 내가 벌어다 주는 돈이나 원하지, 날 쫓아내고 싶어 한다는 생각이 들어요. 내 마음은 외로워서 말라 죽어 가고 있어요. 당신이 다른 사람을 사랑하고 있는 건 아닌지 모르겠어요.

실비아: 아니요, 그런 일은 없어요. 난 단지 당신이 내게 매달리는 게 견디기 어려울 뿐이에요. 당신은 집에 있을 때도 만족할 줄을 모르고, 집을 떠나 있을 때도 내가 밤낮으로 전화해 주기만 바라죠. 내가 아무리 노력해도 난 당신에게 충분하지가 않으니 난 숨이 막힐 것 같아요. 당신은 나의 몸과 영혼을 다 소유하고 싶어 하는 것 같아요. 유람선 여행 갔을 때도 내가 다른 커플들과 조금 친하게 굴었다고 당신은 그렇게도 질투를 하더군요. 난 당신에 대한 나의 느낌조차 말할 수가 없어요. 난 좀 숨을 쉬고 싶어요. 나에게도 생각이란 것이 조금은 있는 사람인 것처럼 당신이 날 대해 줬으면 좋겠어요. 왜 당신은 날 존중해 주지 않나요? 알프레도가 학교에서 일으킨 문제 같은 건 그냥 내가 해결하도록 놔두면 안 되나요? 당신은 내 의견은 아예 물어보지도 않고 당신 혼자 결정해 버리잖아요.

이런 식으로 어느 정도 이야기를 나눈 후 나는 마르코스와 실비아에게 이마고의 '부모-자녀 대화법' 을 소개했다. 이 대화를 할 때 각 파트너는 번갈아가며 상대방이 이야기하는 동안 마치 자녀가 부모에게 말하는 이야기를 들어 주는 것처럼 들어 주게 했다.

마르코스가 먼저 자녀 역할을 했다. 실비아는 마르코스의 요청에 따라 어머니 역할을 맡아서 듣고 반영해 주었다.

마르코스: 어머니는 날 단 한 번도 인정해 주지 않았고 조금도 애정을 보여 주지 않았어요. 형에게만 온갖 칭찬을 해 주었죠. 학교에서 좋은 성적을 받아 와도 내겐 아무 말도 안 하셨죠. 어머니는 너무

차가웠어요. 난 어머니 무릎 위에 앉아 본 기억이 전혀 없어요. 날 안아 주었던 기억도, 심지어 내 손을 잡아 준 기억조차 전혀 없어요. 나는 어머니가 나를 어루만져 주고 "아들아, 사랑해."라고 말해 주길 얼마나 원했었는지 몰라요.

실비아가 자녀 역할을 할 차례가 되자 마르코스는 그녀의 아버지 역할을 하여 실비아의 이야기를 들어 주었다.

실비아: 아버지는 내 감정을 무시했어요. 내가 무슨 생각을 하는지, 뭘 원하는지, 아버지에겐 내가 하나도 중요하지 않았어요. 나는 아버지가 날 여기저기 데려다 주고, 사탕도 사 주고, 내가 좋아하는 것에 관심을 보여 주길 너무나도 원했어요. 아버지가 나의 존재를 자랑스럽게 여겨 주길 원했어요. 아버지는 내가 아니라 아들을 원했을 거라는 생각이 들어요. 그렇지만 그건 내가 어떻게 할 수 있는 게 아니잖아요. 그래서 나도 아버지를 무시하는 거예요. 난 더 이상 아버지를 졸졸 따라다니지만은 않을 거예요.

부부들과 함께하는 치료와 워크숍에서 내 아내와 나는 파트너의 어린 시절 상처의 주요 주제와 그 또는 그녀가 필요로 하는 치유에 초점을 맞추는 특별한 기술을 개발해 왔다. 우리는 커플들로 하여금 각 파트너의 취약성(가장 상처받기 쉬운 것, 가장 원치 않는 것)과 갈망(가장 도움이 되는 것, 가장 원하는 것)을 나타내는 슬로건을 만들게 했다. '~하지 마세요' 라는 문구는 티셔츠의 뒷면에 쓰고, 긍정적 대안인 '~해 주세요' 는 앞면에 쓰도록 했다.

초반부의 이마고 과정을 경험한 후에 마르코스는 그의 티셔츠 뒷면에 '나를 무시하지 마세요.' 를, 앞면에는 '나의 필요를 만족시켜 주세요.' 라고 썼다. 실비아는 '나를 지배하려 들지 마세요.' 와 '내 감정을 고려해 주세요.' 라는 슬로건을 선택했다. 나는 마르코스와 실비아의 슬로건들이 둘 다 히스패닉이 강조하는 개인적 감정과 프라이버시뿐만 아니라 여러 문화권에서 흔히 볼 수 있는 남성의 권위와 여성의 복종이라는 고정관념을 반영한다는 것에 주목했다.

그다음 회기에서 마르코스와 실비아에게 이마고 부부대화법과 행동수정요청을 소개했다. 이러한 이마고 과정은 파트너들을 도와 서로의 이해를 표현하고 행동을 변화시키기 위한 것이다.

마르코스는 먼저 실비아의 이야기를 듣고 싶어 했다. 실비아는 이에 동의했지만 시작하기 전에 한동안 말이 없었다.

실비아: 못하겠어요. 이 얘기를 하려니 너무나 마음이 아파요. 그리고 난 말을 잘 못해요. 치료를 많이 받은 사람은 당신이잖아요. 당신은 훨씬 더 유창하게 자기 마음을 표현할 수가 있겠죠.

마르코스: 당신은 고통스럽고 힘든 얘기를 하기가 불편하고 압박감이 느껴지는군요.

실비아: 그래요.

마르코스: 더 얘기해 봐요.

실비아: 그러죠. 이게 바로 내가 집에서 느끼는 감정이에요. 당신은 내게 불가능한 것을 요구하고 있어요. 난 어쩔 수가 없어요. 당신은 내게 너무 많은 것을 요구해요. 난 할 수가 없어요.

마르코스: 당신은 내가 당신을 통제하려고 하고, 당신은 어쩔 수가 없고, 당신이 뭘 해도 날 만족시킬 수 없다고 느낀다는 거죠.

실비아: 맞아요. 그러니 내가 왜 노력해야 하죠? 아버지에게 그랬던 것처럼 난 그냥 외면하고 싶어요. 그냥 포기해 버리고 싶어요.

마르코스: 당신 아버지께 그랬던 것과 똑같이 내게도 포기하고 싶다는 거죠.

실비아: 난 지금 너무 힘들어요.

두 사람 모두 잠시 말이 없었다.

치료사: (마르코스에게) 이제 그만 얘기하고 싶은지 아내에게 물어봐 주실래요.

마르코스: 그만 얘기하고 싶다는 건가요?

실비아: 네. 당신 얘기를 듣는 건 괜찮지만, 난 더 이상 얘기를 할 수가 없네요. 아마도 나중에, 아니면 조금씩 할 수는 있겠지만 지금은 아니에요.

치료사: (마르코스에게) 그 감정에 이름을 붙여 주고 들은 것과 똑같은 강도로 아내에게 되돌려 말해 줄 수 있으시겠어요? 그런 다음 그것을 승인해 주세요. 아내에게 그녀의 감정이 부분적으로나마 이해가 간다고 말해 주세요.

마르코스: 당신은 고통이 너무 크고 이런 일이 생소하다는 거죠. 이해할 수 있어요. 당장 이 모든 것을 파헤치도록 압력받는 것을 당신은 원하지 않는 거죠. 그리고 지금 매우 상처받기 쉬운 상태라고 느끼고 있고요. 당신이 내게 굴복해서 말하는 동안에 내가 또다

시 지배하고 내 마음대로 할 것같이 느끼는가 보네요. 그래서 그만 멈추고 싶다는 거죠.

실비아: 네, 그래요. 고마워요.

잠시 쉬고 마르코스가 메시지를 보내는 사람(sender)이 되었다.

마르코스: 저, 난 당신이 내게 말하고 싶지 않다고 했을 때 '우리가 여전하구나, 여전히 나를 무시하는구나.' 라고 생각했어요. 달라진 게 없잖아요.

실비아: 내가 당신과 이런 일을 하는 것에 아무 흥미도 없는 것 같고 당신은 무시당한 느낌이라는 거죠.

마르코스: 그래요. 내가 중요하지 않다는 느낌이에요. 또 희망이 없다는 느낌도 들어요. 혼자 이렇게 생각했죠. "내가 어쩌겠어? 나를 사랑하지 않는다면 사랑하지 않는 거지." 우리가 사랑을 나눌 때조차도 난 당신에게 방해가 되는 느낌이에요. "내가 이러려고 결혼했나." 하고 나 자신에게 물어보게 돼요. 당신은 나를 밀어내는데, 나만 굶주려 있다니! 계속 이런 식으로 살 수는 없어요.

실비아: 당신은 내가 전화를 안 걸고 사랑을 나눌 때조차 따뜻하게 대하지 않으니까, 내가 당신을 사랑하지 않는다고 생각한다는 말이죠.

치료사: (실비아에게) 그의 감정에 이름을 붙이고 그것이 얼마나 강렬한지 반영해 주세요.

실비아: 당신은 화가 났군요. 당신은 포기하려 하는군요.

마르코스: 그래요. 내가 왜 이렇게 살아야 하는 거죠? 내 아내가 나

를 원하기를 바라는 것이 지나친 건가요? 나의 어머니도 나와 함께 있어 주지 않았고 내게 무관심했는데, 어째서 지금도 난 그때처럼 똑같이 살아가야만 하나요? 점점 더 나빠지기만 하니 이젠 정말 참을 수가 없어요.

실비아: 당신은 절망스럽군요. 더 나빠지기만 하고, 당신 어머니로부터 받았던 것과 똑같은 대접을 참고 견디기가 싫다는 거죠.

마르코스: 맞아요.

실비아: 더 얘기해 보세요.

마르코스: 당신이 나와 접촉하기를 원한다는 몸짓만 해 줘도, 신호만 주어도, 나는 기쁘겠어요. 그렇지만 억지로가 아니라 당신이 원해야만 해요. 당신 스스로 원해야만 한단 말이에요.

치료사: (실비아에게) 남편의 말 중에서 무엇이라도 좋으니 승인해 주고, 깊은 감정을 잡아내실 수 있으신지요?

실비아: 저, 내가 진심으로 당신을 좋아하는지에 대해 당신은 낙심하고 비관하고 있군요. 당신이 그런 마음인 것이 이해가 돼요. 내가 당신의 과도한 필요를 채워 주기를 거절하고 불가능하다고 말했으니까요. 나는 당신을 사랑한다고 생각해요. 그렇지만 지금은 그렇다고 느낄 수가 없군요.

치료사: 그러니까 두 분 모두 많이 실망스러우시겠네요. (마르코스에게) 실비아 편에서 몸짓만 보여 줘도 좋겠다고 말씀하셨잖아요. 여기서는 행동수정요청이 도움이 되겠어요. 마르코스, 당신이 지금 표현한 감정들을 완화시킬 수 있도록 실비아가 해 줄 수 있는 작은 행동 세 가지를 아주 구체적으로 설명해 주시겠어요?

남편은 세 가지 요청을 내놓았고, 아내는 이 세 가지 요청 모두를 수용했다.

1. 다음 번에 출장 갈 때 내게 전화를 한 번 걸어 준다.
2. 다음 달 동안에 출장 후에 한 번, 사랑 나누기를 먼저 시작한다.
3. 내게 작은 깜짝 선물을 사 준다.

그다음 회기에 아내는 남편에게 그녀가 어떻게 보고 있는지, 즉 그의 질투, 소유욕, 지배욕에 대해 이야기하기 시작했다. 그녀는 그가 들어 주고 승인해 준다고 느꼈다. 그런 후 그녀는 그녀 자신의 행동수정요청을 했다.

1. 집을 떠나 있을 때는 내가 깨어 있는 동안에만 전화한다.
2. 내 생일에 꽃을 가져다 준다.
3. 집안일에 관련된 결정을 할 때 내게 발언권을 준다.

아내가 남편의 요청대로 해 주기 시작했음에도 불구하고 남편은 아직도 여전히 배고픔이 남아 있었고, 아내의 사랑을 확신하지 못했다. 나는 "카페테리아가 항상 열려 있으면 별로 배고프지 않다."라는 하빌 헨드릭스의 말을 인용해서 남편의 절박한 필요가 그가 지각하는 희소성과 관련이 있다는 점을 지적했다. 그러자 남편은 자신에게는 카페테리아가 열려 있지 않다고 말했다.

이후 여러 주에 걸쳐 남편과 아내는 지속적으로 대화를 하고 서로 행동수정요청하기를 계속했다. 몇 달이 지나자 두 사람 모두 카페테리아가 거의 항상 열려 있다는 점에 동의했다. 아내는 남편이 어떤 일을 결정할 때 그녀를 참여시켜 주고 그녀가 원하는 것에 맞춰 주는 등 남편이 발전했다는 점을 인정했다. 그녀는 그에게 "나는 억지로가 아니라 기꺼이 당신에게 전화를 하고, 선물을 주고, 애정 표현의 몸짓을 하기로 결정했어요. 당신에게 그것이 중요하다는 것을 알았기 때문에 선물로 주는 거예요."라고 말했다. 또한 남편은 다음과 같이 말했다. "나는 정말로 당신을 사랑하기로 결정했어요. 전에는 어쩔 줄 몰라했던, 당신의 사랑을 의심하기 시작했던 그런 순간에 좀 더 차분하게 굴고 있지요. 나는 내가 전에 때때로 과잉 반응했었던 것을 이제는 피할 수가 있고, 당신은 점점 더 자주 내게 당신의 사랑을 확신시켜 주고 있어요."

이 사례는 히스패닉 문화의 프라이버시, 정서성, 연대감, 권위의 주제를 나타내 준다. 또한 모든 파트너들이 그들의 관계에 가지고 오는 개인적인 상처를 조명해 준다. 커플의 문화유산에 상관없이 그 상처의 치유가 곧 이마고 치료의 목표다.

3 다이애나와 조지

다이애나와 조지는 히스패닉-앵글로계 커플로서 우리가 다루고 있는 주제의 변형을 보여 준다. 히스패닉인 다이애나는 고등학교 교사다. 앵글로인 조지는 가구점을 운영한다. 그들은 50대 중반이며 세 자녀를 두고 있다. 이들의 막내딸인 마샤는 20대이고 미혼인데, 이 부부는 최근에 주로 이 막내딸 문제로 갈등하고 있다. 이 가족은 보수적인 청교도 교파에 속해 있다. 조지와 다이애나는 이마고 부부치료를 받고 있다. 그들은 집에서 다음과 같은 대화를 했다고 보고했다.

다이애나: 나는 마샤가 남자애들을 대하는 태도가 싫어요. 나는 우리가 그애에게 그 얘기를 해 줘야만 한다고 생각해요. 그 애가 결혼하기 전까지는 우리에게 책임이 있으니까 우리가 이끌어 주어야만 해요.

조지: 저런…… 난 그애가 대학에 들어갔을 때 이미 그러기를 포기했소.

7남매의 막내인 다이애나는 이마고 작업을 하면서 티셔츠 뒷면에 '내 말을 무시하지 마세요.' 라고 쓰고, 앞면에는 '나의 공로를 인정해 주세요.' 라고 썼다. 다이애나의 개인적인 상처가 히스패닉의 문화적 기대, 즉 부모는 자녀가 성인이 되어도 계속해서 돌볼 책임이 있으며, 자녀들은 나이에 상관없이 부모의 조언을 존중해야만 한다는 생각과 얽혀 있었다. (우리 동양-아시아권 문화적 기대와도 매우 흡사함: 역자 주)

그리 놀랄 일은 아니지만, 마샤는 가족이 함께했던 회기에 자신의 슬로건을 쓴 티셔츠를 입고 나타났다. 역시 막내로서 앵글로 문화에 많이 노출되어 있었던 그녀는 '나를 지배하려 들지 마세요.' 와 '내 능력을 존중해 주세요.' 라고 썼다. 즉, 마샤의 경우에는 개인적 · 세대적 · 문화적 상처가 드러나게 되었던 것이다.

맏아들인 조지의 중요한 바람은 '비판하지 마세요.' 와 '나를 믿어 주세요.' 에 표현되어 있다.

다음은 그들이 교착 상태로부터 진정한 대화로 변화하는 모습을 보여 준다.

다이애나: 그래요. 내가 자랄 때는 아이들이 결혼할 때까지 거의 부모 집에서 살았어요. 부모의 가치관으로부터 벗어나려 하면서도 이렇게 빨리 집을 떠나는 일은 없었어요.

조지: 마샤가 어른이기 때문에 내가 어떤 책임도 지려 하지 않아서 당신은 마음이 상했단 말이지요.

다이애나: 그래요. 그애가 어떤 스타일의 삶을 원한다고 해서, 무엇을 하고 싶어 한다고 해도 우리가 인정하지도 않으면서 왜 거기에 굴복해야 하나요?

조지: 그러니까 당신은 우리가, 아니 주로 내가 뒤로 물러앉아 그 아이가 우리가 인정하지 않는 것을 선택하는 것을 그저 바라만 보고 있어서 두렵고 화가 난다는 거죠. 그 아이가 그런 선택을 피하도록 도와줄 책임이 우리에게 있는데 말이죠.

다이애나: 네. 전에 우리 가족은 그러지 않았어요. 우리는 모두 우리가 생각하는 것을 서로에게 아주 솔직하게 얘기했어요. 상대방이 받아들이려 하지 않을 수도 있겠지만, 그것 때문에 우리 생각을 얘기 못하진 않았어요. 염려하는 마음에서 얘기하는 거였죠. 우리 가족은 항상 그랬어요.

조지: 당신은 소외감을 느끼는 것처럼 들리는군요. 내가 당신을 내팽개쳐 두고 있고, 당신은 모두가 서로 다른 방식으로 생각하는 이 앵글로라는 환경 안에서 혼자인 것처럼 느끼는군요.

다이애나: (울면서) 그래요.

조지: 당신이 왜 그런 식으로 느끼는지 알 수 있어요. 유일하게 당신 편이어야 하는 나로부터 때때로 버림받고 혼자인 느낌이란 거죠. 당신 입장에서는 우리가 누군가를 사랑한다면 그들이 필요로 하는 것에 대해 우리가 최선의 판단을 해 줌으로써 그들을 돕는 일을 결코 멈추지 말아야 한다는 것, 이해해요. 내가 잘 들었나요? 이해받았다는 느낌이 드나요?

다이애나: 그런 것 같아요. 다만 우리가 우리 딸을 위험으로부터 보호해 주지 않고 뒤로 물러나 앉아 있는 것을 생각하면 정말 화가 나요.

조지: 당신은 내게 화가 났군요. 그리고 당신은 이 상황에 대해 무력감과 절망감을 느끼는군요.

다이애나: 그래요.

조지: 좀 더 얘기해 봐요.

다이애나: 지금 당장은 더 할 얘기가 없어요.

조지: 저, 나는 마샤가 똑같은 얘기 좀 그만하라고 말하는데도 우리가 그 얘기를 계속함으로써 혹시 대화가 단절되는 건 아닌지 그게 걱정이 되는 거예요. 당신은 부모의 양심이나 만족시키려고 들지, 그것이 마샤를 우리로부터 멀리 쫓아내든 말든 상관하지 않는다고 생각하면 난 정말 화가 나요.

다이애나: 당신은 우리가 그애를 돕는 것을 원하지만, 마샤가 적대감을 덜 느낄 수 있는 방법으로 해야 된다는 거죠. 그리고 내가 책임감 있는 부모가 되는 것에 더 관심이 있는 나머지, 그애와 공감대를 형성하는 일에는 별 관심이 없다고 생각하면 당신은 정말

화가 난다는 말이죠.

조지: 맞아요. 당신이 "우리 집에서는 이렇게 했어요."라고 말하는 것을 들으면 정말 마음이 언짢아요. 마치 지난 20년 동안 우리들의 집은 없었던 것 같잖아요. 당신은 애들에게 뭐든 하고 싶은 말을 다 하고, 나머지 사태를 수습하는 건 다 내 몫인 것 같다는 생각이 때때로 들어요.

다이애나: 내가 코스타리카에서 살던 이야기를 하면 당신은 실망스러웠군요. 그리고 내가 불쑥불쑥 생각나는 대로 말한 반면, 애들을 잘 무마하는 것은 당신이어야만 했던 것이 버거웠고 화가 났다는 거죠.

조지: 그래요. 난 내가 불가능한 일을 해야만 하는 느낌, 내가 통제할 수 없는 것을 통제해야만 하는 느낌이었어요. 아이들의 행동 같은 것은 통제할 수가 없죠. 나는 내가 모든 해답, 모든 기술을 다 가지고 있다고 생각하지 않아요. 애들한테 내가 이렇게 하는 게 맞는지 늘 확신이 안 서요. 특히 청소년기 애들에게는 말이에요. 난 도움이 필요해요.

다이애나: 당신은 책임이 너무 무겁고, 애들을 다룰 때 늘 확신이 없었다는 거죠. 당신은 내가 당신의 협력자라고 느끼기를 원했군요. 당신이 항상 강해야만 할 필요가 없도록 말이에요.

조지: (울면서) 맞아요.

다이애나: 당신이 통제할 수 없는 일, 아마 그 누구도 통제할 수 없는 일일 것이라고, 왜 그렇게 느꼈는지 이해할 수 있을 것 같아요. 아버지로서 굉장히 책임감을 느꼈으리라는 것도 이해가 돼요. 특히 당신은 장남이었고 늘 앞장을 서게 되어 있었으니까요. 당신

이 나의 도움이 필요하다고 느끼는 것도 이해가 돼요. 때때로 당신의 필요가 매우 절실하고, 당신은 두렵고 외롭다는 거죠. 더 얘기해 보세요.

조지: 그게 다예요. 이제는 마샤에 대해 우리가 다른 목표를 가지고 있다는 것에 대해서 별로 걱정이 안 되네요. 당신이 내 말을 듣고 이해해 준 느낌 때문에 찌르는 것 같은 고통이 사라졌어요. 우리가 무엇을 하고 무엇을 하지 말아야 하는지에 대해 앞으로 우리가 무슨 말을 하더라도 훨씬 편안해진 느낌이에요.

다이애나: 당신이 기꺼이 들어 준다면 난 아직 더 하고 싶은 얘기가 있어요.

조지: 좋아요, 해 봐요.

다이애나: 당신이 그런 말을 해 줘서 기뻐요. 나도 당신이 나의 느낌과 의견에 대해 좀 더 배려해 준 느낌이 들어요. 당신이 내 반대편이 아니라 당신과 내가 부모로서 좀 더 한 팀이 된 것 같아요. 다만 내가 아이들을 대할 때 당신이 생각하는 것보다 더 많이 자제했다는 걸 좀 알아 주었으면 좋겠어요. 때로는 내가 그렇게 해야만 한다고 생각하는 것보다도 더 많이 자제했어요. 나는 당신과 협력하기를 원했고, 당신의 방식으로 아이들을 대하기를 원했어요. 그렇지만 당신이 무언가를 하거나 무언가를 말해 주길 기다리다가 지쳤던 거예요. 결국 나는 나쁜 사람이 되고 당신은 좋은 사람이 된 거죠.

조지: 당신은 내가 당신이 자제를 했고 나와 협력하기를 원했지만 내가 좀 더 주도적이 되고 아이들에게 이야기하지 않아서 절망스러웠다는 걸 내가 알아 주었으면 하는군요. 당신을 희생시켜서 내

가 좋은 사람이 되려고 하지 않기를 내게 바라는 거고요.

다이애나: 맞아요.

조지: 나의 수동성 때문에 당신이 나쁜 사람이 되는 걸 당신이 원치 않는다는 점을 이해해요. 그리고 당신이 나와 협력하기 위해 기울였던 노력을 내가 알아 주지 않아서 당신이 매우 상처를 받은 것 같네요.

이 대화에서 두 사람 모두 상대방의 개인적/문화적 스타일을 들어 주고 승인해 주었지만 합의에는 이르지 못했다. 그들의 이해와 공감은 행동 변화의 약속까지 포함하지는 않았다. 그렇지만 각 파트너가 서로의 차이점에도 불구하고 존중해 주고 존중받는 경험을 한 것 그 자체가 큰 변화(transformation)였다.

차이점을 존중하는 것은 치료 윤리로 언급된다. 앵글로계 치료사가 히스패닉계 커플이나 또는 어떤 커플을 상담한다는 것은 그 커플들이 서로 대화하는 것처럼 그들과의 대화에 참여한다는 것을 의미한다. 치료를 한다는 것은 자기 자신의 가치관을 옹호하는 한편, 다른 사람들의 가치관에 공감하는 일을 번갈아 하며, 두 가지의 관점 모두를 통합하고 초월하는 초문화적 비전, 즉 새로운 창조에 열려 있어야 한다는 것을 포함한다.

다른 사람의 문화의 어떤 면을 수용하는 것이 그 초월적인 비전을 반영하는 것인지, 아니면 우리 자신의 공생 또는 부합하려는 성향에서 나오는 것인지는 결코 확신할 수가 없다. 이와 마찬가지로 우리는 다른 사람의 문화에 대한 우리의 비판이 그 비전의 결과인지, 아니면 우리의 공생 또는 편협주의의 결과인지를 결코 확신할 수가 없다. 다만 우리가 아는 것은 공감과 승인을 제공하는 것이 우리의 개인적인 가정(假定)뿐 아니라 우리의 문화적인 가정(假定)을 위험에 빠뜨린다는 것이다. 예를 들어서, 나는 히스패닉 문화 안의 프라이버시 주제를 더 인정하게 됨에 따라 보다 직접적이고 직면하는 식인 나의 앵글로 성향에 대해 의문을 품게 되었다. 반대로 권위의 주제는 앵글로가 강조하는 개인의 선택과 성장(내가 선호하는 것)의 정반대로 보였기 때문에 나는 그것에 반대한다. 반면 나뿐 아니라 많은 히스패닉 내담자들에게 호감을 사는 것은 이마고 치료의 권위적인 구조와 지침이다.

개인적으로 또는 문화적으로 우리의 현재의 관점을 초월한다는 개념은 문화를 가로지르는 영적 주제, 즉 겸손, 그리고 우리 자신의 것을 뛰어넘는 지혜와 자원들에 대한 신뢰라고 하는 영적 주제와 관련이 있다. 연결과 개별화가 보다 성숙한 수준으로 발전하는 것은 위험을 수반한다. 그래서 우리와 우리의 파트너들은 부분적으로는 서로 지지해 주고 부분적으로는 보다 거대한 우주의 모형(母型, matrix) 또는 과정(process)에 의지한다. 이번 장에 소개된 두 커플 모두 그들이 알고 있는 하나님이 그들이 서로 함께 위험을 무릅쓰는 것을 지지해 주고 있다고 생각한다는 것을 간접적으로 표현했다. 그리고 이마고 이론은 개인적이고 문화적인 치유와 성장을 돕는, 이렇게 보다 광대한 맥락을 가리키기 위해 자연과 우주 또는 과정에 대해 말하고 있다.

편저자의 말

각각의 소수민족 문화 배경을 가진 내담자들의 치료에 대해 전문적 지식을 가지고 있는 치료사는 거의 없다. 다행스럽게도 소수민족인 그룹의 사람들의 상담에 있어서 가장 중요한 것은, 호머 베인이 지적한 바와 같이 특정한 문화의 기초를 이루는 일반적인 주제들을 이해하는 것이다. 그리고 그러한 주제들에 대해 배우는 가장 좋고 쉬운 방법은 소수민족 내담자에게 질문을 하는 것이다. 사람들은 대부분 그들의 문화의 독특성을 반영하는 신념과 의식에 관하여 질문받는 것을 좋아한다. 그들은 누군가가 그들의 어린 시절을 형성해 온 문화적 사고방식에 대해 알고자 할 정도로 많은 관심을 가지고 있다는 것을 기뻐한다. 치료사들은 자신들이 내담자들의 특정한 문화에 대해 무지한 것을 부끄러워할 필요가 없으며, 의문이 생기면 반드시 질문해야만 한다. 우리 자신의 문화와 다른 어떤 문화를 접할 때 문화적으로 적절한 상담을 하기 위해 필요한 정보를 얻는 것 외에는 달리 방법이 없는 경우가 대부분이다.

호머 베인(Homer Bain) 박사가 히스패닉계 커플을 치료하면서 발견한 다섯 가지 문화적 주제에 대한 논의를 통해 문화적 인식의 중요성이 강조되었다. 이러한 주제들에 대해 우리가 놀라는 것은 그것들이 두 개의 양 극단을 너무도 멋지게 융합시키고 있다는 점이다. 히스패닉 문화 안에서 프라이버시와 정서성, 연대감과 권위라고 하는 양 극단의 긴장은 균형을 제공한다. 따라서 치료사는 히스패닉계 커플을 치료할 때 그들의 관계 안에서 프라이버시와 정서성, 연대와 권위, 그 밖의 양 극단을 통합하고 이러한 반대 성향들을 표현해야 하는 커플의 필요를 인식해야만 한다. 이들 모순된 성향처럼 보이는 것들을 잘 이해하지 못한다면 치료사들은 히스패닉계 커플들을 돕는 데 있어 상대방의 골프공이 자신의 진로를 방해하는 위치에 놓여 있을 때처럼 능력을 사용하는 데 방해를 받게 된다.

모든 양 극단 중에서도 가장 근본적인 것은 아마도 연결과 개별화의 문제일 것이다. 베인 박사가 이야기하듯 연결과 개별화는 상호수용적이다. 이 말은 내적으로 모순이 있는 것처럼 보인다. 특히 북아메리카의 문화는 개별화가 목표라고 선언한 마당에 어떻게 연결과 개별화가 상호수용적일 수 있단 말인가? 이마고 치료에 따르면 서로의 생각과 감정을 거부하는 것이 아니라 승인해 주는 것은 '당신은 존재합니다.' 라고 말해 주는 것이다. 우리가 서로 불일치함에도 불구하고 공감적 이해를 기초로 연결될 때, 우리는 분리되어 있으면서도 동시에 연결될 수 있다. 내가 왜 나의 이상한 문화적 신념을 가지고 있는지 당신이 볼 수 있으면서도, 나도 똑같이 이상하다고 보는 당신 자신의 신념을 여전히 가지고 있을 수 있다면 우리는 연결되어 있으면서 또한 서로 분리되어 있는 것이다.

충분히 생생한 친밀감을 유지하기 위해서는 우리가 어떤 문화를 가지고 있든 위험을 무릅써야만 하는데, 그것도 아주 많이 그렇게 해야만 한다. 치료에서 위험을 무릅쓰라는 요청을 받을 때, 말하자면 상처받기 쉬운 부분에 대해 이야기하라는 요청을 받을 때 내담자는 "나는 그 길로 내려가기 싫은데요." 하며 반대할는지도 모른다. 이것은 그 길이 내려가기 너무 힘든 길이기 때문이 아니다. 그들은 자기 혼자만의 생각 안에서는, 전에도 여러 번 그 길을 내려갔었다. 그들은 상대방이 동행하고 지켜보고 있는 가운데 그 길을 내려가는 것이 두려운 것이다. 그 이유는 '일단 당신이 정말로 나를 알게 되면 그것을 사용해서 나에게 피해를 줄 것' 이라는 두려움 때문이다. 정말로 우리의 약점들을 알고, 그 약점들을 이용하여, 마침내 우리를 지배하게 되는 사람에 대해 우리는 두려워하고 있는 것이다. 이 두려움은 대체로 사실무근이라는 것을 발견하는 것 자체도 위험하다. 우리 자신과 우리의 파트너에 대한 진실들은 사실 그 어떤 거짓말보다도 더 위협적인 것이다.

우리는 '두려움을 느껴라. 그래도 그것을 하라.' 는 충고를 받아왔다. 치료실에서, 그리고 그들의 티셔츠에 그들이 정말로 누구인지 공표하고 그들이 필요로 하는 것을 요청함으로써 베인 박사의 커플들은 연약함과 더불어 힘을, 그리고 그들의 두려움 아래 숨겨져 있었던 용기를 발견하게 되었다.

07

'알지 못함'의 자세로 성적 성향에 관련된 주제 다루기

마야 콜먼(Maya Kollman)

마음속에 풀리지 않는 모든 것들에 대해 인내심을 가지세요.
질문을 사랑하려 노력하고
주어질 수 없는
해답을 찾으려 하지 마세요.
그대로 살 수는 없을 테니까요.
모든 것을 살아 보세요.
현재의 질문을 살아 보세요.
그러면 언젠가 먼 훗날
점차 자신도 알지 못하는 사이에
그 해답을 찾고 그대로 살게 될 테니까요.

- 릴케(Rilke)

'알지 못함' 의 자세로 산다는 것은 무엇을 뜻하는 것일까? 간단히 말해서 그것은 우리 자신이나 우리의 파트너 또는 함께 치료 작업을 하는 내담자들에게 무엇이 가장 좋은지에 대한 판단을 보류한다는 것을 의미한다. 우리의 생각이 옳다는 확신을 위해 우리에게 필요한 것은, 하나의 진리는 그것과 반대되는 진리를 가지고 있는 다른 사람들 앞에서는 존중되거나 수용적이 되는 것을 불가능하게 만든다는 사실이다. 우리의 진리를 우리의 생존과 연관짓는다면 우리는 그 진리의 생존을 지키기 위해 물불을 가리지 않을 것이다. 그러나 우리는 새로운 가능성에 닫혀 있게 될 것이다. 오래되고 때로는 위험한 패턴에 갇히게 될 것이다. 낭만적 파트너들 사이에서 국가들 간에, 부모와 자녀 사이에서, 그리고 상담치료실 등의 모든 관계 상황에서 이런 모습을 볼 수 있다. 이마고 치료(Hendrix, 1988)의 매력은 이러한 경직된 방어적 태도로부터 벗어날 방법, 즉 '알지 못하는' 자세로 사는 방법을 제공한다는 것이다.

아마도 이마고 치료의 이러한 면이 나와 공명이 된 것 같은데, 이는 부분적으로 나의 개인적인 내력 때문이다. 결혼 후 나는 남편과 어떤 문제로 치료를 받았다. 여러 면에서 강렬한 관계 때문에 생긴 문제였다. 나의 주요 주제는 여자인 내가 여자들에게 마음이 끌린다는 것이었다. 긴 시간에 걸쳐 우리는 5명의 치료사들에게 갔었고, 그중 3명은 사실상 부부대화치료를 했다. 그러나 모든 치료사들은 내가 여자에게 끌리는 이유가 내가 남편과의 관계를 개선시키는 데 필요한 작업을 하기를 두려워하고 저항하는 데서 유래하는 것으로 보았다. 아무도 그 끌림을, 그 말 그대로, 즉 그 자체로서 자연스럽게 지칭되어야만 하는 어떤 정당한 실체로는 보지 않았다.

남편과 내가 설명을 들었던 '작업' 은 이성애적 커플 간에 친밀감을 발전시키고, 보다 낭만적이 되는 방법을 찾고, 어린 시절의 상처를 탐색하며 분노를 표현할 수 없었던 일을 점검하는 것이었다. 불행하게도 이러한 치료 과정은 내가 몇 년 전 친밀한 관계를 가졌던 여자에 대해 계속해서 강렬한 감정을 가지고 있다는 그 사실과는 거의 아무런 상관이 없었다. 그 당시 나는 나의 감정에 너무 놀라서 즉시 그 관계를 청산하고 결혼에 다시 헌신했었다. 그리고 그때 치료도 받았는데, 그런 나의 동성애적 감정이 나의 어머니에 대한 신경증적 애착 증상이라는 말을 들었다.

남편과 내가 만났었던 치료사들이 그런 분석과 판단에 의존하는 대신 좀 더 호기심을 가지고 그 상황과 나의 위치를 고찰했었다면 아마도 치유가 좀 더 빨리 시작되었을 것이다. 해석하기보다 반영해 주는 접근법을 사용했었더라면 나는 내가 충분히 안전하다고 느꼈을 것이고, 나의 진정한 감정을 표현할 수 있었을 것이고, 남편 또한 마음 편히 반응할 수 있었을 것이다. 커플의 결합을 유지하려는 목표가 아니라 파트너들이 무엇이든지 서로에게 진실을 말할 수 있도록 허락하는 목표로 재구성했었다면 우리는 그것을 직면할 수 있었을 것이고, 나아가 우리가 잃어버린 것에 대해 애도할 수도 있으며, 우리 자신과 서로에 대해 동정심을 보일 수가 있었을 것이다. 그러나 이런 식으로 상황이 전개되기 위해서는 치료사가 '알지 못함' 의 입장에서 시작했었어야만 했다.

다음은 한 파트너의 성문제와 관련하여 비슷한 질문을 가지고 나를 찾아왔던 커플과의 첫 회기에서 발췌한 것이다. 나는 이 회기를 다른 모든 회기를 시작하는 것과 똑같이 그들이 내게 말해 주기 전에 내가 그들의 딜레마에 대해 뭔가를 알고 있다고 가정하지 않는, 그러니까 열려 있고, 존중해 주는 '알지 못함' 의 입장에서 시작했다.

치료사: 두 분은 어떻게 해서 여기 오게 되셨나요? 누가 먼저 시작하셔도 괜찮아요. 두 분 얘기를 모두 듣고 싶어요.

수전: 우리는 결혼한 지 4년이 되었고 아이가 둘 있어요. 내가 얼마 전에 더 이상 비밀로 할 수 없어서 존에게 고백한 게 있어요. 난 대학에 다닐 때 스테파니라는 여자와 친밀한 관계를 가졌어요. 나는 너무나 그녀와 함께 있고 싶었어요. 그녀를 사랑하는 것 같았죠. 그렇지만 그것은 옳지 않은 일이었어요. 만약 부모님이나 교회에서 알았더라면 난리가 났을 거예요. 난 너무나 죄책감이 들어서 그 관계를 끝냈고, 그 친구를 잊겠다고 결심했죠. 그 후 존을 만나 결혼했어요. 1년 동안은 괜찮았어요. 난 직업이 있었고, 교회 일도 많이 했어요. 그리고 임신해서 딸도 낳았죠. 그러나 그때부터 스테파니가 그리워지기 시작했어요. 그리고 지금까지 3년 동안 그녀에 대한 나의 감정은 점점 더 강해졌어요. 지난 크리스마스 때 파티에서 우연히 그녀를 만났는데, 나의 감정이 너무도 강렬해서 마음속에 품고 있을 수가 없었죠. 결국 존에게 털어놓았죠. 난 겁이 났고 남편도 마찬가지였어요. 나는 남편을 사랑하지만 스테파니에게 대해 느끼는 것처럼 그렇게 느낀 적은 결코 없었어요. 그리고 이제는 더 이상 존에게 친밀감을 느낄 수가 없어요. 남편에게 말하기 전 나는 너무 우울해져서 정말 죽어버리려고 생각했었어요. 정말 어떻게 해야 좋을지 모르겠어요.

치료사: (수전에게 반영, 인정, 공감해 준다.) 이제는 존, 당신의 경험을 이야기해 주세요.

존: 수전이 내게 이야기해 주었을 때 어떤 면에서는 안심이 되었어요. 수전이 나와 신체적인 접촉을 하지 않으려는 이유가 나의 무엇인가가 수전을 역겹게 만들기 때문일 거라고 생각했었거든요. 난 아내를 정말 깊이 사랑해요. 그렇지만 우리가 완전히 연결되지 못하도록 가로막는 뭔가가 있다라고 항상 느꼈었어요. 난 아직도 어떻게 해야 할지 모르겠어요. 내가 남자로서 사랑받지 못하는 것은 너무도 큰 상처예요. 지난 달 수전이 내겐 없고 스테파니로부터는 받을 수 있는 그것이 무엇인지를 내게 보여 주려고 했어요. 난 사실 그동안 수전이 원한다고 말한 것을 정확하게 하고 있었거든요. 그런데도 내게는 마음이 끌리지 않는다는 거예요. 내가 이것을 얼마나 더 받아들일 수 있을지 잘 모르겠어요.

치료사: (반영, 인정, 공감해 준다.) 두 분의 고통이 제 마음에 와 닿네요. 그리고 두 분이 서로를 매우 존중한다는 것이 느껴집니다. 이 모든 혼란과 고통 중에서도 두 분은 서로를 비난하지 않고, 자기 자신의 고통뿐 아니라 상대방의 고통도 느끼시고 계시군요. 두 분은 분명 서로를 굉장히 배려해 주시네요. 의자를 옮겨서 서로 얼굴을 마주 보면서 두 분에게 어떤 일이 벌어지고 있는지 계속해서 탐색해 보실까요?

(커플이 의자를 옮겨 얼굴을 마주본다.) 아까는 수전이 먼저 시작했으니까, 존, 이번엔 당신이 다음 문장을 완성해 보시겠어요? '여기 앉아서 당신과 이야기를 시작하려는 지금 내가 경험하고 있는 것은……'

존: 여기 앉아서 당신과 이야기를 시작하려는 지금 내가 경험하고 있는 것은 좌절감, 슬픔, 두려움, 혼란이에요.

수전: (반영한다.)

치료사: 그리고 수전도 다음 문장을 완성해 보세요. '여기 앉아서 당신과 이야기를 시작하려는 지금 내가 경험하고 있는 것은… …."

수전: 여기 앉아서 당신과 이야기를 시작하려는 지금 내가 경험하고 있는 것은 수치심, 죄책감, 사랑, 두려움, 슬픔이에요.

존: (반영한다.)

치료사: 두 분 모두 이제부터 더 많은 이야기를 나누실 수 있어요. 나는 이야기를 듣는 분께 상대방이 하는 얘기를 반영해 주고 정확하게 이해했는지 물어보도록 요청할 거예요.

존: 난 우리 두 사람과 아이들을 위해 우리가 이렇게 하는 것이 효과가 있으면 정말 좋겠어요. 그렇지만 내가 어떻게 하든 아무 소용이 없어요.

수전: (반영한다.) 내가 잘 이해했나요?

존: 그래요, 맞아요.

치료사: 존에게 더 이야기하고 싶은 것이 있는지 물어보세요.

수전: 더 이야기하고 싶은 것이 있어요?

존: 없어요.

치료사: (존에게) 열심히 노력해도 아무것도 변하지 않는 것에 대해 어떻게 느끼시는지에 대해서 좀 더 이야기해 주세요.

존: 결국은 내가 부적절하다는 느낌이 들어요. 해결할 수 있는 방법은 내가 여자가 되는 것뿐이라는 것을 알아요. 그렇지만 내 마음속에서는 이런 말이 들리죠. "네가 좀 더 남자다웠더라면, 잠자리

에서 좀 더 잘했더라면, 더 많은 돈을 벌어다 주었더라면 수전의 마음이 스테파니가 아닌 나에게 끌렸을 거야."라고.

수전: (반영한다.) 내가 잘 이해했나요? 더 얘기해 봐요.

존: 난 정말 절망스럽고 두려워요. 그리고 당신이 그것을 알고 있었으면서 나에게 이야기해 주지 않았던 것에 정말 화가 나요.

수전: (반영한다.) 더 얘기하세요.

존: 이제 됐어요.

치료사: 두 분 모두 정말 잘하고 계십니다. 수전이 알 수 있도록 존이 자신의 고통을 정말로 잘 이야기해 주었고 또한 수전은 존의 이야기를 잘 들어 주어서 제 마음이 든든해요. 이제는 바꿔서 수전이 이야기하고 존이 반영해 주세요.

수전: 당신이 솔직하게 이야기하고 있는 것은 알지만 난 당신 얘기를 듣기가 정말 힘들어요. 내가 당신의 고통에 대한 얘기를 들을 때, 난 그냥 스테파니에 대한 감정이 사라진 척하고 당신과 내가 다시 옛날처럼 함께 살 수 있는 척하고 싶어져요.

존: (반영한다.) 더 얘기해 봐요.

수전: 당신과 정말 잘해 보고 싶지만 그럴 수 없다는 걸 난 알아요. 낭만적인 분위기에서 저녁 식사도 하고, 대화도 좀 더 잘 해 보고, 성적으로도 노력해 보고, 서로 원하는 것이 무엇인지에 대해서도 이야기를 더 많이 나누었지만, 아무 소용이 없었어요. 스테파니에 대한 감정을 없애 버리려 하면 할수록 그 감정이 더 강렬해졌어요.

존: (반영한다.) 더 얘기해요.

수전: 나도 당신과 같은 느낌인 것 같아요. 아무리 노력해도 상황이 변

하지 않을 것 같아서 결국 기분이 나빠지고 죄책감이 들고, 우리가 다시는 행복해지지 못할 것이라는 절망감이 들어요.

존: (반영한다.) 더 얘기해 봐요.

수전: 이제 됐어요.

치료사: (수전에게) 죄책감과 절망감에 대해서 좀 더 얘기해 주세요.

수전: 난 이 모든 것이 다 사라질 수 있게 만들 수 있으면 좋겠어요. 당신에게 상처 주기 싫어요. 그렇지만 살아 있다는 느낌, 연결되는 느낌 없이 사는 것도 싫어요. 그런데 그런 느낌을 가질 수 있는 때는 스테파니와 함께 있을 때뿐이었어요. 이것도 사랑일 텐데, 그런데 왜 하나님 보시기엔 나쁜 것이 되는 건지 이해가 안 되네요.

존: (반영한다.) 더 이야기하고 싶은 것이 있나요?

수전: 내가 얼마나 당신을 염려하는지 당신이 알아 줬으면 좋겠어요.

존: (반영한다.) 더 하고 싶은 얘기가 있어요?

수전: 아니요.

그들은 회기를 끝마칠 때까지 이런 식으로 대화했다. 나는 그들의 감정을 심화시키고 현재의 좌절감을 어린 시절의 경험과 연결시키는 것을 돕기 위해서 계속해서 문장 완성을 사용했다. 회기를 마칠 때까지 아직 해결에 도달하지 못했고, 수전과 존은 여전히 고통 중에 있긴 했지만, 그들은 모두 자신의 감정에 대해 솔직하게 이야기할 수 있었던 것이 좋았다고 말했다.

치료사: 마지막으로 각자 다음 문장을 완성해 보십시오. '이번 회기

를 끝마치는 지금 내가 경험하고 있는 것은…….'

수전: 이번 회기를 끝마치는 지금 내가 경험하고 있는 것은 감사예요. 이런 얘기를 할 수 있는 안전한 장소가 있다는 것에 대해, 그리고 당신이 나와 함께 기꺼이 머물러 주었던 것에 대해 감사해요.

존: (반영한다.) 내가 경험하고 있는 것은 혼란이에요. 이런 식으로 이야기하는 것은 나를 더 혼란스럽게 만들어요. 우리가 얼마나 서로 가깝게 느낄 수 있는지 상기시켜 주면서도 왜 그래도 효과가 없는지 이해할 수가 없거든요. 우리가 화가 나고 서로 멀게 느껴질 때는 상처는 덜 받지만 사실 기분이 훨씬 더 나쁘죠. 그렇지만 종합적으로 보자면 나도 우리가 이렇게 이야기할 수 있어서 감사해요.

수전: (반영한다.)

치료사: 두 분이 연약한 모습도 드러내고 용기를 보여 주어서 내 마음이 풍성해졌어요. 두 분만 괜찮다면 지금 당장 어떤 결정을 내리기보다는 천천히 진행하면서 좀 더 탐색해 보면 좋겠습니다. 일주일에 한 번씩 오셔서 두 분의 관계를 어떤 방향으로 진행할지에 대해 서로 대화를 나누실 것을 제안합니다. 또 부부 워크숍과 부부 그룹에도 참석하실 것을 제안합니다.

수전과 존은 약 두 달 후에 부부 워크숍에 참석했는데, 거기에서 그들은 각자 새로운 인생을 시작할 필요가 있다고 결정했다. 워크숍 후 가진 회기에서 그들은 '작별하기'의 과정을 밟았다. 그들은 또한 비슷한 문제로 씨름하고 있는 다른 커플들이 모이는 그룹에도 참석했다.

비록 아직 재정 때문에 같은 집에서 살고 있기는 하지만, 그들은 이혼했다. 존은 다른 여자들을 자유롭게 만날 수 있도록 이혼을 선택했다. 수전은 스테파니와 다시 관계를 시작하기를 원했고, 아직 아이들에게 스테파니를 소개하지는 않았지만 그녀와 데이트를 하고 있다. 수전과 존은 아직도 그들 삶의 세부 사항을 의논하기 위하여 일주일에 한 번씩 만나 대화를 나눈다.

1 성적 기호에 관련된 주제 다루기

이마고 치료의 핵심적인 기본 원칙은 내담자들을 위한 안전감을 만드는 것이다. 안전감은 특히 치료사가 커플에게 어떤 것이 효과가 있고 어떤 것이 효과가 없을지에 대한 선입견 때문에 방해받지 않고 치료에 임하려는 자발성에 의해서 촉진된다. 성적 기호에 관련된 주제를 다룰 때 '알지 못함' 의 자세는 더없이 훌륭하고 강력한 힘이다.

자신의 성적 기호에 대해 혼란을 느끼는 파트너는 이러한 자기 의심이 자기 자신에 대해 무엇을 의미하는지에 대해, 그리고 그것이 앞으로 결혼생활에 어떤 영향을 주게 될지에 대해 매우 놀라게 된다. 이런 커플들을 다룰 때 가장 먼저 해야 할 것은 대화 과정을 사용해서 두려움을 경감시키고 나눔을 촉진하는 것이다. 치료사는 문장 완성을 사용해서 표면적인 내용 기저에 있는 것을 살피고 연약함과 상처를 드러낼 수 있도록 부드럽게 격려해야 한다. 파트너들에게 천천히 움직이며, 탐색을 위해 필요한 시간을 할애할 수 있도록 안내해 주어야만 한다. 그리고 그들이 발견하게 된 것에 대해 자신이 무엇을 해야 할 필요는 없으며, 그 결과가 어떠하든 서로 함께 대화하는 것이 결국은 그들에게 도움이 될 것이라는 확신을 주어야만 한다.

탐색 기간이 끝난 후에 자기 자신에 대해 의문을 품고 있던 내담자가 자신을 동성애자로 받아들이게 되면, 두 사람 모두 문헌을 찾아보고, 그들의 지역사회 안에서 게이/레즈비언 자원들을 구하도록 격려해야만 한다. 만약 그들이 비슷한 커플들이 모이는 그룹에 참여해서 똑같은 상황에 있는 다른 사람들과 혼란, 분노, 상처, 두려움을 나눌 수 있다면 강력한 치유의 경험을 할 수도 있다.

그 사람이 게이/레즈비언인지 양성애자인지에 대한 의문이 적절히 처리되었을 때라도 다른 의문이 남는다. 내가 정말 게이/레즈비언 또는 양성애자일지라도 내가 이제껏 이룩해 온 삶을 정말로 떠나기를 원하고 있는가? 그렇다면 아이들은 어떻게 될 것인가? 내가 그것을 밝히면 직장이 위태롭게 되는 것은 아닐까? 나의 이성 배우자를 정말로 사랑해서 그 사람이 고통스러워하는 것을 보고 싶지 않으면 어쩌나? 내가 동성애 때문에 집을 떠나서 연로하신 부모님이 졸도하거나 심장마비를 일으키면 어쩌나?

그렇다고 치료사는 빨리 해결책을 제공해 주기 바라는 커플의 압력에 굴복해서는 안 된다. 그렇게 하는 대신 커플이 그들의 상황의 복잡성에 대해 스스로 인식할 수 있도록 돕고, 그 가운데서 그들이 느끼는 고민을 승인해 주고, 천천히, 조심스럽게 움직이도록 지지해 주는 것이 중요하다.

또한 치료사는 그들이 준비되었을 때, 자신들의 꿈을 상실한 것에 대해 애도할 수 있도록 도와야 한다. 그리고 '작별하기' 과정을 사용해서 그들이 함께하는 동안에 힘들었던 일이나 즐거웠던 일에 대해 이별을 고할 수 있게 한다. 그들의 꿈에게도 이별을 고하고, 그 다음에 미래를 맞이한다. 나는 헤어지는 커플들에게 자기 자신을 도와 꿈을 떠나보낼 수 있도록 하기 위해 이 연습을 여러 번 하도록 권한다. 그들이 그 과정을 통과할 때마다 그들은 자신들이 꿈꿔 왔었던 또 다른 잃어버린 꿈을 애도할 수 있게 되고, 조금 더 새로운 삶에 가까이 다가갈 수 있게 된다.

2 요 약

모든 임상 작업에 있어서 그렇듯이, 우리는 우리가 가지고 있는 지식과 가지고 있지 않다고 생각하는 것 사이에서 균형을 맞춰야 한다. 이 역설 위에서 내담자들과 시작할 때 내게 도움이 되는 한 가지 기법은 각 파트너에게 다음과 같은 어구를 사용하도록 하는 것이다. 당신과 얘기할 준비를 하고, 여기서 당신을 바라보며, 내가 지금 경험하고 있는 것은……. 이 문장을 완성하게 하면 파트너들 사이의 상호작용에, 그리고 치료사와 내담자의 상호작용에 깊은 영향을 줄 수 있다.

이마고 치료는 커플들을 연결시키는 것을 돕는 도구상자를 제공한다. 그리고 이러한 기법을 치료사가 직접 반영해 주고 그들의 경험을 담아 주기 때문에 커플들 자신의 진실이 드러나도록 허용해 주는 것에 특히 전도성(傳導性)이 있다. 또한 성적 기호가 주제인 경우, 이러한 진실이 나타나는 데까지는 시간이 걸릴 수 있고, 그것이 함축하고 있는 것의 파장이 매우 클 수 있다. 그러나 치료사인 우리가 증인이 되어 도와주고, 판단하는 것이 아니라 '알지 못함'의 호기심을 가지며, 추측하는 것이 아니라 인정해 주고, 경직이 아니라 의문을 갖는다면, 우리는 파트너들을 도와 그들이 표면적인 내용으로부터 보다 깊은 감정으로 옮겨갈 수 있도록 도와줄 수가 있다. 오직 진실이 드러날 때만 그들은 이전 것을 놓아 보내 줄 수 있으며 또한 애도할 수 있고, 그렇게 그들 자신의 평화를 되찾을 수가 있다.

편저자의 말

마야 콜먼(Maya Kollman)은 치료사가 아무리 숙련되거나, 경험이 많거나, 선의를 가지고 있다 할지라도 궁극적으로는 내담자 커플 자신들이 그들의 관계에 대해 전문가라는 사실을 우리에게 상기시켜 준다. 콜먼은 동성의 연인과 함께하기 위해 결혼생활을 떠나야 할지, 말아야 할지를 선택해야 했던 그녀 자신의 경험을 인용하면서 부부치료에 있어서 유연하지 못한 접근법 때문에 커플이 도움을 받기는커녕 상처를 입을 수도 있다는 점을 우리로 하여금 고려할 수 있게 한다. 관계에 대해 '진리'라고 알고 있는 선입견(예를 들어, 커플은 '무슨 일이 있어도' 함께해야만 한다고 주장하는 것)을 고수함으로써 치료사는 자신의 상담실에 앉아 있는 커플의 고유한 현실과 한계를 간과할 위험이 있다.

아이러니컬하게도 파트너들의 어린 시절의 상처, 즉 커플의 관계에 의해서 다시 활성화되어 그들로 하여금 치료를 받도록 이끌었던 상처는 '모든 것을 아는' 치료사에 의해서 더욱 확대될 수도 있다. 이러한 경직된 치료적 태도는 커플이 이마고 치료나 다른 치료가 예견하는 방식으로 변화를 보이지 않는 경우, 그 커플을 병리적으로 바라보게 만들 수도 있다. 모든 커플들이 다 같을 수는 없다. 콜먼이 암시하듯이, 치료사의 해석은 그것이 아무리 탁월하다 할지라도 커플의 경험에 어떤 특정한 의미를 부여하게 되며 그 의미는 커플의 '진리' 라기보다는 치료사 자신의 '진리' 에 더 많이 관련된 것일 수 있다.

수전과 존의 사례는 치료사가 '알지 못함' 의 태도를 취하는 것의 중요성을 강조한다. 우리는 치료사가 커플이 대화하는 동안 얼마나 잠정적으로, 정중하게 개입하는지를 볼 수 있다. 치료사는 커플들로 하여금 고통스러운 감정들이 드러날 수 있도록 허용해 주고, 수전의 성적 기호에 대한 혼란, 두려움, 죄책감, 슬픔을 나누는 것을 방해하지 않는다. 또한 치료사는 커플의 대화를 촉진할 때도 그들이 어떤 해결이나 결과를 향해 나가도록 만들지 않는다. 본질적으로 치료사는 어떤 결과가 올지에 대해 알지 못하고 있음에도 불구하고 대화 과정을 신뢰했다. 전적으로 안전하고 열린 분위기를 마련해 줌으로써, 그리고 파트너들을 있는 모습 그대로 수용하는 본을 보임으로써 치료사는 파트너들이 그들 자신의 '진리' 를 발견할 수 있는 장을 마련해 준다.

수전과 존의 경우 그들이 발견한 진리는 그들의 관계를 정리하는 것이었다. 치료사가 확립한 허용과 개방성이 커플로 하여금 헤어지도록 만든 것은 아니며, 만약 치료사의 태도가 경직된 또는 수치심을 주는 것이었다고 할지라도 그것이 그 커플로 하여금 관계에 머물게 할 수는 없었을 것이라는 점은 분명하다. 오히려 치료사가 커플에게 제공하고 본을 보였던 개방성이 그들로 하여금 스스로를 탐색하는 것이 가능하도록 만들었다. 그 결과, 그들은 그들의 진정한 자기를 인정하고 거기에 일치하게 행동할 수 있는 용기를 발견했다.

콜먼은 이 사례의 치료를 자기 자신이 부부치료에서 경험한 것과 대조하면서, 치료사가 어떻게 치료를 수행해야 하는지에 대한 각성을 촉구하는 문제를 제기한다. 예를 들어서, 우리 문화권에서는 오늘날의 개화된 기준에서조차 게이나 레즈비언이 된다고 하는 것은 수치심과 죄책감을 뒤집어쓰게 되는 결과를 낳는다. 동성애적인 욕구를 정신병리로만 해석하는 치료사(저자가 부부치료를 찾았을 때 경험했던 것처럼)는 수많은 게이나 레즈비언들이 고통받고 있는 자기혐오의 짐을 증가시켜 줄 뿐이다. 결국 이런 유형의 치료적 태도는 내담자를 돕기는커녕 도리어 피해를 준다.

커플과 치료사 모두 '알지 못함' 을 견뎌야 할 필요가 있다. 모호함이 불편한 치료사는 이 불편함을 파트너들에게 전달하기가 아주 쉬우며, 파트너들은 마침내 미리 정해진 '그래야만 하는 것' 에 근거해서 결론을 내린다. 비록 이렇게 하는 것이 치료사와 커플의 불편함을 어느 정도 경감시킨다 할지라도 커플의 핵심 문제를 줄여주지는 않는다. 이마고 과정조차도 커플의 성장을 촉진시키는 것이 아니라 치료사의 무의식적인 필요를 채우는 데 사용될 수도 있다. 이 장은 커플의 역동뿐 아니라 부부치료사의 태도 또한 변화시켜야 할 필요성에 대해 열변을 토하고 있다.

참고문헌

Hendrix, H. (1988). *Getting the love you want: A guide for couples.* New York: Holt.

Mahler, M., Pine, F., & Bergman, A. (1975). *The psychological birth of the human infant:* Symbiosis and individuation. New York: Basic Books.

Stern, D. (1977). *The first relationship: Infant and mother.* Cambridge, Mass.: Harvard University Press.

08

중독문제가 있는 커플들을 위한 이마고 부부관계치료

브루스 A. 우드(Bruce A. Wood)

나는 이마고 치료사로서 약물중독 치료와 12단계 회복 과정에 이마고 관계치료를 도입함으로써 중독을 다루는 방법을 개발해 왔다. 이는 전통적인 방법이 효과가 없는 경우 그들의 필요들을 채우는 방법을 찾으려고 노력하며, 내담자들의 이야기를 듣는 과정에서 서서히 발전하게 된 것이다.

1 존과 캐롤

내가 처음 이마고 치료에 대해 배웠을 때 나는 약물중독 외래환자들을 위한 집중 프로그램의 스태프였다. 당시 내가 맡았던 사례

중에 알코올중독 치료를 받던 한 남자가 있었다. 나는 가족 프로그램을 통해서 그의 아내인 캐롤도 만나고 있었다.

50대 중반이며 변호사였던 존은 아내인 캐롤의 주장에 따라 치료를 받게 되었는데, 과거에 금주의 경험이 있었기 때문에 외래환자로 받아들여졌다. 10년 전 그는 2년 동안 AA(Alcoholics Anonymous, 익명의 알코올중독자들의 모임)에 다니면서 금주를 했던 적이 있었다. 아마도 '마른 주정(dry)' 이 더 나은 표현일 수 있겠다. 그는 재발한 후 다시 1년 동안 금주를 했었고, 그다음에 또다시 재발했다. 존이 술을 끊고 AA 모임에 참여했던 것은 캐롤의 압력 때문이었다. 그러나 자신에게 문제가 있다고 보는 다른 사람을 기쁘게 하기 위해 AA에 참여하는 알코올중독자들은 그곳에서의 경험을 통해 그들 스스로 자신들의 음주의 결과를 실제적이고 중대하게 받아들이게 되는 경우에라야만 금주를 지속할 수가 있다. 그렇지만 존은 그렇게 되지 않았다.

내가 실시했던 프로그램에서는 참석자에게 술과 약물 사용에 관련된 자신의 경험을 써 가지고 와서 그룹 앞에서 소리 내어 읽도록 했다. 그리고 약물이나 술을 한바탕 한 후의 부정적인 결과들도 반드시 포함시키도록 했다. 듣는 사람들은 발표자가 에피소드의 결과들에 대해 얼마나 정서적으로 연결되어 있는지에 따라 등급을 매기게 되어 있었다.

존이 속한 그룹의 일치된 의견은 존이 자기가 열거한 사건들의 결과에 대해서 무덤덤해 보였다는 것이었다. 비록 존이 명백하게 언급하지는 않았지만, 그의 음주를 문제로 보고 있는 것은 존 자신이 아니라 그의 아내였던 것이다.

내게는 이 프로그램에서 사용하는 기법이 존에게 효과가 없으리라는 것이 분명해 보였다. 경고로 사용할 수 있는 실직의 위협도 없었고, 음주운전 경력도 없었다. 알코올 사용이 일으킬 수 있는 심리적 장애가 무엇이든, 그의 변호사 업무는 은퇴할 때까지 큰 어려움 없이 충분히 할 수 있을 정도로 일상적인 일이었다. 50대의 남자들은 중독이 건강문제를 일으킬 수 있다는 주장에 대해 젊은 남자들보다 종종 더 많이 영향을 받곤 하는데, 존은 신체적으로 강하고 회복력이 있었다. 그의 자녀들은 이미 다 자라서 독립했기 때문에 존의 음주로부터 거리를 둘 수 있었다. 남은 것은 존의 아내인 캐롤이었다.

존이 캐롤에게 으레 보이는 반응은 "내게 더 이상 뭘 원해요? 난 치료를 받고 있어요. AA도 참석하잖아요. 술도 끊었어요." 늘 그랬듯이 그는 그녀에게 일시적인 순종을 보여 주고 있었다.

존의 태도를 평가한 후, 나는 그에게 치료 그룹에서 그가 나누었던 음주와 관련된 각 에피소드를 동료들에게 했던 것과 똑같이 캐롤에게 이야기하라는 과제를 내 주었다.

그 숙제를 준 후, 처음으로 그가 치료 회기에 왔을 때 나는 존에게 숙제에 관해 보고해 달라고 했다. 그는 눈에 띄게 동요하며 말했다. "했어요. 그런데 그만해야 할 것 같아요. 캐롤이 굉장히 화를 냈거든요." 내가 물었다. "캐롤이 그만두자고 하던가요?" "아니요." "그럼 과제를 계속해서 하시지요."

존에게 비난하는 말이나 수치심을 주는 말은 피하라고 캐롤에게 코치하고 그가 빠뜨린 세부 사항이 하나라도 있으면 그것을 덧붙일 수 있다고 말해 두었다.

존의 이야기는 캐롤로 하여금 그녀의 연속적인 고통스러운 기억들과 감정을 촉발했고, 그녀는 사실상 수많은 끔찍한 세부 사항을 덧붙였다. 중독행동이 다른 사람에게 미치는 영향에 대해서는 중독자 자신보다 가장 가까운 타인이 훨씬 더 많은 것을 알고 있는 법이다. 캐롤은 존에게 그의 음주가 자녀들에게 초래한 많은 결과에 대해 설명했다. 그것은 존이 전혀 모르고 있었던 것들이었다.

그것을 존이 이전에 몰랐던 이유는 그와 캐롤이 서로를 방어하거나, 비난하거나, 양극화하지 않으면서도 서로 의사소통할 수 있는 방법을 아직 발견하지 못했기 때문이었다. 일단 존이 자신의 음주와 그 결과에 대해 캐롤의 메시지를 들을 수 있을 만큼 충분히 안전하다고 느끼게 되자 그는 변화하고자 하는 동기를 발견했다.

존을 치료하기 시작한 지 2년 정도 되었을 때 나는 커플 전문 치료사로서 나의 개인치료실을 열었다. 나는 이마고 부부관계치료사로서 내가 하는 일의 절반 정도는 진행 중인 중독 또는 회복 중의 문제로 고통받는 커플들을 돕는 것이다.

2 마샤와 토니-진행 중인 중독

마샤는 처음에는 개인치료를 위해 나를 찾아왔다. 그녀는 남편이 포르노 잡지를 사용해서 자주 자위하는 문제로 어려움을 겪고 있었다. 마샤는 토니가 폰섹스로 한 달에 지불하는 돈이 100불이 넘는 것을 발견했을 때 개인치료보다는 부부치료로 돌려 달라고 요청했다. 토니는 부부치료사인 나와 기꺼이 만나겠다고 말했다.

마샤는 강박적인 과식으로부터 회복 중이었다. 그녀는 지금으로부터 5년 전 토니와 결혼한 지 얼마 안 돼서 OA(Overeaters Anonymous, 섭식장애자들을 위한 익명의 치료모임)에 참석하기 시작했다. 그녀는 회복 그룹과 함께 엄격한 섭식 계획에 따라 약 1년 동안 음식을 절제했다. 그 후 혼자 할 수 있겠다고 생각하고 그 프로그램을 떠났지만, 곧 그녀는 다시 진탕 먹기 시작했다. 그녀가 처음 나를 찾아왔을 때는 또다시 섭식 계획을 이용해 강박적인 과식을 절제하고 있는 중이었다. 또한 OA에도 열심히 참석하고 있었다.

마샤는 토니가 (본인은 부인하지만) 성중독자란 사실을 알고 있었다. 한편 토니는 마샤가 필요한 것이 굉장히 많고 요구가 지나치다고 여겼으며, 계속해서 그녀로부터 벗어나려 애쓰고 있었다.

그 커플과 함께하면서 내가 처음 목표했던 것은 이들이 같은 편이 되게 만드는 것이었다. 그렇게 하기 위해서 나는 그들이 '한 팀이 되어 서로 협력하도록(collaborative set)' 도왔다. 그렇게 하려면 커플은 그들의 관계 문제에 함께 책임을 지고 함께 해결책을 세우는 것이 필요했다.

마샤는 토니가 자신이 중독이라는 것을 인정하고 SA(Sex Addicts Anonymous, 성중독자들을 위한 익명의 치료모임)나 SLA(Sex and Love Addicts Anonymous, 사랑과 성중독자들을 위한 익명의 치료모임)에 참석할 것을 요구했다. 그리고 그렇게 하지 않는다면 그를 떠나겠다고 말했다. 그녀의 위협이 나에게-아마도 토니에게도-빈말처럼 들리기는 했지만, 그럼에도 불구하고 토니가 나의 치료실에 찾아올 수 있게 할 만큼 충분히 위력이 있었다.

마샤가 그들의 문제에 기여한 것 중 하나는 토니가 '중독' 이라는 용어가 자기 행동에 해당하는 것인지 아닌지를 스스로 발견할 수 있도록 허용해 주려 하지 않았다는 점이다. 나는 수천 명의 알코올중독자들을 치료했던 경험을 통해 진단의 시점으로부터 평균 5~7년이 지나야만 안정된 금주를 달성할 수 있다는 사실을 알게 되었다. 물론 어떤 이들은 금주에 결코 다다르지 못한다. 나는 중립적인 입장을 취했다. 우리는 토니의 성적인 행동이 중독 때문인지, 아니면 마샤에 대한 분노 때문인지 또는 마샤가 비이성적으로 질투하기 때문인지를 확실히 알 수 없었다. 나는 그들의 관계의 전체 그림을 함께 점검해 볼 필요가 있다는 것에 두 사람 모두 동의하게 했다.

그 두 사람의 협력적 관계를 강화하기 위해서 나는 즉시 서로에 대한 그들의 좌절감이 어린 시절의 상처와 어떻게 연결되어 있는지 그들로 하여금 탐색하도록 했다. 나는 유도된 심상을 사용하여 그들의 어린 시절 경험을 기억하도록 도왔으며, 기억난 것을 '부모-자녀 대화법(Parent-Child Dialogue)' 을 사용하여 서로 나누도록 요청했다.

그런 다음 토니에게 패트릭 칸즈(Patrick Carnes)가 성중독에 관해 쓴 책인 『그림자를 넘어서(*Out of the Shadows*)』(Carnes, 1992)를 읽어 오라는 숙제를 내 주었다. 그리고 마샤에게는 대체로 과식하는 사람들이 일단 절제를 선포하면 수면에 떠오르는 주제인 동반의존증에 대해 숙고해 보도록 요청했다.

비록 두 사람 모두 서로에 대한 좌절감은 하나도 나아지지 않았지만, 토니와 마샤는 단시간 내에 그들의 문제를 재조직했다. 그들은 그 문제가 어린 시절의 상처로부터 비롯되었다는 것과, 그러한 상처를 받은 것으로 인해서 두 사람 모두 그 고통스러운 감정으로부터의 도피처로서 강박적인 행동을 사용했다는 것이 놀라울 것이 없다는 것을 깨달았다. 토니는 자기가 성중독일 수도 있으며, 그렇다면 우선은 혼자 다뤄 보도록 노력하는 것이 좋겠지만, 12단계 프로그램에 참석해야 할 필요가 있을지도 모른다는 것을 인정했다.

치료 과정 중 10주가 채 지나지 않았을 때 마샤가 약속을 취소하겠다는 메시지를 보내왔다. 그들은 주말에 싸웠는데, 토니가 떠나겠다고 했다는 것이다.

나는 어떻게 해야 할지 몰라 당황스러웠지만 그들로부터 다시 연락이 오기를 기다리기로 했다. 일주일 후 연락이 왔다. 토니의 마음이 누그러져서 마침내 자기의 성적 충동을 다루기 위해 프로그램에 참석하기 시작하는 데 동의했다는 것이다. 그러나 커플은 그 당시 치료를 계속하기에 충분한 돈이 없었다.

이것은 매우 전형적인 패턴이다. 모든 중독과 맞서게 될 때 개인은 일련의 단계를 거치게 되는데, 인식 전 단계로부터 시작해서, 인식 단계, 결단 단계, 그리고 마침내 행동 단계에 다다른다.

인식 전 단계에서 중독자는 자신의 행동을 문제로 보지 않으며 변화해야 할 필요성을 보지 못한다. 이와 마찬가지로 그런 사람들은 배우자의 불평이 근거가 있다는 것을 인정하기 전에는 부부치료에 오는 일이 드물다. 인식 전 단계에서는 중독의 문제가 있는 파트너가 모든 문제에 대해 논쟁하고, 다투고, 최소화하고 상대방을 비난하기에 급급하다. 한편 동반의존적 파트너는 자신의 행동에 대해 똑같은 일을 한다. 이때 치료사의 과제는 이러한 상태로부터 커플을 상호탐색의 상태로 옮겨 놓는 일이다. 그렇게 하려면 인식에 따르는 모든 갈등과 양가감정에도 불구하고 인식을 허용해 주기에 충분한 안전감의 조성이 필요하다.

인식 단계 동안에는 각 파트너가 그들의 문제에 어떤 기여를 하고 있는지에 대해 초점을 맞추는 치료를 한다. 나의 치료 목표는 파트너들을 도와 그들의 행동의 부정적인 결과에 대해 감정적으로 연결하는 것이다. 이것을 성취하기 위해 나는 그들의 행동이 그들의 자기 이미지(self image)와 얼마나 모순되는지를 알게 해 주고, 그들의 역기능적 행동들이 그들의 목표를 이루지 못하도록 방해한다는 인식을 증진시키기 위해 노력한다. 일단 파트너들이 서로 감정적으로 연결이 되면 인식 단계에서 결단 단계로 넘어갈 수 있게 된다.

부부치료에 있어서 이러한 결단이 구체화되는 것은 종종 위기의 결과로 나타난다. 이런 일이 마샤와 토니에게도 일어났다. 마샤는 일단 토니에게 중독을 인정하라고 다그치는 일을 포기하자 정직하게 영혼을 추구하는 일을 할 수 있게 되었다. 그러나 토니는 토니이기를 포기하지 않았다. 그는 보다 신중해지기는 했지만 여전히 행동화하고 있었다. 격분한 마샤는 다시 한 번 그가 변해야 하며 "그러지 않으면……." 하고 다그쳤다. 토니는 "이제 끝이야."라고 말하면서 복수했다. 그러나 그는 일이 어떻게 된 건지 충분히 알아가고 있었다. 그래서 이제 더 이상은 자기 자신에게조차도 변명할 수 없는 그런 행동들 때문에 결혼생활을 끝장내고 싶은지를 물어보면 토니는 '아니' 라고 대답했다.

문제를 재구성하고, 대화 구조를 사용하고, 새로운 정보를 제공하는 것 모두가 다 함께 작용하여 이 커플로 하여금 그들의 곤경으로부터 벗어나 그다음 단계인 회복과 관계 개선을 향해 나아가는 것을 가능하게 했다.

3 대화와 12단계 모임-연결고리

반영, 인정, 공감의 세 단계로 이루어진 '이마고 부부대화법' 은 모든 12단계 회복 프로그램이 그 구성원들에게 제공하는 것과 똑같은 치유 과정을 제공한다.

중독으로부터 회복 중에 있는 한 참석자(speaker)가 그 방에 있는 다른 사람들에게 자신의 이야기를 들려준다. 그 이야기에는 다음과 같은 것들이 포함된다. 첫째, 중독의 손아귀에 붙잡혀 있을 때는 어떠했는가? 둘째, 어떤 일이 있었기에 회복 과정을 받아들이게 되었는가? 셋째, 회복 과정 중에 있는 것은 어떠한가? 이야기를 듣고 있는 사람들은 회복 이전 단계로부터 오랜 기간의 절제에 이르기까지 회복의 여러 단계에서 고통을 받고 있는 동료들이다. 그들은 그 말하는 사람의 이야기가 그들 각자의 삶에 어떻게 적용할 수 있는지에 대해 이야기를 나눔으로써 반응한다.

12단계 모임에 앉아 있는 것은 거울로 가득 찬 방에 있는 것과도 같다. 말하는 사람은 그 방 밖이라면 비난과 모욕의 반응을 받을 법한 자신의 이야기가 이해와 공감으로 반영되어 되돌아오는 것을 듣는다.

사실상 그 사람의 경험은 이해와 공감의 반영뿐 아니라 더욱 확대된 반영을 받는다. "딱 한 잔만 하면 참을 수 있어요." 와 같은 왜

곡된 발상이 진정 왜곡되었음이 드러나지만 매우 유머러스하게 다루어진다. 게다가 그 방 안에는 권위를 가지고 있는 사람은 아무도 없으며, 아무도 다른 누군가가 어떻게 회복을 성취해야 하는지에 대해 명령하지 않는다.

이러한 허용과 탐색의 분위기는 지난 30년 동안 많은 중독 치료 프로그램이 가지고 있던 특징들과는 정확히 반대된다. 가장 나빴던 것은 상담자들이 환자들로 하여금 '부인하는 것을 깨부수도록' 하기 위해 서로를 모욕하도록 부추겼었다는 것이다. 이렇듯 직면적인 전략에 대한 연구 결과는 그런 방법이 저항을 증가시키고, 치료에서 조기 탈락하게 만들며, 장기적으로 볼 때 형편없는 결과와 상관관계가 있다는 것을 분명하게 보여 준다(Miller & Rollnick, 1991).

이러한 전략들은 또한 배우자들이 중독자들로 하여금 중독이나 동반의존적인 행동을 포기하도록 강요하기 위해 사용할 때에도 효과적이지 못하다. 상대방의 파괴적인 패턴 때문에 너무나 좌절감을 느끼게 되어 강압적인 책략에 의지하게 될 수 있다는 것은 이해할 만한 일이다. 문제는 그러한 책략이 효과가 없다는 것이다. 그러므로 부부치료사는 파트너들로 하여금 서로를 통제하려는 시도를 포기하고, 그 대신 그들이 지각한 것을 나누는 방법을 배우도록 해야 하는 과제를 안고 있다.

4 도린과 마이클-초기 회복 단계

12단계 프로그램 중 처음 2년 정도를 의미하는 초기 회복 단계가 너무나 힘들기 때문에 이 시기 동안에는 부부치료를 감당할 수 있는 커플들이 거의 없다. 만약 그런 부부가 있다면 대개는 위기를 겪고 있기 때문일 것이다.

도린과 마이클의 경우가 그러했다. 마이클은 1년 반 동안 AA에 참석한 후 술과 마약을 하지 않게 되었다. 그는 모임에서 매우 적극적이었고, 세 명의 새로운 참석자들을 후원하며, 매일 모임에 참석했다. 그는 특수교육 교사였는데, 학교 수업이 끝나도 그의 일은 끝나지 않았다. 또 어린 세 자녀들을 키우는 일에도 온갖 정성을 기울였고, 그들과 특별한 시간을 보내려 노력했다.

그는 모든 사람들을 돌보았지만 도린만은 예외였다. 그들의 첫 회기 동안 도린이 왜 이혼을 원하는지 설명했다. 지난 1년 동안 그녀는 마이클에게 함께 상담을 받자고 애원했지만 그는 거절했다. 비록 지금은 그가 스스로 자진해서 왔지만, 그렇지만 이미 때가 너무 늦었다. 그녀는 다른 남자를 찾았고 마이클을 떠나기로 결정했다. 그녀는 지쳤고 떠나고 싶어 했다.

나는 도린에게 마이클과 '작별하기' 과정(good-bye exercise)을 하고 싶은지를 물어보았다. 이 연습을 통해 한 파트너는 다른 파트너에게 이별을 고한다. 모든 고통, 모든 좋았던 시간들, 미래에 대해 함께 가지고 있었던 꿈에게 작별을 고한다. 이 연습은 관계를 끝내고자 하는 것이 확실한 경우에 헤어지는 과정을 진행시키기 위해 고안된 것이다. 그러나 만약 이별을 원하는 사람이 양가감정을 느낀다면, 이 연습은 그 양가감정을 드러내도록 도와줄 것이다.

도린은 마이클의 반대편에 앉아서 나의 지시에 따라 그의 눈을 바라보고 이야기를 시작했다. "나는 당신이 전화도 없이 새벽 3시나 4시까지 들어오지 않았던 그 모든 시간에 이별을 고하고 싶어요. 모든 싸움, 내가 끔찍한 엄마라고 당신이 내게 말했던 그 시간에게, 그리고 내가 성적으로 부적절하기 때문에 당신이 술을 마시는 것이라며 나를 비난했었던 그 시간들에게 이제 이별을 고하고 싶어요. 그 시간들은 정말 내게 상처를 주었어요. 지미가 팔이 부러졌는데 당신이 너무 취해서 그를 병원에 데리고 갈 수 없었던 그 시간에게도 이별을 고하고 싶어요. 나 혼자서 처리해야만 했지요." 도린은 마이클과의 결혼생활 가운데서 겪었던 온갖 고통스러웠던 경험들을 계속해서 쏟아냈다. 마이클은 조용히 듣고 있었지만, 그의 눈에 눈물이 고이는 것을 볼 때 그의 마음이 어떨지가 분명해 보였다.

그 다음 도린은 그들이 함께했던 모든 좋은 추억에게도 이별을 고하려 했다. 그녀는 이렇게 시작했다. "나는 우리가 처음 만났던 시간에게, 당신이 계속해서 내 주변을 맴돌았던 것과 당신이 너무도 친절했던 것에 대해 이별을 고하고 싶어요. 내가 처음 임신했을 때 느꼈던 우리의 감격에 대해, 라마즈 호흡 클래스에서 우리가 함께했던 시간에게, 그리고 지미가 태어날 때, 그다음 메그, 그다음 패트릭이 태어날 때 당신이 함께 있어 주었던 것들에게도 이별을 고하고 싶어요. 그 시간들은 정말 특별했어요." 도린은 계속해서 좋은 추억을 회상했다. 그녀가 멈출 때마다 나는 그녀에게 좋은 추억 모두와 작별할 때까지 그녀가 그것을 계속하도록 권했다.

도린은 잠시 조용히 앉아 있었다. 그러더니 이제 다 했다고 말했다. 내가 말했다. "도린, 이제는 두 번 다시 오지 않을 이 관계에 대해서 가지고 있었던 당신의 모든 꿈들, 모든 소망과 이별하세요."

도린은 얼굴을 돌려 마이클을 바라보았다. 그렇지만 그를 보는 것이 아니라 자기의 꿈을 바라보고 있는 듯했다. "나는……." 그녀는 잠시 멈추었다. 목소리가 갈라지고, 그녀의 뺨에 눈물이 흘러내리기 시작했다. "우리가 함께 늙어 가는 꿈에게 이별을 고하고 싶어요." 마이클 역시 소리 내어 울기 시작했다. "우리 아이들을 엄마 아빠가 함께 있는 행복한 가정에서 자라나게 해 주는 꿈에게, 두 번째 신혼여행을 갖는 꿈에게 이별을 고하고 싶어요. 나는……." 그녀는 혼란스러운 듯 멈추었다. "그렇지만, 싫어요! 이 모든 것들에게 이별을 고하고 싶지 않아요. 싫어요. 싫어요."

이제 두 사람 모두 흐느끼고 있었다. 나는 도린을 마이클이 안아줄 수 있도록 그의 품으로 이끌었다. 여러 달 만에 처음으로 그들은 진정한 연결을 경험할 수 있었다.

이를 기점으로 도린과 마이클은 그들이 그토록 필요로 하던 부부치료를 시작하였다. 마이클은 알코올과 코카인을 한바탕 사용하던 때 잠시 외도를 했었다. 지난해 동안 너무나 외로워서, 도린도 알코올중독인 다른 남자와 보복성 외도를 했다. 알코올중독자의 성인아이였던 도린은 알코올중독자가 가족에게 미치는 영향에 대해 충분히 알고 있었으므로 그녀 역시 중독적인 행동 패턴이 있다는 점을 인정했다. 그녀는 마이클이 아니라 자기 자신에게 초점을 맞추는 데 동의했다. 그것은 AA 가족 그룹 모임과 ACoA(Adult Children of Alcoholics, 알코올중독 가정의 성인아이들의 모임) 모임에 참여하겠다는 뜻이기도 했다. 한편 마이클은 도린과 더 많은 시간을 보낼 수 있도록 하기 위해 AA 모임에 나가는 것을 줄일 필요가 있었다.

치료 회기는 그들이 서로 다른 프로그램에서 배운 것을 나누는 장소가 되었다. 나는 그들 사이의 연결이 안정되고 심화되도록 돕는 일에 초점을 두었다.

나는 그들에게 '이마고 부부대화법'의 인정 단계를 가르치고 연습하게 하는 데 많은 시간을 들였다. 인정은 중독 커플에게 있어 매우 중요한 과제인 분화를 강화한다. 12단계 프로그램에서 마이클과 도린은 상대방의 것과 분리된 자기만의 독특한 감정, 관점, 경험을 확인하는 법을 배웠다. 이 중요한 분화의 시기 동안 '인정하기' 부부대화는 그들이 서로를 연결할 수 있도록 도와주었다. 그렇게 해서 그들이 서로 다른 필요를 가진 분리된 존재라는 것을 배우는 동안에도 계속해서 함께 성장할 수 있도록 도왔다.

5 할과 아일린-장기간에 걸친 회복

현재 30대 후반인 할과 아일린은 십대 때부터 함께했다. 결혼은 하지 않았고 자녀도 없다. 두 사람 모두 알코올중독 가정에서 자랐고, 20대 내내 함께 술 마시고 약물을 사용했었다. 그들이 나를 만나러 왔을 당시는 5년째 술과 약물을 끊고 있었다.

할은 블루칼라들이 사는 지역에서 오토바이 가게를 하고 있었다. 그들은 그 가게 뒤에 살았다. 아일린도 가게에서 일했는데, 회계 장부를 관리하고, 주문을 받고, 손님 대접을 했다. 그녀가 하는 일은 장부에 기장되지 않았기 때문에 사회보장세금을 한 번도 내지 않았고, 그녀는 자기 이름으로 된 퇴직연금도 가지고 있지 않았다. 할은 항상 그녀에게 이렇게 말했다. "당신은 걱정할 필요가 없어. 내가 돌봐줄 테니까."

2년 전 아일린은 AA에서 만난 한 남자와 사귀기 시작했고, 얼마 후 그 남자의 집으로 가 버렸다. 할은 기가 막혔다. 그는 변하겠다고 약속했고, 9개월 후 아일린은 그 남자와의 관계를 청산하고 다시 돌아왔다. 아일린과 헤어져 있는 동안에 할은 역시 AA에서 만난 다른 여자와 우정관계를 맺었다. 성적인 관계는 없었지만 그 여자는 할이 자기의 감정에 대해 이야기할 수 있게 해 주었다.

이 두 사람은 어렸을 때 만났고, 다른 대상과는 한 번도 교제해 보지 못했기 때문에 나중에 그들의 관계 밖에서 친밀감을 찾아봄으로써 보상하려 했을 수 있다는 생각이 들었다. 그러나 그들이 화해한 지 1년이 지났고, 함께 잘해 보자고 했고, 그리고 노력을 했음에도 어떻게 해야 좋을지를 모르는 것 같았다.

할과 아일린 커플은 분노-표출/분노-예민 커플이라고 부를 수 있다. 할은 화가 나면 싸우려 하고 아일린은 할의 분노에 의해 얼어붙고 발끝으로 조심조심 걷는 형이다.

세 가지 기본적인 생존 반응(싸우기, 도망가기, 얼어붙기) 중에서 그들은 두 가지 모습을 보였다. 나는 이것을 사용하여 시작했다. "두 사람 모두 기본적인 생존 반응으로 분류되는군요. 그렇다면 두 분이 서로에게 매우 강렬한 생존 관련 주제를 자극하는 것이 틀림없네요."

할은 분노 외의 다른 감정을 표현해 본 적이 거의 없다. 그가 어느 순간 아일린의 상처받기 쉬운 모습에 대해 경멸을 나타냈을 때 내가 그에게 물었다. "당신이 당신 가족과 함께 살며 성장하는 동안 만약 당신이 아일린과 같은 감정을 보였다면 어떤 일이 일어났을 것 같은가요?" 그는 즉시 대답했다. "나는 죽었을 거예요."

할은 분노중독 아버지에 의해 신체적인 학대를 당했었다. 가족들은 화가 나 있지 않을 때는, 할에게 차갑게 대했다. 그는 가능한 한 가족으로부터 떨어져 시간을 보냈다. 체격이 크고 위협적이었던 할 역시 '싸움' 이 삶의 방식이었던 거친 환경에서 살았다.

그가 한 번은 이렇게 말했다. "아이스맨(iceman)이라고 불리는 연쇄살인범을 아시나요? 그가 나오는 프로그램을 본 적이 있어요. 그는 아무 감정도 느끼지 않는다고 말했어요. 얼음인 거죠. 나도 나 자신에게 그런 느낌이 많이 들어요. 그냥 차가워요. 아무것도 안 느껴져요. 아시겠어요?"

할이 자기 자신에 대한 이러한 묘사가 얼마나 맞는다고 생각하고 있는지는 모르지만, 그의 인생에서 그것이 다는 아닌 것이 분명했다. 그는 5년 동안 술과 약물을 끊었고 개인적인 성장을 위해 노력해 왔다. 그가 비록 아직은 자기의 감정을 확인하고 명명하는 것(감정에 이름을 붙이는 것: 역자 주)에 어려움이 있지만, 적어도 그런 감정들이 더 자주 올라오고 있었다.

할과 아일린의 대화가 제자리걸음을 하는 것 같을 때 나는 할의 감정을 잡기 위해 '더블링(doubling)' 을 사용하곤 했다. 예를 들어서, 할은 똑같은 불평을 되풀이하곤 했다. "당신은 관계를 원한다고 말하지만 그 형편없는 얼간이 때문에 나를 버리고 나갔잖아."

여기서 내가 끼어들었다. "내 생각에는 당신이 이 똑같은 얘기를 여러 번 한 것 같은데, 내 말이 맞나요?"

"맞습니다." 할이 마지못해 말했다. 아일린은 팔짱을 끼고 고개를 끄덕였다.

"그러면 좀 다르게 한번 해 보지요. 만약 계속해서 당신이 이 길로만 간다면 항상 제자리일 테니까요. 어떠세요?"

"그러죠."

"할, 내가 당신이 되어 아일린에게 당신의 마음을 이야기해 보겠어요. 내 말이 끝나면 내가 한 말을 생각해 보고, 그것이 당신에게 잘 맞는다면 당신이 아일린에게 내가 했던 식으로 다시 말해 주는 거예요. 내 말이 맞지 않으면 잘 맞을 때까지 내가 다시 말해 보고, 그것을 당신이 그녀에게 말해 주는 겁니다. 그렇게 할까요?"

그는 흥미 있다는 듯이 "그러죠." 하고 대답했다.

나는 할이 되어 더블링을 시작했다. "나는 정말로 당신의 외도를 용서하고 잊기를 원해요. 그런데 당신이 담을 치고 있을 때, 차갑고 화가 나 있을 때, 그럴 땐 당신이 다시 나를 떠나면 어쩌나 두려워져요. 어떻게 하면 내가 당신에게 다가갈 수 있을지 모르겠어요."

할에게 내가 물었다. "내 말이 맞나요?"

"네."

"그러면 당신이 한번 해 보세요. 그리고 당신의 말로 얘기하세요."

할은 아일린을 바라보았다. "선생님이 얘기하신 것과 같아요." 그는 어물쩡거렸다.

내가 재촉했다. "아일린이 당신의 목소리로 말하는 것을 듣고 믿을 수 있도록 직접 말하세요."

할이 말을 시작했다. "저, 난 당신을 잃을까 봐 두려워요. 여기 이렇게 담이 있어요. 난 어떻게 해야 할지 모르겠어요."

분노-표출/분노-예민 커플은 무력감(powerlessness)을 다루고 있는 것이다. 분노-표출 파트너는 무력해지는 것을 두려워한다. 분노-예민 파트너는 이 무력감을 끊임없이 느낀다. 할처럼 아일린도 알코올중독, 분노중독 가정에서 자랐다. 그녀는 다른 사람의 분노를 알아채는 데 비상한 재주를 갖게 됨으로써 자기 자신을 보호했다. 그리고 할에게 대하듯 분노에 대해 얼어붙거나 다른 사람을 기쁘게 하려는 반응을 하게 되었다. 아일린에 대한 나의 목표는 그녀가 좀 더 힘을 얻게 하는 것이었다. 반면 할에 대한 목표는 그가 상처받기 쉬운 감정과 무력감을 견디도록 돕는 것이었다.

나는 그들에게 '감정 사다리' 를 사용하는 법을 가르쳐 주었다. 즉, 경험을 심화시킬 수 있도록 하기 위해 일련의 문장을 완성하도록 했다. 할에게 주어진 문장들은 다음과 같다.

1. '내가 정말로 화가 나는 이유는 ……'
2. '그것으로 인해 내가 가장 상처받는 이유는 ……'
3. '그것으로 인해 내가 정말 두려운 이유는 ……'
4. '그것 때문에 생각나는 나의 어린 시절 이야기는 ……'

아일린에게는 거꾸로 두려움으로 시작해서 마침내 분노를 다루었다. 그것은 그녀로 하여금 아주 오랫동안 묻어 두었던 자기 부모에 대한 분노에 접근하는 것을 가능하게 해 주었다. 이러한 과정은 할에게도 도움이 되었다. 그는 둘 사이의 관계 이전에 이미 아내가 지니고 있었던 두려움과 상처와 분노를 볼 수가 있었다. 그것은 그에게만 관련된 것이 아니었던 것이다.

나는 감정 사다리로부터 할이 아일린에게 말해 줄 문장을 골라 주었다. 아일린의 반응은 '부모-자녀 대화법' 으로 이끌었다.

할이 아일린에게 문장을 말해 주었다. "그것 때문에 생각나는 나의 어린 시절 이야기는 ……."

"그것은 엄마가 내 방까지 쫓아왔던 때와 똑같았어요. 나는 너무 무서워서 문을 꽝 닫고 온 힘을 다해 문에 기대어 엄마가 들어오지 못하게 했어요. 엄마가 나를 때리거나 머리채를 잡아당길까 봐 너무 무서웠어요. 엄마는 술에 취하면 종종 그랬으니까요."

내가 말했다. "할, 당신이 아일린의 엄마 역할을 하고, '부모-자녀 대화' 를 해 봅시다."

할이 아일린에게 말했다. "난 당신의 엄마입니다. 나에게 하고 싶은 말이 있나요?"

아일린이 할에게 대답했다. "그만해요. 제발 그만해요. 엄마는 미쳤어요. 날 좀 내버려 둬요."

나는 아일린이 분노의 감정을 확장할 수 있도록 도왔다. 아일린의 엄마에 대한 분노의 문제는 엄마를 크고, 무섭고, 힘이 센 사람으로 보는 내면화된 이미지로부터 오는 것이었다. 이 어려움을 극복하게 하기 위해서 나는 아일린이 하고 싶은 이야기를 할 때 책상 꼭대기에 올라가서 그녀의 엄마 역할을 하고 있는 할을 내려다보게 했다. 이러한 작업은 강한 자기(self)가 나타나도록 몸부림치는 아일린에 대해 할로 하여금 자신의 공감을 발달시킬 수 있도록 도와주었다.

아일린은 점점 강해졌다. 할은 그것을 좋아할 때도 있었지만 싫어할 때도 있었다. 때로 싫어하게 될 때 할은 자기 자신의 상처와 두려움을 표현할 수 있었다. 그렇지만 치료실 밖에서는 그럴 수 없을 때가 더 많았다. 그들은 종종 서로 대립되고, 상처받고, 화가 나서 다시 왔다.

할이 요구한다고 해서 억지로 성관계를 하지는 않겠다고 아일린이 결정을 내렸을 때 그 위기가 가장 고조되었다. 할의 입장에서는 그것은 발전으로 보이지 않았다. 왜냐하면 할에게는 성관계가 곧 사랑을 의미했기 때문이다. 여러 회기가 지나도 난국에 처해 있는 그들을 도울 방법을 찾을 수 없었다. 문제를 재구성하거나, 공감을 하도록 해도 아무 소용이 없었다.

그즈음에 할과 아일린은 분노의 문제와 싸우고 있는 다른 네 커플을 데리고 내가 진행하고 있던 다른 그룹 회기에 참석했다. 네 커플 모두 12단계 프로그램에 참석하고 있었다. 나는 할과 아일린이 그곳에서의 경험을 통해 '우리가 특별히 이상한 건 아니구나. 똑같은 문제를 가지고 있는 사람이 많이 있구나.' 라고 생각할 수 있기를 원했다.

그룹과 나누는 시간에 할은 레이와의 관계를 언급했다. 레이는 할이 지금 소유하고 있고 운영하고 있는 가게를 시작했던 사람이다. 레이는 은퇴하고 플로리다에 살고 있었는데, 아직도 그 가게에서 얼마간의 수입을 얻고 있었다.

할이 열 살 정도 되었을 때, 그에게 조금이라도 존중과 이해를 보여 주었던 사람은 레이뿐이었다고 그는 말했다. 그는 할의 멘토였다. 그는 또한 할을 성관계로 끌어들였다.

할은 부부치료를 하는 동안에는 이 주제를 가볍게 지나쳤었다. 그러나 그룹 회기에서는 이 일에 대해 훨씬 더 많이 이야기했다. 더 놀라운 것은 그가 그 그룹의 다른 남자들에게 이 주제에 대해 털어놓았다는 것이다.

그가 덧붙이기를 "그러고 나서 열두 살에 내가 종지부를 찍었지요."

"어떻게 해서요?" 내가 물었다.

"다른 사람에게 좌우되지 않기 위해서 내가 '아니요' 라고 말해야만 했던 거예요."

내가 부드럽게 말했다. "아일린이 지금 하고 있는 것과 같은 일을 말하는 거로군요."

그의 얼굴에는 많은 감정들이 빠르게 스치고 지나갔다. 할은 혼란에 빠졌다. 한두 번 대답해 보려 하다가 멈췄다. 마침내 그가 말했다.

"같은 일이라고 할 수 있겠죠."

그다음 할과 아일린이 둘이 함께하는 회기에 왔을 때 아일린은 실망하고 있었다. "지난번 그룹 회기 후 닷새 동안은, 그는 나를 마치 왕비처럼 대했어요. 그리고 어제는 또다시 옛날로 돌아가 버렸죠."

나는 의기양양했다. 나는 이미 그것을 다룰 방법을 발견해 두었었다. 할의 동의를 얻어 나는 그와 레이와의 관계를 집중 조명했다. 아마도 무의식 수준에서 그랬던 것이겠지만, 그의 자발성은 그가 자신의 과거와 현재 사이의 관련성을 다룰 준비가 되었다는 메시지를 그룹 회기 동안에 내게 보내고 있었다는 것을 말해 준다.

그 관련성은 복합적이었다. 나는 할이 취약성을 견디는 능력을 강화하는 데 초점을 두고 있었다. 그런데 그것 대신에 나타난 것은 관계에 대한 기억이었다. 그 기억은 할을 도와 그가 어떻게 해서 레이와의 관계에서 그랬던 것처럼 '아니요' 라고 말하면서도 관계를 여전히 유지하는 것이 가능할 수 있었는지를 이해할 수 있게 해 주었다. 아일린은 그와의 성관계를 원치 않았던 것이 아니었고, 조건을 바꾸기를 원했다. 할이 레이와의 관계에서 협상을 통해 레이를 멘토의 역할에서 동료로 옮겨 놓은 것처럼, 아일린도 주인과 하인의 관계가 아니라 동등한 관계를 원했다.

나는 이 커플을 약 2년간 만났다. 그들이 이제 충분히 멀리 왔고 남은 길을 그들 스스로 헤쳐 나갈 수 있을 것이라고 느끼게 되었을 때 우리는 치료를 종결했다. 그렇지만 나는 그들에게 문을 열어 두었으며, 그들은 6개월에 한 번씩 작은 도움을 받으러 온다. 그러나 그들은 스스로의 힘으로 관계 작업을 계속하는 데 필요한 기술을 이미 가지고 있다.

나는 커플이 그들 스스로 할 수 있게 되고 더 이상 내가 필요 없다고 느끼는 그 지점까지 나아가도록 돕는 것이 나의 일이라고 생각한다.

6 결론

이마고 관계치료에서는 중독을 **관계로부터 벗어나려는 출구**로 본다. 나의 경험에 따르면, 에너지가 중독에 너무 많이 쏠려 있을 때는 어린 시절의 상처 치유가 깊이 일어나지 않는다. 그러므로 중독이 진행 중일 때는 커플을 도와 그들의 충동적인 행동을 확인하고 탐색하는 데 주력한다. 그다음에 비난하거나 수치심을 심어 주지 않는 방식으로 그 행동이 자신이나 상대방에게 어떤 영향을 주는

지를 나누도록 한다. 이는 회전목마처럼 돌고 돌던, 중독의 부정(부인)이라고 하는 난국을 돌파하는 가장 좋은 기회를 제공한다.

나는 12단계 프로그램의 멤버들과 함께 일할 때 지침이 되는 많은 자원을 사용한다. 나는 나와 나의 내담자들에게 AA와 Al-Anon의 기초서적이 도움이 된다는 것을 발견했다. 그래서 나는 커플을 치료하는 모든 임상가들이 이 책들과 친해지기를 권한다.

끝으로 AA의 'Big Book' 『익명의 알코올중독자들(*Alcoholics Anonymous*)』(1976)에 나오는 다음 구절을 인용하고자 한다.

> 화가 난 가족의 각 구성원들이 자신의 결점을 보기 시작하고 다른 사람들 앞에서 그것을 인정할 때, 그것이 기초가 되어 그들 각자는 서로에게 도움이 되는 방식으로 이야기를 나눌 수 있게 된다. 가족 대화는 뜨거운 논쟁, 자기연민, 자기변명 또는 분노에 찬 비난 없이 진행이 될 때 건설적이 된다. 차츰 어머니와 아이들은 요구가 너무 많았다는 것을 보게 되고, 아버지는 너무 적게 주었다는 것을 보게 된다. 그리하여 받기보다는 주라는 것이 가족을 인도하는 원리가 될 것이다(pp. 127-128).

편저자의 말

이번 장에서는 중독의 문제가 있는 커플들을 치료하는 방법에 대하여 이마고 치료와 12단계 회복 프로그램을 통합하여 논의하였다. 브루스 우드(Bruce Wood)가 지적했듯이, 이마고 치료와 12단계 접근법은 조화가 매우 잘 된다. 정서적인 고통을 덜기 위해서 술이나 약물을 사용해 온 경우, 술이나 약물 대신 이마고 치료의 대화 과정을 사용하도록 가르침으로써 중독의 패턴으로부터 벗어날 수 있는 방법을 제공할 수 있다. 대부분의 중독자들이 중독을 극복하도록 돕는 데 있어 물론 대화만으로는 충분하지 않을 것이다. 그렇지만 저자가 지적하듯이, 이마고 대화기술이 중독의 문제를 가지고 있는 부부로 하여금 그들의 관계의 질을 개선하도록 도울 수 있다. 그렇게 되면 그들의 연결이 강화되도록 도울 수 있고, 그에 따라 그들은 함께 힘을 합하여 12단계 프로그램에 온 힘을 쏟을 수 있게 된다.

대화는 회복의 여러 단계 중 여러 가지 기능에 기여한다. 예를 들어서, 초기 회복 단계에 있는 커플들은 중독이 진행되던 수년간 함께 살며 겪었던 고통에 대해 대화를 나눌 수 있다. 회복이 좀 더 진행된 커플들은 대화를 사용하여 그들의 관계를 재정의하고 미래의 관계 비전을 세울 수 있다.

회복 과정에서 사용되는 경우 의도적인 대화는 AA의 12단계 중 4단계와 5단계에 해당된다. 4단계는 알코올중독자에게 철저하고 두려움 없이 도덕적 생활을 검토하라고 가르친다. 이것은 본래 이마고 관계치료 과정에 포함되어 있다. 즉, 파트너들은 그들의 진실, 감정, 필요, 욕구를 발견하기 위해 내면을 탐색하도록 요청받는다. 그리고 안전한 가운데 대화하며, 중독에 대한 부인을 통해 오랫동안 유지되어 온 거짓 자기를 한 겹, 두 겹 벗겨내고 그들 자신을 상대방에게 온전히 드러내게 된다.

5단계는 회복 중에 있는 사람들에게 그들이 잘못했던 점을 솔직하고 정확하게 자신과 또 어느 한 사람에게 시인하라고 말한다. 이마고 대화법은 중독자가 자신의 삶에 있어서 가장 중요하고, 아마도 가장 영향을 받은 사람과 더불어 이 단계를 완수하게 해 주는 이상적인 구조를 제공한다.

그러므로 4단계에서 마련된 도덕 목록은 5단계에서 표현된다. 대화 과정은 두 사람 모두에게 안전감을 불어넣어 주고 중독이 진행되던 단계 동안에 가능했던 것보다 깊은 수준으로 연결되도록 해 준다.

재발은 회복 과정의 일부분이다. 비록 해방되고 있기는 하지만, 특히 어린 시절부터 지녀 온 고통과 발달 멈춤을 다루기 위해 파트너십 대신 술을 사용해 왔던 중독자들에게는 취하지 않은 상태로 산다는 것이 두려운 일일 수 있다. 회복 과정에 있는 대부분의 사람들은 조만간 거짓 자기를 다시 찾아가며, 성장의 어려움으로부터 도망쳐 중독의 거짓말에 의해 보호받는 삶으로 되돌아간다. 그러나 커플 두 사람 모두가 다시 한 번 기꺼이 연약한 상태가 되는 위험을 무릅쓰고 성장을 받아들인다면 재발이 반드시 패배를 의미하는 것은 아니다. 오히려 그것은 회복을 향한 길을 가리키는 또 하나의 이정표가 될 수 있다.

그들과 함께 먼 길을 동행한 배우자들은 말할 것도 없고, 오랜 기간 동안 회복을 향해 달려온 중독자들은 진정 위대한 사람들이다. 그들은 자신들의 약점을 서로서로에게, 그리고 많은 경우 세상에 드러내는 것을 두려워하지 않았다. 그들은 자기 자신에 대해 배우는 것을 평생의 과업으로 여겼다. 즉, 그들에게는 자신을 점검하며 사는 삶이야말로 가장 가치 있는 삶이었다. 그 결과 신실과 지혜가 그들의 특징이 된다.

참고문헌

Alcoholics Anonymous World Services (1935, 1955, 1976). *Alcoholics Anonymous*. New York: Alcoholics Anonymous World Services.

Carnes, P. (1992). *Out of the shadows: Understanding sexual addiction*. Minneapolis: Hazelden.

Hendrix, H. (1988). *Getting the love you want*. New York: Holt.

Miller, W., & Rollnick, S. (1991). *Motivational Interviewing: Preparing people to change addictive behavior*. New York: Guilford.

09

성문제가 있는 커플들을 위한 이마고 부부관계치료

보니 버넬(Bonnie Bernell)

1 조이스와 톰

아내 조이스와 남편 톰은 결혼한 지 15년이 되었는데, 좋은 성관계를 가진 지도 거의 그 정도 되었다. 지난 12년 또는 13년 내내 그들은 전혀 성관계를 하지 않았다. 두 사람 모두 30대 후반이고, 한 침대에서 같이 자지 않고 각방을 쓴다. 아내는 남편이 자러 들어가고 난 한참 뒤, 한밤중까지 무슨 프로젝트를 한다는 핑계로 잠자리를 피한다. 남편은, 그의 말에 의하면 일찍 일어나기 때문에 잠이 부족하다면서 아내보다 훨씬 먼저 자러 감으로써 잠자리를 피한다. 그러나 성관계가 없음에도 불구하고 그들은 함께 살기 위해 애를 쓰고 있다.

아내 조이스는 똑똑하고 매력적인 여성이지만 여러 가지 신체 증상을 호소하고 있다. 남편 톰은 자칭 '전문기술자 타입(techie type)'으로 회사 로고가 있는 티셔츠에 빨간 바지, 버켄스탁 샌들, 안경 등 전형적인 '실리콘밸리 유니폼'을 입고 다닌다. 그는 긴 머리에 짧은 턱수염을 하고 있으며, 십대 때부터 여자들의 마음을 끄는 데 문제가 있었다. 십대 후반에 여자친구가 한 명 있었는데, 성관계는 한 번도 하지 않았다. 그러나 조이스가 그를 만났을 때 톰은 그녀가 바라던 이상형이었다. 이전에 그녀는 남자들과 괴로운 경험을 했다. 그녀는 남자들이 자신을 이용하고 떠나 버렸다고 느꼈었다. 한편 존은 조이스가 섹시하다고 생각했는데, 그는 자기가 하는 일들을 거의 다 그녀가 좋아하는 것을 보고 놀랐다. 그들이 만났을 때 둘 다 성 경험이 없었음에도 불구하고 많은 커플들이 처음 함께할 때 그렇듯, 조이스와 톰의 성관계는 뜨거웠고 빈번했다. 7개월간의 구애 기간을 거쳐 드디어 그들은 결혼했다.

결혼 초기에 그들은 남은 생애를 혼자 보내지 않게 된 것에 안도하며 서로 상대방의 이상한 점을 수용했다. 그러나 달이 가고 해가 감에 따라서 분노가 쌓이기 시작했다. 조이스는 톰이 컴퓨터 엔지니어 일을 하면서 돈을 많이 벌고 있기는 하지만 근무시간이 너무 길다고 싫어했다. 연인으로서의 톰에 대해 조이스는 '성관계를 자기 멋대로만 하려 하고 나를 배려해 주지 않는 짐승'이며, 게다가 '깎지 않은 긴 발톱으로 내 살에 상처를 내는 등 나를 배려하지 않는 느낌이 드는' 사람으로 묘사했다. 또한 그녀는 톰이 '내가 오르가슴에 도달하도록 도와주는 진동기나 그 밖의 다른 보조기구 사용을 거절' 한 것도 불만이었다.

몇 년 후 조이스는 아픈 데가 더 많아져서 일을 점점 줄이기 시작했다. 그것 때문에 톰은 자기 아내를 '일하기 싫어하는' 사람으로 간주하고 아주 못마땅해했다. 톰은 또한 조이스에게 거절당하는 느낌이었다. 그가 보기에 조이스는 차갑고, 손도 못 대게 하고, 비판적이고, 쌀쌀맞았다. 그는 그녀가 매사에 자신을 비난하고 있다고 느꼈다. 그럼에도 불구하고 그는 그녀의 곁에 머물렀는데, 그녀 외에는 아무도 자신을 배우자로는 말할 것도 없고 섹스 파트너로도 선택하지 않을 것이라고 생각했기 때문이었다.

이 커플에게는 깊은 애수가 깃들어 있었다. 조이스는 나이보다 10년은 더 들어 보였다. 톰의 몸은 굽어 있었다. 각 파트너의 개인적인 발달과 커플의 정서적 연결과 성적 관계는 오래전 그들의 초기 발달단계에서부터 이미 뒤틀렸을 것이라는 느낌이 들었다.

부부치료는 그들에게 마지막 수단이었다. 그러나 이러한 문제를 가진 커플을 만나는 것이 윤리적일까? 그들의 성적 연결이 회복될 수 있고 그들의 관계가 나아질 것이라고 약속해 주는 것이 올바른 일일까? 윤리적인 치료사에게는 치료 결과에 대해서 현실적인 기대를 증진시키는 일이 요구된다. 나는 그들에게 그들이 원하는 것을 얻을 수 있다는 희망을 제공하고는 싶었지만, 그러한 희망이 이루어질 수 있을지는 나 자신조차 확신할 수가 없었다. 톰은 조이스와 성적 관계를 원했다. 그는 만지고, 포옹하고, 성관계를 하고 싶어 했다. 그는 앞으로 자신이 다른 파트너를 또다시 발견할 수 있으리라는 기대를 할 수가 없었기 때문에 조이스를 놓치게 될까 봐 몹시 두려워하고 있다는 것을 시인했다. 조이스는 관계는 원했지만 성관계는 원하지 않았다. 적어도 성적 영역에서 그들에게 일치하는 목표는 전혀 없는 것 같았다. 어떻게 하면 이 커플을 공동의 목표로 이끌 수 있을 것인가?

'삶은 개구리 신드롬' 이라는 말은 존경받는 교사였던 피터 피어슨(Peter Pearson)이 사석에서 사용했던 용어다. 나는 이것을 이 부부의 문제로 보았다. 즉, 문제를 너무 오랫동안 불 위에 올려 놓았기 때문에 이 부부가 치료사를 찾았을 즈음에는 관계의 생명이 이미 모두 익어 버린 듯 보였다. 이와는 대조적으로 다른 부부들은 흔히 점점 뜨거워진다고 느낄 때 펄쩍 뛰어올라 도움을 찾는다. 그때는 아직 뛰어오를 수 있는 에너지를 가지고 있다.

첫 회기에 앞서 조이스와 톰을 대기실에서 만났을 때 그들은 할 수 있는 한 서로 멀리 떨어져 앉아 각자 잡지책에 코를 파묻고 있었다. 그들은 시무룩한 얼굴로 천천히 치료실로 걸어 들어왔다.

첫 회기에 조이스는 수없이 많은 문제에 대해 불평을 늘어 놓았는데, 사실 구체적으로 설명한 건 얼마 없었다. 톰은 단지 두 가지 불만이 있다고 보고했다. 그는 자기가 원하는 일에 돈을 사용할 수 있고, 조이스와 신체적 관계를 가질 수 있기를 원했다.

나는 즉시 그들에게 '이마고 부부대화법' 으로 들어가도록 요청했으며, 신체적 관계나 성문제와는 무관한 다른 주제로부터 시작했다. 첫 회기에서 일부러 성관계의 주제를 피하기로 결정한 것은 그것이 그들에게 굉장히 힘들고 두려운 주제일 것이라는 가정 때문이었다. 그래서 나는 그들의 결혼생활에 있어서 좀 더 쉬운 불만으로 시작하는 것이 어느 정도의 자신감과 희망을 줄 수 있고, 점차 좀 더 힘든 주제를 다룰 수 있도록 나아갈 수 있는 동기를 제공해 주고자 했다.

7~8회기 동안 톰은 조이스에게 따라 주었다. 그는 자기의 관심사보다는 그녀의 관심사에 대해 대화를 했다. 그녀가 '행동수정'을 요청할 때마다 그는 선뜻 응해 주었다. 마침내 그가 자기 말을 들어 주고 응해 주었다고 느끼게 되자, 조이스 또한 톰의 주제를 담아 주고, 들어 주고, 반응해 줄 수 있게 되었다.

이 부부에게 있어서 중간 정도의 어려운 문제는 돈을 관리하는 것과 관련이 있었다. 톰은 자기의 흥밋거리에 돈을 사용하고 싶어 했지만, 조이스는 주택 마련을 위한 계약금을 모으고 싶어 했다. 여러 번에 걸친 광범위한 대화를 통해 그들은 창의적이고 관대한 해결책에 도달했다. 그들은 개인적이고 임의적인 소비와 주택자금을 위해 그들의 급여로부터 일정 액수의 돈을 따로 떼기로 했다. 또한 톰이 어떤 것에 흥미가 생겨서 돈이 좀 더 필요하게 될 때는 주택자금에서 빌려갔다가 석 달 이내에 이자를 붙여 다시 갚기로 했다. 톰은 이제 그가 원하는 것과 관심사를 조이스가 충분히(이렇게 양보해 줄 만큼 충분히) 중요하게 여겨 준다고 느끼게 되었다. 그 결과 그는 그가 빌려간 돈은 반드시 갚겠다는 결심을 했다. 이와 마찬가지로 조이스도 자기가 원하는 것, 즉 주택 마련을 위한 준비를 할 수 있게 되었기 때문에 이전에는 으레 경박하고 불필요하다고 보았던 톰의 물건 구매를 용납할 수 있게 되었다. 두 사람 모두 매우 어려운 문제에 대한 해결책을 찾았다는 것에 대해 만족스러워했고 좀 더 자신감을 느꼈다.

그들은 이제 성적인 주제에 대해 대화를 나눌 준비가 된 것 같았다. 톰이 이 주제에 대해 이야기를 시작하자 조이스는 곧바로 매우 민감하게 반응했다. 그의 말을 끊고 여러 번 의자에서 벌떡 일어났으며, 귀를 막고, 결혼 첫해에 톰이 얼마나 자기에게 끔찍하게 굴었는지를 반복해서 이야기했다. 톰은 그가 자신에 대한 조이스의 신뢰와 안전감에 심각한 손상을 입혔다는 점을 시인했다. 그러나 그는 지난 10년 동안이나 금욕을 했으니 이제 그만하면 충분히 참회를 했다고 느낀다고 말했다. 이 시점에서는 조이스가 톰의 말을 들어 줄 수가 없었기 때문에 반대로 그가 그녀의 말을 들어 주기로 동의했다. 그들은 다음과 같이 대화했다.

조이스: 이제 바꿔서 당신이 내 말을 들어 주겠어요?

톰: 그래요, 내가 당신 말을 듣겠어요.

조이스: 나는 당신이 비열하고 성욕 과잉이라고 생각해요. 당신은 수년 동안 내게 상처를 주었어요. 당신은 믿지 못할 사람이에요. 1989년에 당신이 말했죠. 내가 당신과 성관계를 해야만 한다고요. 나는 당신이 싫어요. 그리고 …….

치료사: 조이스, 톰이 당신 말을 들어 주기 원한다고 했잖아요. 당신이 그를 비난하거나, 판단하거나, 공격하기보다 당신의 경험에 대해 이야기한다면 톰이 당신의 말을 좀 더 잘 들을 수 있으리라는 점을 기억하도록 하세요. (톰에게) 조이스가 당신을 비난한다는 느낌이 들면 방어하거나 되받아 비난하지 말고 그냥 최선을 다해 반영해 주세요.

톰: 내가 제대로 들었다면 당신은 내가 당신을 다루는 방식이 마음에 안 들고, 그래서 나와 다시는 성관계를 하지 않겠다고 하는 거지요. 맞아요?

조이스: 아니요, 아니에요! 이것 보세요. 그는 제대로 하려 하지 않아요. 항상 자기 멋대로 해야만 한다니까요.

치료사: 톰, 다시 한 번 반영해 보시지요.

톰: 내가 제대로 들었다면 당신은 내가 당신 얘기를 들어 줄 거라고 생각하지 않고, 또 내가 당신에게 비열하게 굴었다고 느낀다는 거지요. 맞나요?

조이스: 네, 그렇지만…… 당신은 절대 제대로 하지 못할 거예요. 나는 당신을 안 믿어요. 나는 당신이 싫어요. 당신과 다시는 성관계 안 해요. 이제 됐어요?

톰: 우리가 다시는 성관계를 하지 않을 것이라는 말이로군요.

조이스는 톰이 자기가 사용한 정확한 단어로 말해 주기를 원했다. 그렇지 않으면 반영을 받았다고 느끼지 않았다. 나는 그녀가 똑같은 말을 반복해서 한다는 생각이 들었다. 톰은 성자가 되었거나, 아니면 얼이 빠졌던 것 같다. 20분 정도 이렇게 하고나서 톰이 다시 한 번 "더 얘기할 게 있나요?"라고 묻자, 조이스가 흐느끼기 시작했다. 그녀는 울고 또 울다가 마침내 평생에 한 번도 누가 자기 말을 이렇게 들어 준 적이 없다고 이야기했다. 톰이 그런 식으로 그녀의 말을 들어 준 것이 그녀로 하여금 어쩌면 그를 신뢰할 수 있을지도 모르겠다고 느끼게 해 주었다.

그들은 단지 한 순간이긴 했지만 정서적으로 접촉했다. 그러나 그들이 계속해서 앞으로 나아갈 수 있을지는 의심스러웠다. 그다음 회기에서도 느리고 어설프기는 했지만, 그들은 계속 접촉했다. 조이스는 만약 톰에게 더 가까워진다면 그가 자기를 삼켜 버릴지도 모른다는 두려움이 생길 때마다 분노와 비난으로 그를 밀쳐내곤 했다. 그럴 때 톰은 그녀가 자기를 버릴 것이라는 공포로 인해 더욱 공격적으로 그녀를 추격했다. 그렇지만 그럼에도 불구하고 그들 모두 대화 과정에 머무르기 위해 최선을 다했다. 그러나 아직도 의문은 남아 있었다. 과연 이 모든 것이 성적인 연결에 이르도록 할 것인가?

톰이 대화를 시작할 차례였다.

톰: 나는 당신을 안고 키스하고 싶어요. 당신을 안을 때 나는 더 많이 안고 싶어요.

조이스: (치료사에게) 이건 정말 싫어요.

치료사: 당신의 민감한 반응의 많은 부분은 사실 당신이 아직 톰을 만나기도 전 당신 자신의 경험에서 왔다는 사실을 기억하세요. 그는 당신에게 새로운 경험, 새로운 가능성을 제공하고 있는 거예요. 이 과정에 머무르세요.

조이스: 알았어요. 그러니까 당신은 안고, 안고 또 안고 싶다는 거죠. 당신은 내가 주는 것으로는 결코 만족하지 못할 거예요. 이번 주에 내가 한 번 동의해 준다면 다음 주에는 두 번을 원하겠지요. 그건 너무 많아요. 나는 당신을 안고 싶지 않아요.

치료사: 조이스, 톰이 원하는 것을 당신이 더 잘 알고 있다는 당신의 신념을 내려놓으실 수 있나요? 지금 당신이 해야 하는 일은 그냥 듣는 거예요. 아무도 당신에게 무엇을 하는 데 동의하라고 요구하지 않아요. 당신은 톰의 말을 듣고 단지 그가 말하는 것을 당신이 이해했다는 것을 그에게 알려 주기만 하면 돼요.

톰: 나는 당신을 사랑해요. 당신에게 가까이 가기를 원해요. 당신을 안고 싶어요.

조이스: 그러니까 당신은 나를 사랑하고 성관계를 하고 싶다는 거죠. 맞아요?

톰: 아니요. 나는 당신을 사랑한다고요. 우리가 가까워지기를 원해요. 내가 당신에게 인내심을 가졌으면 좋겠어요. 나는 당신을 안고 싶어요.

조이스: 당신은 나를 사랑하고 나를 안고 싶다는 거죠. 당신은 우리가 가까워지기를 원하고 나에게 인내심 있게 대하려 한다고 말한 거죠. 맞아요?

톰: 그래요.

조이스: (치료사의 지시에 따라) 더 이야기하고 싶은 것이 있나요?

다시 한 번 그들은 천천히 앞으로 나아갔다. 이제 그는 좀 더 자유롭게 이야기하기 시작했고, 그녀는 좀 더 잘 들을 수 있게 되었다. 얼마 후 그들은 '행동수정요청'을 할 준비가 되었다.

치료사: 이제 두 분 모두 상대방의 경험을 매우 잘 이해하게 되신 것 같네요. 그럼 '행동수정요청' 대화를 해 봅시다. 그 요청은 '**s**mart' 하게 해야만 합니다. 즉, 구체적이고(**s**pecific), 측정가능하며(**m**easurable), 달성할 수 있고(**a**chievable), 당면 문제에 관련된 것이고(**r**elevant), 시간제한이 있어야(**t**ime-limited) 한다는 것을 기억하세요. 또한 요청은 '낯선 사람 테스트'와 '죽은 사람 테스트'를 통과해야만 합니다. 낯선 사람 테스트를 통과해야 한다

는 것은 낯선 사람이 걸어 들어와서 요청이 적혀 있는 종이를 발견했다 해도 당신이 원하는 것을 정확히 줄 수 있어야 한다는 뜻이에요. 죽은 사람 테스트를 통과해야 한다는 것은 죽은 사람이라도 할 수 있는 요청을 해서는 안 된다는 뜻이지요. 다시 말해서, 상대방에게 무엇을 하지 말아 달라는 것이 아니라 해 달라고 요청해야 하는 거예요. 무엇을 하지 않는 것은 죽은 사람도 할 수 있답니다. 상대방이 무엇을 하지 않게 되었는지는 알 수가 없어요. 그러니까 요청대로 했는지 결코 알 수 없을 거예요. 이해하셨나요?

톰: 네, 이해했어요. 저, 내가 원하는 것은 빨리 성관계를 한 번 하거나, 적어도 조이스에게 가까이 다가가는 것이에요. 나는 아내와 정상적인 성관계를 갖기 원해요. 나는 그녀를 사랑해요. 그녀에게 가까이 가고 싶어요.

치료사: (조이스에게) 그의 말을 반영해 주시겠어요?

조이스: 싫어요.

치료사: 그의 말을 듣도록 노력해 주세요. 그가 원하는 것을 줄지, 안 줄지는 당신이 선택할 수 있어요. 그건 항상 당신이 선택하는 거예요.

조이스: 알겠어요. 그러니까 당신은 항상 성관계를 원하는 거지요. 맞아요?

톰: 아니에요. 나는 당신에게 가까이 가고 싶어요. 당신을 만지고 싶어요. 그리고, 그래요. 나는 성관계를 원해요.

조이스: 그러니까 당신은 성관계를 원하는 거예요. 맞지요?

톰: 그래요.

치료사: (톰에게) 당신의 세 가지 요청은 …….

톰: 다음 달에, 매일 밤 침대에 누워서 껴안기를 원해요.

치료사: 세부 사항을 덧붙여 주세요. 예를 들어, 매일 밤 얼마나 오랫동안 그랬으면 좋겠는지, 옷은 입을 건지 벗을 건지 또 성관계를 하겠다는 기대가 있는 건지 없는 건지 얘기해 주세요. 두 분의 상황으로 보아 지금 매일 밤 성관계를 하고 싶다고 요구한다면 무리일 것 같군요. 그렇지만 톰, 당신의 요청이니 당신이 결정하세요.

톰: 나는 들어줄 수 있는 요청을 하고 싶고 우리 관계가 진전되기를 원해요. 그러니까, 알겠어요. 다음 달, 매일 밤 30분씩 침대에 누워 껴안고 있기를 원해요. 그다음에 다시 일어나든, 잠을 자든, 뭐든지 우리가 원하는 대로 할 수 있어요. 그렇지만 성관계를 기대하지는 않겠어요. 물론 나는 원하지만 억지로 하지는 않겠어요.

조이스: 보세요. 이 사람은 그냥 성관계를 원하는 거예요. 그 외에 다른 것은 성에 차지 않을 걸요?

치료사: 조이스, 심호흡하세요. 발로 바닥을 힘껏 딛고, 스스로를 지탱하고 진정시킬 수 있는지 한번 보지요. 되셨나요? 당신이 들은 것을 반영해 보세요.

조이스: 그래요. 해 보겠어요. 알았어요. 톰, 당신의 첫 번째 요청은 우리가 한 달 동안 매일 침대에서 30분씩 옷 벗고 껴안고 있자는 거지요. 맞아요?

톰: 비슷하기는 하지만 파자마든, 티셔츠든, 뭐든 옷을 입고 있는 것도 괜찮아요.

조이스: 당신은 뭐든 옷을 입고 있어도 좋다는 말이군요. 맞아요?

톰: 그래요. 두 번째 요청은 다음 달에, 일주일에 적어도 두 번 우리가 함께 앉아서 텔레비전을 보는 거예요. 내 팔을 당신에게 두르고 광고시간마다 서로 눈을 마주치면서요.

조이스: 으악. 싫어요.

그 회기는 이런 식으로 계속되었다. 그러나 결국은 조이스가 톰의 두 번째 요청에 동의했다. 그리고 그다음 회기의 모습이다.

톰: 어젯밤 우리가 함께했던 시간은 정말 좋았어요. 가까이 앉아서 내 팔을 당신에게 두르고 당신에게 키스할 수 있었다는 것이 소중하게 느껴졌어요. 당신을 지켜보는 것이 기뻤어요.

조이스: 당신은 행복했겠지만 나는 아니에요. 그렇게 하긴 했지만 나는 행복하지 않았어요.

치료사: (조이스에게) 최선을 다해서 듣고 반영해 주세요.

조이스: 당신은 우리가 그렇게 한 것이 좋았군요. 우리가 가깝게 접촉한 것이 소중하게 느껴졌고요.

톰: 그래요. 내가 요청한 그대로 당신이 해 줬잖아요. 나는 행복해요.

이제 조이스가 반응할 차례였다.

조이스: 나는 행복하지 않았었다고 아까 말했잖아요. 사실은 난 아직도 당신이 나를 떠날까 봐 두려워요. 그렇지만 우리가 그렇게 한 것이 나도 좋았어요. 긴장이 풀린 느낌이었어요. 내가 당신이 원하는 것을 실제로 줄 수 있고, 그래도 내가 괜찮을 수 있구나 하

는 느낌이 들었어요. 그것이 정말 가능하리라고는 한 번도 생각 해 보지 못했어요.

톰: 두렵기는 했지만 우리가 그렇게 한 것이 당신도 괜찮았다는 거죠. 맞아요?

조이스: 네. 나는 무서워요. 내가 결코 충분히 줄 수 없을까 봐 걱정이 돼요. 그것이 정말 너무 힘들어요. 그래도 우리가 함께 할 수 있는 것들을 보기 시작하는 중이에요.

톰: 당신은 여전히 두렵지만 우리가 함께 성취할 수 있는 것들을 보고 있다는 말이죠. 맞아요?

조이스: 그래요.

2 성문제가 있는 부부치료에 있어 고려할 점

중요한 성문제가 있는 커플을 만날 때 치료사가 다뤄야 할 몇 가지 주제들이 있다. PLISSIT 모델(Annon, 1974)은 특정한 커플에게 적절한 개입의 수위를 결정하는 데 있어 유용한 전략을 제공한다. 이 접근법은 필요한 개입의 '최소 침습 방법(least invasive method)'을 활용해야 한다는 임상 협약과도 일치한다.

PLISSIT 모델에는 다음과 같은 것들이 들어 있다.

• P는 허락(**P**ermission)을 나타낸다. 어떤 파트너들은 어린 시절의 억압적인 사회화 메시지로 인해 성과 관련한 수치심과 죄책감을 가지고 있다. 그런 파트너들은 치료 과정에서 성적으로 될 수

있고, 성적인 느낌을 가질 수 있으며, 성적인 방식으로 행동할 수 있다는 단순한 허락이 필요할 수 있다.

• LI는 제한된 정보(**L**imited **I**nformation)를 나타낸다. 파트너 중 한 사람 또는 두 사람 모두에게 정상적인 자위행위나 성적 환상 등 성에 관련된 어떤 주제에 대한 교육이 추가적으로 필요하다면 심리 교육적 접근(예를 들면, 정보 제공과 독서치료)이 적합할 수 있다.

• SS는 특정한 제안들(**S**pecific **S**uggestions)을 나타낸다. 어떤 커플들은, 특히 갈등과 역기능의 수위가 높은 커플들은 그들의 성적 관계를 시작하고 유지하는 데 필요한 상세한 지침이 필요할 수 있다.

• IT는 집중적 치료(**I**ntensive **T**herapy)를 나타낸다. 치료사는 한 사람 또는 두 사람 모두 불안, 우울, 반복되는 좌절 또는 어린 시절의 상처에 관련된 주제를 탐구할 필요가 있을 경우에만 커플로 하여금 집중적인 심리치료를 받도록 해야 한다.

치료는 필요에 따라 각 단계를 제공하도록 조절한다. 물론 치료사는 특히 조이스와 톰 같은 커플처럼 중대한 역기능과 고통이 수반된 주요 성 장애를 다루기 위한 자신의 능력의 범위를 결정해야만 한다.

나는 부부관계를 유지시키는 것을 매우 선호한다. 커플이 그런 소망을 표현하는 경우에는 특히 그렇다. 그러나 조이스와 톰을 치료할 때 나는 그들 마음의 기저에서 다음과 같은 것을 감지했다. "우리 사이는 너무 벌어졌고 너무 오랫동안 서로로부터 고립되었어요. 우린 지쳤고 포기했어요. 그런데 이 모든 것이 무슨 소용이 있겠어요?" 그래서 나도 나 자신에게 질문하게 되었다. '그들에게 필요하다고 내가 믿고 있는 것을 제공할 수 있는 능력이 과연 내게 있을까?' 조이스와 톰처럼 부부관계가 분리된 경우 대부분의 치료사들에게는 부담이 된다. 물론 치료사가 치료를 신청하는 모든 커플을 다 받을 필요는 없지만, 일단 커플을 치료하기로 한 경우에는 지속적이고 효과적인 돌봄을 제공하는 데 책임을 져야 한다. 그러므로 부부치료사들은 성 장애 치료에 뛰어들기 전에 미리 검토해 봐야만 한다.

치료 과정은 성적 접촉뿐 아니라 정서적 접촉을 발달시키고 확장하는 데 초점을 두어야만 한다. 정서적 친밀감과 성적 친밀감 사이의 관련성에 대한 심리 교육이 두 가지 목적을 달성하는 데 도움이 될 수 있다. 예를 들어서, 톰과 조이스는 결혼생활에 있어서 성이 무엇을 의미하는지에 대한 견해가 매우 달랐다. 톰은 일단 결혼하면 자기가 원하는 때, 원하는 방식으로 성관계를 할 수 있다고 믿었다. 그는 자기가 성관계를 주도하고, 자기가 오르가슴에 도달하는 한 조이스가 만족감을 느낄 것이라고 생각했다. 조이스는 성이란 누군가를 나와 결혼하도록 만들기 위해 사용하는 것이라고 생각했다. 그녀의 엄마가 남자들을 증오했고, 조이스에게 남자들은 오직 성을 위해 결혼하는 것이라고 말해 주었기 때문이었다. 톰이 무경험과 무신경을 드러내자마자, 성에 대한 조이스의 부정적인 기대가 확인되었다. 각 파트너 안에 깊이 심겨진 성 관련 신화들과 그릇된 신념을 타파하려면 그들의 정서적 · 성적 신념, 반응, 상처를 점검하는 것이 필요하다. 대화는 이상적인 개입방법이다. 치료사는 또한 커플이 그들의 성적인 딜레마를 직면하는 용기를 알아차려 주어야만 한다. 그렇게 하면 개개인이 그들의 관계에서 가장 상처받기 쉽고 수치스럽게 여길 수도 있는 부분을 이끌어 낼 수 있다. 커플의 변화가능성에 대한 긍정적인 기대와 신념을 전하면서 그들의 문제를 정상화하면 그들의 동기를 강화시킬 수 있다.

치료는 각 파트너가 상대방의 세계를 이해할 수 있게 해 주는 대화법을 가르치는 것을 포함해야만 한다. 갈등 중에 있는 대부분의 커플들이 으레 그렇듯, 조이스와 톰은 각각 자기 입장이 진리라고 믿었다. 상대방이 어떻게 해서 그러한 견해에 이르게 되었는지를 이해했다는 표현으로 서로에게 승인을 하도록 하자, 그것이 각 파트너의 상황을 바라보는 방식의 변화를 가져왔다. 승인은 그들로 하여금 상대방이 다른 방식으로 상황을 지각할 수도 있다는 것에 익숙해지도록 도왔고, 그들의 차이점들을 훨씬 더 잘 수용할 수 있게 해 주었다.

그렇지만 이것은 톰이, 예를 들어서, 조이스가 '진리' 라고 하는 것에 동의해야만 한다는 뜻은 아니다. 조이스의 경우 톰이 자기 얘기를 들어 주고 자기가 경험하는 것을 이해해 준다는 것을 알게 되자, 자기를 바라보고 귀를 기울여 주었다고 느끼는 데 도움이 되었고, 그가 그녀와 그녀의 필요들을 배려한다고 느끼도록 해 주었다.

대부분의 커플들에게는 행동의 변화 또한 매우 중요하다. 조이스가 톰에게 가까이 갈 수 있으려면 그녀가 "멈춰요."라고 말할 때 그가 그녀의 말을 듣고 반응하여 멈추어 줄 것이라는 걸 알 수 있어야만 했다. 그녀는 그와 함께 '행동수정요청' 을 실습하면서 구체적인 행동을 정의하고 동의하는 것을 통해 그가 그렇게 하리라는 것을 알게 되었다. 이전에는 조이스가 톰에게 어떤 식으로 행동하라고 아무리 부탁해도 그는 그녀의 말을 들을 수가 없었고, 그녀가 한 말을 오해했고, 동의한 것을 지킬 수가 없었다. 그래서 갈등이 일어나고 두 사람은 각각 자신이 옳다고 느꼈었다. 그러나 일단 그들이 원하는 것을 명확히 하고 변화에 헌신하는 과정을 배우고 연습하기 시작하자, 그들은 신뢰를 쌓기 시작할 수 있었고, 상대방이 원하는 것이 무엇인지 또한 상대방이 무엇을 기꺼이 주고자 하는지 또한 알게 되었다.

치료사가 파트너들의 동반자적 관계를 강력하게 지지할 때 그들 스스로도 관계를 지탱하기를 원하게 된다. 치료사가 각 사람의 고유한 인식, 고유한 세계관, 고유한 주장을 고수하도록 돕는 것도 이에 포함된다. 슈나르흐(Schnarch, 1997)는 이 과정을 파트너들의 분화(여기에는 자기위안 능력의 확장이 포함됨)를 촉진하는 것으로 묘사했다.

분화는 조이스와 톰에게 중요한 과제였다. 서로 진정한 연결을 이루려면 관계의 변화에 상관없이 자신을 유지할 수 있는 자기감을 가지고 있어야만 한다. 조이스와 톰의 대화는 서로 상대방의 말을 듣고 자기 말이 상대방에게 들려질 수 있게 만들었고, 그것이 두 사람 모두의 분화를 확장시키고 진전시켰다.

치료사 역시 해야만 하는 내면의 작업이 있다. 성(性)은 많은 치료사들에게 부담스러운 주제다. 많은 치료 상황에서 그렇듯, 커플의 문제에 대한 치료사 자신의 내면의 반응을 다루려면 내담자에 대한 자신의 판단이나 투사를 주의 깊게 점검하는 것이 필요하다.

어떻게 개입할 것인지를 고려할 때 성적 차이를 반드시 인정해야 한다. 대체로 여성은 가까운 느낌과 함께 나누는 느낌이 있어야 성적 흥분이 생긴다. 남성의 경우에는 성적인 표현이 그들로 하여금 상대방과 가깝게 느끼도록 해 준다. 상대방이 성적 흥분을 느끼고 수용하기 위해 필요한 것이 자기와 다를 수가 있으며, 그것 또한 완전히 정상이라는 것을 각자가 이해하는 것이 중요하다.

또한 치료사가 추가적으로 고려해야 할 중요한 점은 치료가 성공인지, 실패인지를 언제 어떻게 판단하는가다. 결혼한 부부치료의 경우, 일반적인 성공률은 40~50%다. 특정 커플의 성공의 평가 기준은 사전에 커플 당사자들과 함께 상의하여 정의해야만 한다. 치료를 종결할지와, 언제 종결할 지, 그리고 진전이 있었는지의 여부도 마찬가지다.

커플의 역기능이 어느 정도로 심각한지에 상관없이 치료를 받으러 온 사람들은 만족스러운 관계를 추구하고 있다는 점을 명심하는 것이 중요하다. 때때로 치료사들은 더 큰 그림을 보는 시야를 잃고 성치료의 기술적인 세부사항에 빠지거나 커플이 성관계를 잘 하도록 만들려는 목표만을 추구하게 된다. 전문가든 코치든(그 밖의 어떤 역할을 하든), 치료사는 두 사람 사이의 관계에서 과정(process)을 최우선적으로 고려해야만 한다. 그러나 내담자들 또한 치료사가 자신들이 치료를 받으러 온 중요한 목적(각 개인의 정의에 따른 좋고 행복한 결혼생활하는 법을 발견하고자 하는 것)을 존중해 준다는 확신을 얻어야만 한다. 그들에게 무엇이 좋을지는 치료사가 결정하는 것이 아니라 각 파트너가 자기 자신의 파트너십을 위해 원하는 것을 따르는 것이 치료다.

조이스와 톰은 비록 가끔씩, 가벼운 정도이기는 하지만 정서적으로, 그리고 성적으로도 서로 접촉할 수 있게 되었다. 비록 그들의 변화와 성공의 정도가 다른 커플들의 만족스러운 관계의 기준에는 못 미치는 것일 수 있지만, 치료 시기 동안 그들 사이의 정서적 거리가 상당히 좁혀졌다. 적어도 커플로서의 그들의 미래에 새로운 가능성이 생겼다. 그들이 어디까지 갈지, 서로의 다른 필요를 얼마나 충분히 채워 줄 수 있을지는 두고 보아야 할 일이다.

그러나 나는 희망적이다.

편저자의 말

커플의 성문제는 매우 다양한 형태로 나타난다. 어려움을 겪는 커플들 중 많은 숫자가 여러 달, 심지어 여러 해 동안 성관계가 없는 상태에서 치료를 받으러 온다. 흥미롭게도 많은 커플들은 치료 과정의 후반에 이르러서야 성적인 어려움을 꺼내 놓는다. 그들은 너무 드문드문하거나 너무 빨리 끝나는 성관계 또는 부적절한 체위 등에 대해 불평한다. 또한 성관계가 기계적으로 느껴지기도 한다. "그는 둔감해요." "그녀는 마치 냉동 생선처럼 거기 누워 있어요." "그는 너무 빨리 사정해요." "그녀는 절대로 오르가슴을 못 느껴요." 우리 몸에서 가장 중요한 성적 기관은 바로 뇌로서, 어림잡아 성적 반응의 95%가 심리적인 것이라고 할 수 있다. 그렇기 때문에 부부치료를 시작하는 사람들 대부분은 사실은 성관계에 대한 도움을 필요로 하게 될 가능성이 아주 높다.

버넬 박사가 지적한 것같이 부부관계치료사들이 윤리적이기 위해서는 상담치료 중에 나타날 수 있는 광범위한 성문제를 언급할 수 있는 능력이 있는지를 고려해 보아야만 한다. 다른 유형의 부부

문제들과는 달리, 부부관계치료사가 성적 기능 장애를 다루려면 생물학적 지식이 어느 정도 있어야 한다. 많은 경우 성행동에 영향을 주는 신체적 요인들과 심리적 요인들의 조합을 이해하고 다룰 수 있도록 하기 위한 전문적인 훈련이 필요하다. 성적인 어려움을 다루기 위해서 보다 중요한 것은 부부관계치료사 스스로가 자기 자신의 성에 대해 편안하게 느껴야만 한다는 것이다.

치료사가 듣는 일에 어려움을 느낄 수 있는 만큼 어떤 커플들에게 있어서는 성생활에 대한 좌절감을 말로 표현하는 일이 더 어려울 수가 있다. 버넬 박사가 제시한 이 커플은 그들의 성문제에 대해 불안하고 수치스럽게 느꼈다. 지혜롭게도 치료사는 천천히 치료를 진행하면서 성적인 주제에 뛰어들기 전에 그들의 정서적 갈등을 다룸으로써 그들로 하여금 작은 성공들을 거둘 수 있도록 해 주었다. 그러자 그 커플은 대화 과정을 신뢰할 수 있게 되었고, 더 큰 불안을 야기할 수 있는 성적 문제까지 다룰 수 있는 준비를 할 수 있었다.

이 사례에서 볼 수 있는 성욕 저하의 문제는 커플들 사이에서는 그렇게 보기 드문 문제가 아니다. 이 문제는 부분적으로는 오늘날 맞벌이 부부의 숫자가 많아진 것에 기인한다고 할 수 있다. 맞벌이 부부들은 직장과 가정 두 곳을 꾸려 가느라 시간도, 에너지도, 성욕도 종종 바닥이 난다. 조이스의 경우 과거의 사건들이 그녀에게 성을 불안과 연관짓고, 불안을 죽음과 연관짓도록 만들었다. 그러므로 톰과의 성관계나, 심지어 성에 대해 언급하는 것조차 그녀의 신체로 하여금 싸우거나 도망하고자 하는 반응을 일으키게 만들었다. 조이스의 뇌는 성이 반드시 불안을 야기하는 것은 아니며, 혹

그것이 불안을 야기한다 하더라도 그 불안이 그녀를 죽이지는 않는다는 사실을 배워야만 할 필요가 있었다. 잘 모르는 일을 하는 것에 대한 두려움이 그 일을 반복해서 하다 보면 줄어들게 되는 것과 마찬가지로, 성에 관련된 불안 또한 안전한 느낌을 주는 경험을 반복해서 하다 보면 시간이 지남에 따라 조금씩 사라질 수 있다. 예를 들어, 조이스는 처음에는 성에 대한 이야기를 조금도 견디지 못했었다. 그렇지만 치료사가 조이스에게 불안을 다루는 방법을 코치하자("자, 심호흡을 하세요. 그리고 발로 바닥을 힘껏 딛고…….") 조이스는 톰이 성에 대해 이야기하는 것을 들을 수 있게 되었다. 그리고 나중엔 대화하면서 톰의 손도 잡을 수가 있었다. 그리고 포옹을 해 주거나 받기도 할 수 있었다. 비록 이러한 변화가 작고 지나치게 더뎌 보일 수 있지만, 이 작은 변화가 그들로 하여금 성적인 자유와 즐거움을 향해 조금씩 나아갈 수 있게 해 주었다. 사실 한 발자국씩 내딛을 때마다 불안이 따를 것이다. 그러나 우리가 이루고자 하는 대부분의 모든 행동 변화에는 불안이 따르기 마련이다. 그것이 우리 파트너의 감정을 경청하는 것이나 우리의 반응을 담고 있는 것이나, 옷을 다 입고 하거나 벗고 하거나, 파트너가 우리를 만지도록 허락하는 것이나 모두 다 마찬가지다.

참고문헌

Anne, J. S. (1974). The PLISSIT model. In *The behavioral treatment of sexual problems*. Honolulu: Kapiolani Health Services.

Schnarch, D. (1997). *Passionate marriage*. New York: W. W. Norton.

10

외도문제가 있는 커플들을 위한 이마고 부부관계치료

보니 이커 웨일(Bonnie Eaker Weil), 리사 켈빈 터틀(Lisa Kelvin Tuttle)

배우자의 외도가 드러났을 때 부부관계를 지속하는 경우는 약 35%에 지나지 않는다고 한다(Pittman, 1990). 이 통계가 높아 보이든 낮아 보이든, 이는 우리의 부부치료에 중요한 의미가 있다. 첫째, 그러한 파괴적 경험을 견디는 커플이 있다는 사실은 그들 사이를 찢어놓는 것이 무엇인가 하는 주제만이 아니라, 그들을 함께 묶어 주는 끈이 무엇인지를 탐색해 보도록 우리를 이끌어 준다는 사실이다. 둘째, 외도가 실상은 도움을 요청하는 외침인 경우, 커플은 이 강력한 증상을 극복해서 의사소통 기술을 배우고 친밀감과 연결, 결속의 느낌을 창조해 낼 수 있도록 인도되어야만 한다는 것이다.

외도는 부부관계에 있어서 상호적인 공허감의 산물이며, 외도의 가면 뒤에 숨어 있는 진짜 핵심적인 문제는 친밀감의 결여다. 친밀감을 회피하기 위해서 부부 두 사람은 어느 정도 외도를 필요로 한다. 이러한 경우 중심 주제, 즉 그들의 관계에 있어서의 주된 문제가 외도가 아니라 상호 간의 단절과 고통이라는 점을 커플이 인식할 수 있게 되는 것에 부부관계치료의 성공 여부가 달려 있다. 그러므로 부부관계치료의 목표는 두 사람 모두가 외도의 촉매 역할을 했던 상호적 공허감에 서로가 동등하게 기여했다는 사실을 받아들이고 그것에 대해 책임을 지도록 돕는 것이어야만 한다. 친밀감의 결여에 대한 책임의 공유는 '배반한 사람' 과 '배반당한 사람' 이 모두 공정하게 책임을 나누어 져야 한다. 파트너들이 그들 사이에 등호를 그릴 수 있을 때, 그들은 각각 자기의 책임을 인정하고, 외도가 곧 자신들의 부부관계를 안정시키기 위한 역기능적인(잘못된) 시도였음을 바라보기 시작한다.

또한 부정(不貞)은 '정서적 유산' (나는 이렇게 부른다)이라고 할 수 있다. 『불륜, 용서할 수 있는 죄(*Adultery, the Forgivable Sin*)』(Eaker Weil, 1994)라는 책에서도 설명했듯이, 외도의 성향은 종종 가족의 행동 패턴을 통해 전달된다. 외도가 사실 나 자신의 가족을 거의 찢어 놓을 뻔했었기 때문에 나는 이 주제에 대해 특별한 관심이 있는데, 대부분의 탈선한 내담자들 대부분이 과거에 외도를 한 경험이 있는 아버지나 어머니를 가지고 있었다는 사실을 증언할 수 있다. 상담 초기 치료 사정을 할 때, 다세대에 걸친 가족 맥락을 탐색하기 위해 상세한 가족가계도(McGoldrick & Gerson, 1985)를 그리며 그 가족 내력을 살펴보면, 윗세대에서 부정이 있었는지를 밝혀낼 수가 있다. 그러한 지식은 외도를 하나의 발달적인 주제로 바라볼 수 있게 해 준다는 점에서 부부관계치료에 있어 결정적인 초석을 놓아 준다고 할 수 있다. 가계도(genogram) 또는 멜 브룩스(Mel Brooks)가 사석에서 사용한 용어인 '외도 가계도(cheat-o-gram)'가 정말로 외도에 대한 가족력을 드러내 주는 경우, 이 정보는 파트너 개인에 대한 비난을 감소시키는 데 있어서 중요한 역할을 할 수 있다. 특히 두 사람 모두의 가계도에 부정이 나타나는 경우에는 더욱 그렇다.

이마고 부부관계치료의 핵심이라고 할 수 있는 '이마고 부부대화법' (Hendrix, 1988)은 외도 커플의 관계를 재조직하고 치유하는 데 크게 도움을 준다. 반영, 인정, 공감이라는 세 부분으로 된 구조는 외도를 경험한 커플들을 도와줄 수 있는 강력한 도구다. 이 이마고 부부대화법은 두 가지 면에서 큰 도움을 준다. 즉, 파트너들로 하여금 상호적 책임감을 받아들이도록 도와주고, 비난과 공격이라는 악순환에 종지부를 찍게 해 준다. 또한 어떻게 하면 외도가 일어났던 과거에 살기보다는 지금 현재를 살 수 있는지를 가르쳐 주는 갈등 해결의 새로운 형식을 제공해 준다. 시간이 감에 따라 대화에 숙달이 되면, 커플들은 다시 서로를 신뢰하는 법을 배우고, 이 신뢰는 그들로 하여금 변화의 과정을 지속하는 데 헌신할 수 있도록 격려한다. '이마고 부부대화법' 은 이마고 '행동수정요청' 과 더불어 배반당한 배우자가 회복의 기간을 거치는 동안에 부정의 증거를 수색하는 파괴적인 경험으로부터 벗어나 배우자를 용서할 수 있도록 돕는다.

이번 장에서 나는 두 개의 사례를 제시할 것이다. 이 사례들은 '이마고 부부대화법' 특히 '인정하기' 를 강조한 부부대화 과정을 통해서 어떻게 '부정'을 용서하도록 도와줄 수 있는지를 보여 준다. 두 사례 모두 남자들이 외도를 했는데, 그들은 모두 처음에는 '인정하기'를 해 주지 못했으며, 여자들이 이전처럼 그냥 살면서 배반을 극복해 주기를 원했다. (배반당한 파트너는 종종 그러한 기대를 받아들이고, 배반에 따르는 모든 고통과 수치의 직면을 피하기 위해 그냥 넘어가려 한다.) 나는 여기에서 용서에 도달하는 커플의 능력을 향상시키는 다른 방법들을 소개하고 그것들에 대한 개요로 이 글을 마치고자 한다.

외도가 주제인 경우에는 대체로 커플을 함께 다룰 뿐 아니라 개인도 따로 다루는 것이 좋다. 개인상담치료 회기에는 유독성의 수준을 낮추고 커플이 함께하는 회기가 좀 더 생산적이 될 수 있을 정도로 충분히 사람을 진정시킨다. 나는 이러한 개인 회기 외에도 두 사람 모두 원가족 문제를 다루는 데 있어서 직접 그들의 부모들이나 다른 중요한 양육자들을 만날 수 있게 하고, 가능하면 커플 회기에 다른 가족 구성원들도 함께 참석하도록 돕는 것이 유익하다는 점을 발견했다. 직접 만나는 것이 어렵다면 전화 상담으로 대신할 수도 있다.

1 인정의 힘

배반당한 파트너가 용서를 하게 하고 관계의 연결을 회복하게 하기 위해서는 외도한 파트너가 배반당한 파트너의 고통과 분노를 인정해 주어야만 한다. '인정하기'는 외도의 이유를 밝히는 것과 친밀감의 회복과 용서라는 두 가지 모두를 위한 열쇠다. '인정하기'가 없다면 용서가 있을 수 없고, 용서가 없다면 관계의 지속 또한 거의 불가능하다.

외도한 사람이 '인정하기'를 할 수 있을 때 배반당한 파트너는, 종종 처음으로, 상대방이 자기 말을 들어 주었다는 느낌을 갖는다. 그다음 외도한 사람의 말 또한 들어 줄 수 있게 된다. 의사소통의 기술이 없을 때 파트너들은 서로를 정서적으로 배반하기 마련이다. 그렇기 때문에 상담치료에는 커플들이 특히 '인정하기'에 초점을 두는 대화의 기술을 배울 수 있게끔 돕는 일이 포함되어야만 한다. 결혼생활에서 일어나는 다른 어려움들뿐만 아니라 외도의 주제를 다룰 때도 마찬가지로, 주된 방법으로 이마고 부부대화법을 사용할 수 있도록 코치해 주어야만 한다.

2 집착하기, 다트 던지기, 분노 다루기

외도한 사람은 배반당한 파트너가 분노를 표현하는 것의 중요성과 말로 '다트 던지기'를 해야 할 필요성을 이해하고 인정해 줄 수 있어야 한다. 배반당한 파트너의 분노 배출을 돕는 '다트 던지기'는 외도한 사람이 그것을 허용해 줄 때 마침내 멈추게 된다. 파트너가 외도의 부당함에 한창 집착하고 있는 동안에는 외도한 사람이 파트너에게 분노를 표현하지 않는 것이 필수적이다. 왜냐하면 외도한 사람이 분노를 표현하는 것은 치유의 과정을 방해하기 때문이다. 또한 배반당한 배우자가 미친 듯 날뛰는 것은 고통과 번민을 통과해서 용서에 이르기 위해 반드시 거쳐야만 하는 작업의 일부분이다. 배반당한 파트너가 자기도 그 외도 시나리오에 어떤 역할을 했다는 사실을 받아들일 수 있게 될 때에야 비로소 집착이 가라앉는다. 이 문제는 서로를 '피해자'와 '개자식'으로 나눌 일이 아닌 것이다.

내가 '사랑하는 사람 채찍질하기'라고 부르는 것이 있는데, 여기에는 반드시 시간제한이 있고, 약속에 의해서만 진행할 수 있는 것으로서, 배반당한 배우자가 질문하고, 불평하고, 집착하도록 허용해 주는 것이다. '채찍질하기'에는 시간제한을 두는 것이 중요하다. 외도한 사람 또한 너무 오랫동안 그것을 견뎌낼 수가 없기 때문이다. 그렇지만 배반당한 사람이 채찍질을 할 수 있도록 더 많이 허용을 해 주면 해 줄수록 분노와 원한과 다트 던지기를 극복하는 쪽으로 더 가까이 옮겨가게 된다. 그리고 용서가 나타나기 시작하면서 배반당한 사람은 마침내 외도한 파트너에 대한 성적인 느낌을 다시 회복하기 시작한다.

이렇게 집착을 구조화하면 배반당한 배우자로 하여금 외도가 일어났을 즈음, 그리고 그것이 발각되었을 때 그들의 삶에 무슨 일이 있어났는지를 되돌아볼 수 있도록 도와줄 수가 있다. 그것은 마치 흩어진 조각 그림을 맞추는 것처럼, 그들의 경험을 정서적으로 재구성하여 그 위기를 이해할 수 있도록 이끈다. 내 경험에 의하면, 배반당한 파트너가 외도한 파트너로부터 집착에 대한 '인정하기'를 받을 수 있어야만, 그리고 외도한 배우자가 자기가 한 일에 대해 기꺼이 책임을 져야만 배반당한 배우자는 그들의 불화에 대해 자기가 맡았던 역할을 볼 수가 있게 되고, 비로소 그것에 대해 함께 책임을 지려 한다.

3 사례 이야기

사례 1: 카렌과 데이빗

이 글을 쓰고 있는 현재 나는 카렌과 데이빗을 18개월 넘게 상담하고 있다. 남편은 45세이고 아내는 42세로서, 이들은 외향적이고, 매력적이며, 지적인 부부다. 카렌이 셋째 아기를 임신하고 낳는 동안 데이빗은 그의 가장 친한 친구의 아내이며, 카렌의 가장 친한 친구이기도 한 라니와 바람을 피웠다. 데이빗은 처음에는 그 사실을 부인했지만, 카렌이 이혼하겠다고 협박하자 외도를 시인했고, 곧 라니와의 관계를 끝냈다. 데이빗은 이미 세 달이나 지났는데도 아내 카렌이 왜 그 일을 아직도 잊지 못하는지를 이해할 수가 없어 매우 힘들어했다. 그는 "외도는 끝났어요. 다 지난 일이잖아요." 라고 말했다. 그들이 부부치료를 받으러 온 것은 둘 다 새로운 변화를 원해서였다.

나는 이 커플이 더 이상 진정한 친밀감을 경험하지 못하게 되었다고 생각하지만, 그들은 그들의 성관계가 여전히 굉장히 좋고, 함께 영화관에도 가고, 외식도 하고, 연극 구경도 하는 등 꽤 친밀한 시간을 보내고 있다고 보고했다.

그들은 격렬한 연애 기간을 보냈다. 데이빗은 항상 명령을 내렸다. 그가 "뛰어."라고 하면 그녀는 "얼마나 높이요?"라고 묻곤 했다. 그녀는 낮은 자기가치감을 지니고 있었기 때문에 감정이 롤러코스터를 탔다. "그가 나를 사랑해 주면 나는 대단한 사람이 되는 거였죠." 그녀는 그가 자주 다른 여자들과 시시덕거리는 것을 알고 있었다. 데이빗에게는 다른 사람으로부터 애정과 인정을 받는 것이 매우 어려운 일이었다. 왜냐하면 그는 자기 원가족 안에서 그런 것들을 받아 보지 못했기 때문이었다. 그는 애정과 인정을 받기 위해 매우 오랫동안 힘들게 몸부림쳤다. 그리고 결혼생활에서 그는 결코 카렌을 인정해 주지 않았다. 그는 극단적으로 이기적이었고, 자기와 자기 필요를 중심으로 돌아가는 삶에 익숙해져 있었다. 자녀양육에도 거의 참여하지 않았으며, 혼자서 자주 골프나 테니스를 치러 다녔다.

한편 카렌은 그녀의 엄마와 지나치게 가까웠다. 엄마는 이따금씩 자기 자신의 문제로 카렌을 압도시키고는, 그다음엔 그녀를 정서적으로 버렸다. 그래서 카렌은 데이빗을 선택했는데, 그는 파트너로서 자신을 숨막히게까지는 하지 않을 것 같았었다. 그러나 데이빗 또한 카렌의 정서적인 필요를 채워 주지 않았고, 결국 외도를 통해 그녀를 버렸다.

데이빗의 아버지는 알코올중독이었는데, 데이빗은 가족 안에서 친밀감을 볼 수가 없었다. 카렌은 데이빗의 아버지 또한 외도를 했을 것이라고 의심하지만, 데이빗의 부모님은 이를 부인한다. 그들은 잠시 별거를 했었는데, (그 후에 데이빗이 외도를 함) 지금은 다시 합쳤다.

카렌은 또한 지나치게 책임을 지려 하는 경향이 있었다. 그녀는 엄마에게 그랬던 것처럼 데이빗의 사랑과 인정을 얻어 내려고 애썼다. 그녀는 항상 '착한 아이'가 되려고 애썼으며, 그것이 싫증났다고 말했다. 데이빗의 외도를 발견한 후 그녀는 말하자면 과잉수정으로 반응했다. 그녀는 데이빗이 아이들을 돌봐야만 한다고 주장하고, 그가 평소처럼 골프와 테니스를 치러 다니며 자기만의 공간에서 은거하려는 시간을 주려 하지 않았다. 이제 그녀는 데이빗처럼 되려고 했는데, 시간이 감에 따라 그들의 역할이 서로 바뀌기 시작했다. 카렌은 데이빗이 너무나 자기중심적이었고 그녀의 거절감과 고통을 인정해 주지 못했던 것에 대해 분노했다. 그녀는 그에게 이렇게 말했다. "나는 이제부터 나, 나, 나를 위해 살 거예요. 이제 더 이상은 절대로 당신에게 양보하지 않을 거예요."

여기에 대해서 나는 두 사람이 관계의 균형을 잡는 일을 해야만 한다는 사실을 분명히 했다. 남편이 '나, 나, 나' 만 하는 것도, 아내가 '나, 나, 나' 만 하는 것도 좋은 일이 아니었다. 아내의 반응은 마치 자신은 자기 자신을 인정해 줄 것이기 때문에 남편을 인정해 주지는 못할 것 같다는 것이었다. 그녀는 '받은 대로 다 갚아 주고' 싶다고 말했다. 나는 그녀가 결혼생활을 계속하기를 원한다면 비록 그가 그녀를 인정해 주지는 못한다 할지라도 자신은 그를 인정해 줘야만 할 것이라고 주장했다. 그도 그녀처럼 아직 배우고 있는 중이므로 비록 남편이 아직 그런 필요한 기술을 가지고 있지 못한다 할지라도 아내가 남편을 그런 식으로 비판하는 것을 나는 원하지 않았다. 그녀는 남편이 그녀의 경험을 인정해 주는 것에 아직 어려움이 있다는 점을 감안하고 인내심을 가져야만 했다.

'인정하기' 는 외도가 발생했든 아니든 그들의 관계를 위해서 부부 두 사람 모두가 배워야만 할 필요가 있는 것이었다. 그에게 '인정하기' 를 가르치기 위해서는 그녀 자신 또한 '인정하기' 를 배워야만 했다.

이 커플은 집착/다트 던지기 단계를 성공적으로 통과하기는 했지만, 시간이 매우 오래 걸렸다. 여러 회기에 걸쳐서 카렌이 남편의 애정행각에 대해서 집착하고 질문할 수 있도록 허용해 주었다. 대화를 통해 그녀는 그에 대한 분노를 표현했고, 남편이 왜 계속해서 그녀에게 그렇게 미쳤다고 말했었는지, 그녀가 처음에 외도를 의심했을 때도 왜 그렇게 그녀의 말을 인정하지 않고 그렇게 부인했는지를 묻고 또 물었다. 처음에는 그녀가 더 많이 질문을 하면 할수록 남편은 그녀가 너무 심하다는 반응을 더 많이 보였다. 그러자 카렌은 지금은 자기가 심하게 해도 되는 시간이라고 주장했다.

아내는 외도에 대해서 하고 싶은 이야기를 참을 수가 없었다. 그녀는 먼저 남편과 약속도 하지 않고 말을 시작하곤 했다. 그녀는 남편이 견딜 수 있을 만큼 5분 또는 10분 동안 대화법을 사용하여 이야기하기로 시간을 제한하자는 데 동의했다. 또한 남편에게는 타임아웃을 요청할 수 있게끔 해 주었다. 단, 잠시 후 다시 대화를 시작하는 것에는 동의해야만 했다. 아내가 남편의 타임아웃 요청을 거절할 때마다 남편에게는 대화와 인정이 불가능했다. 이것은 데이빗의 변화하려는 노력을 방해하려는 카렌의 무의식적 방법이었다. 때때로 카렌은 대화와 남편의 자기노출을 남편을 벌 주려는 수단으로 사용하려 했다. 그녀는 자기가 남편을 인정해 주면 남편이 다시 외도를 하도록, 이전처럼 자기중심적으로 남편이 하고 싶은 대로 하게끔 허용해 주는 것이 될까 봐 두려워했다. 남편 또한 자신이 먼저 움직이지 않으면 아내는 상담실에서 함께 동의한 것을 아무것도 실행하려조차 하지 않는다고 불평했다.

다음은 두 번의 상담 회기에서 발췌한 축어록으로서, 이 부부가 서로의 경험을 인정해 주는 것이 얼마나 어려웠는지를 보여 준다. 첫 번째 대화에서는 그들이 이야기를 주고받을 때, 나는 보통 때처럼 그들에게 지시하면서 '과정' 가운데 머무르도록 하는 일을 일부러 하지 않았다. 이것이 그들에게 몇몇 중요한 주제를 터트리고 정의할 수 있는 기회를 제공해 주었다. 두 번째 대화에서는 내가 좀 더 직접 개입했고, 그들 사이의 연결이 더욱 잘 진행될 수 있었다.

카렌: 당신은 내가 라니에 대해 너무 편집증적이라면서 정신병원에 가야 한다고 말했어요. 그런 말을 하다니 정말 기가 막혀요. 당신은 계속해서 나로 하여금 좋은 아내가 되어야만 한다고 느끼게 만들었어요. 엄마도 그랬지요. 나는 좋은 아이가 되어야만 했어요. 난 당신을 증오해요! 난 이혼하고 싶어요. 외도 때문이 아니라 당신이 나를 인정해 주지 않았던 그 모든 것 때문에요. 내가 나 자신을 의심하지 않도록 당신이 내게 말해 주었어야만 했어요. 그 더러운 라니가 당신과의 사이에서 내게 성적인 문제나 정서적인 문제가 있는지를 알아내려고 날 조종하려들더군요. 난 거기에 말려들었죠. 그래서 내가 당신에게 따지자 당신은 내게 등을 돌리고 그 여자 편을 들었어요. 그리고 당신은 내가 미쳤다고 말하면서 내가 그렇게 느끼고 생각한다는 것 때문에 내게 벌을 주었죠. 당신도 그런 식으로 벌을 받게 되면 좋겠어요? 당신은 항상 그렇게 내가 느끼는 것이 내가 잘못됐기 때문이라고 날 설득시키려 했어요. 당신이 그런 식으로 나의 감정이나 내게 중요한 것을 배려해 주지 않는데, 내가 어떻게 그걸 잊을 수 있겠어요? 언제나 당신, 당신의 필요, 당신의 공간, 당신의 친구들이잖아요. 난 도대체 뭐

죠? 나는 당신이 내게 그랬던 그대로 당신에게 다시 갚아 주고 싶어요. 난 당신을 용서할 수가 없어요. 내가 용서해 주면 당신은 또다시 나를 마치 보이지 않는 사람처럼 대해도 된다고 생각할 테니까요. 나는 중요한 사람이에요. 나는 존재한다고요! 당신은 내게 사과해야만 돼요. 당신이 내게 이렇게 하는데도 내가 왜 노력해야만 하는 거죠? 당신보다 내가 더 힘들단 말이에요. 당신이 하는 일은 당신의 행동을 실수로 돌리는 것뿐이죠. 나만 이 혼란 가운데 남아 있죠. 이 모든 것을 하지 않아도 되게 차라리 내가 당신을 떠나는 게 훨씬 낫겠어요.

데이빗: 내가 그렇게 많이 잘못한 것 같지는 않아요. 난 당신을 인정해 주었어요. 그렇지만 그것이 결코 당신에겐 충분하지 않았던 거죠. 당신은 사실 날 용서하고 싶지 않은 거예요. 난리치고 비난하는 건 더 쉬워요. 그렇게 하면 자기 잘못은 절대로 보지 않아도 되죠. 외도에는 우리 둘 다 책임이 있어요. 당신은 뭔가요? 난 나쁜 놈이고 카렌 당신은 성자란 말이에요? 난 노력할 거예요. 그렇지만 해도 욕먹고, 안 해도 욕먹을 걸요. 날 좀 봐주든지, 아니면 떠나게 놔줘요. 그래요, 내가 큰 실수를 했어요. 그렇지만 지금 난 그 대가를 치르고 있잖아요. 책임을 졌잖아요. 당신은 그저 벌만 주고 있어요. 이 벌 주기는 대체 언제 끝나는 건가요? 난 당신을 사랑하지만, 당신은 내게 모든 비난을 퍼부으면서 우리의 사랑을 죽이고 있다구요.

카렌: 당신 곁에 있는 건 참 쉽지 않군요. 전혀 안전하게 느껴지지가 않아요. 그래서 내가 당신을 밀어내는 거예요. 당신이 내게 그랬던 것처럼 말예요.

데이빗: 나를 이러지도 저러지도 못하는 상황으로 내몰면서 당신이 원한다고 말한 대로 했다고 해서 날 비난하지는 말아요. 우리 사이를 그렇게 이간시키지 말아요. 우리 사이에 더 이상 라니는 없어요.

카렌: 당신이 나를 배반했을 때 그 당시에 내가 그 모든 일들을 해야만 했었다는 사실이 너무 화가 나요. 난 임신했는데, 당신은 재미나 보고 다녔잖아요. 내가 왜 그렇게 화가 나는지 당신이 좀 날 이해해 줄 수는 없나요? 단 한 번만이라도 좀 당신이 내 입장이 돼서 생각을 좀 해 보라고요.

데이빗: 나도 느낄 수 있어요. 그렇지만 그걸 해결해야 하는데, 그럴 수가 없으니 내 자신이 너무 무력하다는 느낌이 드는 거예요. 어떻게 하면 될지 난 정말 모르겠어요. 내가 당신을 인정해 주어도 그게 아무런 도움이 안 되잖아요. 그럴수록 당신은 더욱더 많이 원하고요. 난 능력이 안 돼요. 난 당신이 아니에요. 당신도 내가 아니고요. 이제 그만 마음을 풀고 날 그만 좀 괴롭혀요. 이혼한다는 협박도 이제 제발 그만 좀 해요.

카렌: 아마 나도 그러길 원할 걸요. 나도 더 이상 이런 감정을 느끼지 않도록 그만 끝냈으면 좋겠어요. 앞으로는 달라질 거예요. 내가 통제하겠어요. 당신이 통제하지 못하게 되면 그때 내가 어떤 느낌이었는지를 당신도 느낄 수 있을 테니까요.

두 번째 대화는 매우 다른 분위기를 보여 준다.

카렌: 나는 당신이나 우리 엄마에게 사랑받는다고 단 한 번도 느껴보질

못했어요. 나는 두 사람 모두에게 결코 충분하질 못했죠. 엄마는 거의 항상 나를 숨막히게 했어요. 그래놓고 내가 엄마를 가장 필요로 할 때는 날 본 척조차 안 했지요. 난 당신에 대해서도 그렇게 느껴요. 나는 당신이 그렇게 너무 멀리 있는 것이 싫어요. 그렇지만 너무 가까이 오는 것도 싫어요. 어쩌면 내가 어떤 식이든 이 일이 일어나게 만들었을지도 몰라요. 당신과 너무 가까워져서 상처를 받게 되지 않도록 하기 위해서 말이죠. 어쩌면 내가 무의식적으로 라니를 당신에게 데려다 주었을지도 몰라요. 바로 내 눈 앞에서 무슨 일이 일어나고 있는지 난 그저 보고 있었으니까요. 그렇지만 내가 의심하자 당신은 내 입을 틀어막았어요. 내가 내 직관을 믿었어야 하는 건데! 나는 내 자신을 믿지 않았던 거예요. 어렸을 때처럼 말이죠. 엄마는 내 생각이 틀렸다고 말하곤 했었죠.

데이빗: 내가 듣기론 당신은 나나 당신 어머니로부터 사랑받고 있거나 우리가 당신을 충분히 괜찮게 본다고 단 한 번도 느끼지 못했다는 거지요. 당신은 또 내가 당신에게 가까이 가는 것을 정말 원했는지, 당신이 너무 상처받기 쉬운 상태가 될까 봐 무의식적으로 당신이 나를 라니와 연결해 준 것은 아닌지 모르겠다는 거군요. 내가 잘 이해했어요?

카렌: 대체로 이해했어요. 그리고 또 나 자신의 직관을 믿지 말라고 어디선가 배웠다고 말했어요. 무슨 일이 일어나고 있는지는 알고 있었지만, 내가 틀렸다는 당신의 말을 믿었었다는 말도 했어요.

데이빗: 그러니까 무슨 일이 일어나고 있는지 당신은 알고 있었지만, 당신이 어렸을 때 당신 어머니가 당신 생각이 틀렸다고 말했던 것 같이 당신이 잘못 알고 있는 것일 거라고 스스로를 설득했다는 거

지요. 그래서 당신은 당신의 직관을 믿지 않기로 했던 거고요.

카렌: 네, 다 맞아요.

치료사: (코치한다.) 데이빗, 이제 카렌에게 당신이 그녀의 경험을 어떻게 이해했는지를 들려주고, 그녀가 당신에게 표현한 감정들을 당신이 잘 들었다는 것을 알려 주세요.

데이빗: 카렌, 당신이 성장하는 과정에서 얼마나 고통스러웠는지를 난 들을 수 있었어요. 내가 외도를 했을 때, 그리고 당신이 의심했지만 내가 당신에게 무슨 소리를 하느냐고 말했을 때 그 고통은 더 심해졌을 거예요. 내가 당신을 대하는 방식 때문에 당신은 당신이 사랑받지 못하고, 버림받았다고 느꼈을 것이라는 게 이해가 돼요. 그리고 나와 너무 가까워지는 것이 당신에게는 힘이 들었고, 나로부터 거리를 두기 위해 외도가 일어나게 했을지도 모른다고 생각하는 것 또한 이해가 돼요. 내 생각에 아마 당신은 상처와 슬픔, 혼란과 좌절 그리고 분노 등 수많은 감정을 느꼈을 것 같아요. 내가 얼마나 당신에게 상처를 줬는지를 이제 알겠어요.

(카렌은 휴지로 눈물을 닦으면서 고개를 끄덕였다.)

치료사: 데이빗, 카렌에게 지금 무슨 말을 하고 싶은가요?

데이빗: 내가 상처를 주어서 미안하다고 말하고 싶어요. 난 당신이 원하는 파트너가 될 수 있는 기회를 원해요. 내게 다시 그 기회를 주지 않겠어요? 그리고 이 모든 것을 내 탓으로만 돌리지 않도록 노력해 주겠어요?

카렌: 집어치워요, 데이빗. 당신은 왜 늘 그러는 거죠? 당신이 내 말을 들어주고 인정해 준다고 이제 겨우 느끼기 시작했는데, 그렇게 또 자기를 보호하는 말이나 해서 이제 막 생기기 시작한 모든 좋

은 감정들을 완전히 무효로 만드는군요. 그러니 내가 어떻게 안전감을 느낄 수 있겠어요? 정말 화가 나네요!

데이빗: 그게 무슨 말이에요? 난 당신을 인정해 주고 있었어요. 이건 불가능해요. 그녀가 어떤 느낌일지를 최선을 다해 생각했는데, 그녀는 또 나를 거절했어요. 순식간에 그녀는 또다시 피해자가 되고 나만 또 나쁜 사람이 되었군요.

치료사: 카렌에게 직접 이야기하세요.

데이빗: 난 정말 좌절감을 느껴요. 나는 당신을 인정해 주고 있었다고 느껴요. 난 그러고 싶었고요. 그리고 이 모든 것 때문에 당신이 얼마나 고통스러웠을지를 공감하기 시작했어요. 그런데 그때 당신이 한 말을 듣고, 그렇다면 당신의 고통만 정당하다는건가 하는 생각이 들었어요. 나도 얼마나 고통스러웠는지, 얼마나 비참했는지 당신이 몰라 줄까 봐 너무 두려워요.

치료사: 카렌, 반영해 주세요.

카렌: 내가 잘 이해했다면 당신은 나의 경험을 인정할 수 있기를 정말 원하는데, 당신이 그렇게 할 때도 내가 당신은 나쁜 사람이고 난 좋은 사람이라고 말한다고 생각한다는 거죠. 당신 역시 많이 고통스러운데, 내가 그것을 몰라 줄까 봐 두렵다는 거고요. 맞나요?

데이빗: 그래요.

카렌: 이해가 돼요. 우리 두 사람 모두 힘들다는 것 알아요. 당신이 항상 나쁜 사람 역할을 하고 있다고 느껴져 고통스럽고 수치스러울 거라는 생각이 들어요. 당신이 고통스럽다는 것 나도 알아요. 정말이지 나는 당신이 어떻게 느끼는지에 대해 마음을 쓴다고요. 당신의 상처받은 얘기도 들어 주겠다고 약속할게요. 그렇지만

저, 내가 이 말을 하기는 참 어렵지만, 나는 내가 말했던 것에서 주제를 바꾸면 속은 느낌이 드는가 봐요.

치료사: 데이빗, 이제 당신 차례예요. 당신이 아내의 얘기를 들었고, 공감하고 있다는 것을 지금 아내가 느낄 수 있는 기회를 주시겠어요? 포기하지 마세요.

데이빗: 알았어요.

카렌: 먼저 당신이 내게 상처를 주어 미안하다고 하고 내가 항상 원하던 파트너가 되기를 원한다고 말하는 것을 듣고 정말 기분이 좋았었다고 말해 주고 싶어요. 데이빗, 당신 마음이 진심인 것 알아요.

데이빗: (심호흡한다.) 그래요. 카렌, 고마워요. 다시 해 봅시다. 당신이 왜 아직도 화가 나 있고 나를 용서하지 못하는지를 이해할 수 있어요. 내가 끔찍한 일을 한 데다가, 당신이 의심하는 것이 옳았는데도 내가 당신으로 하여금 당신이 미쳤다고 느끼게 했으니 더욱더 힘들었을 거예요. 당신이 얼마나 굴욕감과 실망감과 분노를 느꼈을지 상상할 수 있어요.

카렌: 그렇게 말하는 걸 들으니 이해받은 느낌이 드네요. 내가 극복할 수 있도록 도와줘요. 나도 당신을 돕기 원해요. 정말 힘든 일이긴 하지만 그럴 만한 가치가 있다고 생각해요.

더디게 약간의 진척을 보인 후, 이 회기가 끝나 갈 때 데이빗은 인내심을 잃고 이렇게 말했다. "됐어요. 정말 질렸어요. 계속해서 이럴 거면 지금 그렇다고 말해 줘요. 당신이 나를 용서하지 않을 거라면 이제 그만둬야만 하겠어요. 나는 내가 할 수 있는 한 최선을 다하고 있거든요." 이 말은 카렌으로 하여금 그를 용서해야 할 것인지 말 것인지 결정하는 것이 전적으로 그녀의 몫이라는 것을 깨닫게 만들었다. 그녀는 마침내 그를 벌주는 것이 곧 자기 자신과 아이들까지도 벌 주는 것이라는 점을 이해했다. 그러자 그녀는 데이빗에게 말했다. "당신을 용서하려고 해요. 아마도 결코 잊지는 못하겠지만 난 당신을 용서해요. 당신이 나를 떠나는 것은 원하지 않아요. 그리고 당신이 떠나는 것을 원하지 않는다면 당신이 내 옆에 머무르는 것이 당신에게 불행하게 느껴지게 만들 수는 없는 거지요."

18개월이 지난 지금도 그들은 여전히 치료 시간에 가끔 다투기는 하지만 카렌에게 남편을 사랑하는 감정이 되돌아왔다.

나는 아주 천천히 이 커플과 함께 그들의 원가족에 관련된 문제를 다루었다. 데이빗이 이기적인 성향을 극복하는 것이나, 진정으로 카렌을 인정해 주는 것을 할 수 없었던 시기에 나는 그로 하여금 자기 부모님과 약간의 작업을 하게끔 했다. 그는 부모님과의 대화를 통해 그들로부터 인정받았다고 느끼기 시작했고, 그것이 그로 하여금 좀 더 아내를 인정해 줄 수 있도록 이끌어 주었다.

데이빗은 처음에는 매우 방어적이었지만 점차 부드러워졌다. 그는 마침내 외도를 그들의 결혼생활 문제에 대한 경종으로 보게 되었다. 데이빗은 그가 결혼을 통제해 왔었다는 점을 시인했고, 카렌과의 관계에서 그가 경험했던 것을 어린 시절의 상처와 연결지을 수가 있었다.

1년 동안 많은 상담 회기를 가진 후, 카렌은 자신이 대화를 데이빗과 대립하는 데 사용했다는 것과, 자기가 정말 원하는 것은 그와 연결되고 결속을 이루는 것이라는 사실을 깨달았다.

하루는 카렌이 자기가 데이빗의 경험을 기꺼이 인정해 주지 않았던 것 때문에 그가 자기가 한 일에 대해서 엄청난 수치심과 죄책감을 얼마나 느끼게 되었을지를 깨닫게 되었다. 나는 그녀에게 외도한 사람들 중에는 파트너에 대한 사랑의 결핍보다는 죄책감 때문에 결혼을 떠나는 경우가 더 많다고 설명해 주었다. 부부관계치료 시간에 그녀의 에너지를 남편의 발전을 훼방하는 일에 사용하기보다는 도리어 만일 그가 정말 떠나기를 원한다면 그녀는 바로 그 자리에서 그에게 그렇게 말해야만 한다고 말해 주었다. 그녀는 정말로 그를 용서하기를 원한다고 대답했다. 나는 그녀가 더 이상 그와 대립하기 위해 대화 과정을 사용하지 않도록 조치를 취해야만 하며, 이것이 매우 중요하다고 설명해 주었다.

데이빗은 카렌을 '인정하기'를 배웠고, 카렌 또한 이제 데이빗을 인정할 수가 있게 되었다. 이제 그는 자녀양육에 더 많이 참여하며, 카렌이 반드시 자기 자신을 위한 시간을 갖을 수 있도록 배려해 준다. 그는 이전에는 그녀를 잃을 것이 두려워 반대했었지만 이제는 카렌이 학교에 다닐 수 있도록 격려한다. 데이빗은 카렌이 어떤 어려움을 겪었는지를 자신이 결코 완전히는 이해하지 못할 것이라는 점은 인정하지만, 매일 외도에 대해서도 이야기를 할 수 있고, 한 번에 약 10분 동안은 채찍질하기를 견딜 수가 있다. 그는 그녀가 화를 낼 때 자기가 해결해야 한다고 느끼지 않으면서 그대로 허용해 주는 법을 발견했다. 그는 카렌이 요청한 행동을 하려고 노력하고 있으며, 언젠가는 그들이 과거를 잊을 수 있게 되리라 믿고 있다.

카렌은 그들의 문제에 자신이 기여한 부분에 대해 책임을 질 수 있게 되었다. 그녀는 자기 자신의 오르가슴, 즐거움, 재미를 막아왔다는 것과, 문제에 대한 자기 몫의 책임을 받아들이지 않음으로써 치유 과정을 도리어 방해했었다는 사실을 알게 됐다. 그녀는 데이빗이 자기의 감정을 왜 공감할 수 없는 것인지에 대해서 자신이 결코 완전히 이해하지는 못할 것이라는 점은 인정하지만, 그렇다고 그것이 더 이상 그녀를 절망스럽게 만들지는 않는다. 그녀는 사람들이 실수를 한다는 것과, 외도가 그들의 결혼생활에서 어떤 목적을 가지고 있었다는 점을 깨닫고 있다. 외도는 두 사람이 진정한 대화 기술을 배우고 정말로 친밀하고, 연결이 되고, 결속이 되는 일에 도전하게 하는 촉매가 되었던 것이다.

일단 서로의 한계를 받아들이기 시작하자 이 파트너들은 대화 과정을 생산적으로 사용할 수 있었다. 때가 되자 그들은 서로가 최선을 다해 힘껏 노력하고 있다는 것을 알고 더딘 변화를 수용하기 시작했다. 그들은 친밀한 파트너가 되어 가고 있으며, 이제 서로를 가장 친한 친구로 여긴다.

사례 2: 시저와 수지

두 번째는 어린 시절의 연인과 1년에 6번을 만난 남편과 그의 아내에 관한 상담 사례다. 그의 아내는 어느 날 집에 전화를 했을 때 자동응답기 소리를 듣고 남편의 애인에 대해 알게 되었다.

시저와 수지는 50대이고 3명의 자녀를 두었다. 그들은 자기들을 '밤에 떠다니는 2척의 배' 라고 묘사했다. 인정도 공감도 없었고, 결혼생활 내내 줄곧 서로 비난만 했다. 그들 사이에는 친밀감이 없다고 호소했는데, 그것은 아마도 의사소통 기술이 서툴렀기 때문이었을 것이다.

수지는 자기가 늘 함께 있는데도 도대체 왜 남편이 애인을 찾았는지를 이해할 수가 없다. 그녀와 시저 사이에는 대화가 너무 없고 성관계도 늘 '속성' 이었다는 사실이 그녀의 마음을 아프게 했다. 나는 그들에게 1년에 겨우 6번 만난 관계라면 그것은 거짓 친밀감이라고 설명했다. 남편이 그의 옛 애인과 다시 가까워진 이유는 관계의 파편이 없었다는 것, 즉 그 관계에는 문제도, 요구도, 기대도 없었다는 것이었다. 시저는 아마도 친밀감을 갈망했을 터이지만, 그것을 계속해서 감당할 수 없었던 것이 분명하다. 수지는 시저가 결혼생활에서 그녀와 가까운 사이를 유지할 수 없었던 만큼이나 그의 덧없는 외도 또한 진정한 친밀감을 굴절시키고 회피하는 것이었다는 점을 이해할 수 있게 되었다.

그들은 서로 사랑했지만 결속과 연결의 결핍(보통 결혼 후 첫 6개월, 낭만적 사랑의 단계에서 힘겨루기로 넘어가는 과정에 시작됨) 때문에 두 사람 모두 큰 외로움을 경험했다. 시저의 외로움은 외도를 가져왔고 일중독이 되게 만들었다. 또한 수지의 외로움은 그녀를 도박중독과 학교중독에 빠지게 했다.

수지는 어렸을 때 학대를 피하기 위해 착한 아이가 되는 법을 배웠다. 어른이 되어서는 일이나 자녀들, 그리고 나중에는 도박에서 위안을 찾으려 했다. 그녀가 심각하게 도박에 빠지기 시작한 때가 시저가 외도를 시작한 즈음(그때 수지는 그 사실을 몰랐음)이었기 때문에 자신이 무의식적으로는 그의 부정을 알았던 것은 아닐까 생각한다고 그녀가 말했다.

두 사람 모두 어린 시절부터 공허감을 알고 있었다. 수지는 학대받은 아이였고 자기가 원하는 것을 요청하기를 두려워하게 되었다. 시저는 홀로코스트의 생존자로서 어렸을 때 부모를 모두 잃었다. 그의 어머니는 도도한 여자였는데, 수용소에서는 살아남았지만 젊은 나이에 돌아가셨다. 수년 동안 수감생활을 하던 시저의 아버지는 전쟁에서 돌아가셨다. 시저는 다른 사람을 믿거나 가까이 해서는 안 된다고 배웠다.

다른 많은 부부들처럼 그들은 결혼생활의 문제에 대해 서로를 비난했고, 상호 간에 만족스러운 해결책을 찾을 수 없었다. 그렇기 때문에 부부는 대화 과정을 매우 어려워했다. 두 사람 모두 상대방의 말을 듣지는 않고 계속 말했으며, 끊임없이 비판하고 비난했다. 둘 다 자기가 피해자라고 말했고, 지시받는 것을 싫어했다.

수지와 시저는 '이마고 부부대화법' 을 연습하고, 분노를 다루는 과정인 '담아두기훈련' 을 하는 데 많은 회기를 사용했다. 외도로 인한 상처를 극복하는 과정 중에 있는 커플들에게는 분노를 다루는 것이 치료의 핵심 요소가 되어야 한다. '이마고 담아두기훈련(Imago Container Exercise)' 의 7단계는 커플로 하여금 분노를 건설적으로 다룰 수 있도록 돕는 데 효과적이다. 이것이 시저로 하여금 그의 분노 반응 패턴을 다룰 수 있도록 도와주었고 또한 수지에게는 채찍질하고 집착할 수 있는 안전한 방법을 제공해 주었기 때문에 이 커플에게는 가장 이상적인 도구였다.

나는 이 부부에게서 순환적 인과관계를 재빨리 파악했다. 두 사람 모두 상대방이 자신을 필요로 한다고 느끼고 싶어 하는 욕구가 굉장히 컸지만, 그들은 계속해서 서로를 거절했으며, 그렇게 함으로써 원하는 것과는 정반대의 것을 받게 되는 악순환에 빠져 있었다. 수지의 독립적인 태도는 그녀가 시저에게 자기의 감정을 말할 때 느끼게 되는 거절감으로 인한 찌르는 듯한 아픔에 대한 그녀의 방어였다. 수지가 자기의 감정을 나누고 무언가를 요구할 때마다 시저의 얼굴에 나타나는 화난 표정은 그녀가 엄마에게 매맞았던 때를 떠올리게 했다. 시저의 거절은 그녀의 의존 욕구를 짓눌러 버렸고, 그래서 그녀는 점점 더 시저로부터 철수했으며, 학교와 도박을 통해 결혼생활로부터 빠져 나가고자 했다. 수지가 감정적인 데 대한 시저의 분노 반응은 자신의 무력감과 고통으로부터의 방어였다. 그는 수지의 고통스러운 감정을 가라앉히거나 밀쳐 버리려고 시도했다. 왜냐하면 그것들이 자신의 고통을 불러일으키기 때문이었다. 수지가 마치 그가 필요 없는 것처럼 행동할 때, 그것은 누군가 자기를 필요로 해 주기를 간절히 바라는 시저의 욕구를 부채질했다. 그런데 그는 아내가 안전하지 못하다는 경험을 했기 때문에 자기를 필요로 하는 애인과의 외도를 통해서 그 욕구를 채우려고 했던 것이다. 두 사람 모두 자신의 필요를 채우기 위해 상대방에게 필사적으로 다가가기를 원했지만, 두 사람 모두 그렇게 할 수 있을 만큼 서로를 충분히 안전하다고 느낄 수가 없었다.

수지가 남편의 외도 밑에 잠재되어 있는 이유를 인식하게 되고, 그녀 또한 줄곧 자신의 욕구를 부인하고 있었다는 사실을 인정하기까지는 무척 오랜 시간이 걸렸다. '이마고 부부대화법' 의 인정과 공감의 표현을 통해서 그들은 둘 다 자기들이 똑같은 어린 시절의 상처, 똑같은 필요, 똑같은 욕구를 가지고 있었다는 사실을 깨닫게 되었다. 그래서 수지는 누구에겐가 필요한 사람이 되고 싶어 하는 시저의 욕구를 인정해 주기 시작했고, 시저는 그가 그녀를 원하고 필요로 해 주기를 바라는 수지의 욕구를 인정해 주기 시작했다.

한 번은 두 사람 사이에 강력한 대화가 오갔다. 수지는 시저에게 그가 멀리 있을 때 그녀가 얼마나 그를 그리워했는지를 이야기했다. 그녀는 자기가 수년 동안 얼마나 그에게 이야기하려 했고 그에게 다가가려고 애를 썼는지를 설명했다. 그럴 때마다 그는 화를 내고 방에서 나가 버렸었다. 한 번은 그녀를 때리려고까지 했다는 것이다. 이것이 그녀로 하여금 엄마를 떠올리게 했다. 수지는 눈물을 흘리며 자기를 위로해 줄 수 있는 것은 도박뿐이었다고 말했다. 시저는 그녀가 도박을 하는 것이 창피했고 그것이 그로 하여금 그녀를 떠나고 싶게 만들었다고 응수했다. 그는 자기가 그녀로부터 거리를 두고 있었다는 것을 몰랐으며, 오히려 자기는 돈을 잘 벌어다 줌으로써 그녀에게 필요한 모든 것을 주고 있다고 생각했었다고 말했다. 이제 그는 그녀가 다른 그 어떤 것보다도 더 자신의 시간과 사랑을 필요로 했었다는 사실을 알게 되었다.

다음은 이 주제들에 대한 그 부부대화의 일부다.

수지: 당신이 나를 보고 미친 여자 또는 바보라고 하거나, 주제를 바꾸거나, 나를 웃기려고 하는 때가 아니라 나를 인정해 줄 때, 그때 나는 당신이 정말 나를 잘 들어 준다고 느껴요. 그때 나는 당신과 함께 있는 것이 안전하다고 느껴요. 당신의 인정은 내게 가장 중요한 것이에요. 당신이 나로 하여금 미쳤다고 느끼지 않도록 해 주는 것은 당신이 나를 인정해 줄 때에요. 인정을 통해서 나는 당신이 나와 나의 필요를 이해한다고 느낄 수가 있어요. 그러니까

당신이 나를 진지하게 받아들여 주었으면 좋겠어요. 사랑을 나누기 전에도, 그리고 또 그 후에도 나와 함께 있어 주는 시간을 따로 내줬으면 좋겠어요.

시저: 어디 내가 당신 말을 잘 들었는지 한번 봅시다. 그러니까 당신은 다른 어떤 것보다도 내가 당신의 필요를 이해하고 당신을 진지하게 받아들여 주기를 원한다는 거죠. 그리고 당신을 안전하게 느끼도록 하는 것은 나의 인정이라는 거구요. 또 우리가 사랑을 나눌 때도 내가 당신을 위해 따로 시간을 내주기를 원한다는 거고요. 내가 잘 이해했나요?

수지: 네. 그런데 구체적으로 말하자면 나는 당신이 사랑을 나누기 전과 후에, 특히 후에 돌아누워 그냥 잠들어 버리는 것이 아니라 우리가 친밀해지는 시간을 만들고, 더 많은 시간을 함께 해 주기를 원해요.

시저: 아, 알았어요. 그러니까 당신은 우리가 사랑을 나누기 전과 후에 내가 돌아누워 자지 말고 우리가 친밀해지는 특별한 시간을 만들기를 원한다는 말이죠. 맞나요?

수지: 네, 맞아요.

시저: 당신이 내가 당신을 인정해 주기를 원하며 또 그것이 당신으로 하여금 소중하고 중요한 사람으로 느낄 수 있게 해 주고 나로부터 이해받는다고 느끼게 해 준다는 것이 이해가 돼요. 그리고 사랑을 나눌 때, 내가 좀 더 당신을 배려해 주기 바란다는 것도 이해가 돼요. 그것이 우리의 관계에서 힘들었던 부분이지요. 나는 당신을 정말 사랑하고, 그런 방식으로 해서 당신이 나에게 사랑받는다고 다시 느끼기를 원해요. 내가 침대에서 당신을 대했던

방식으로 인해 당신이 거절감과 외로움을 느꼈을 것이라는 게 상상이 돼요. 내가 우리의 성생활과 친밀감을 좀 더 중요하게 만든다면 당신은 훨씬 더 배려받는 느낌과 나와 연결된 느낌을 가질 수 있겠지요. 내가 잘 이해했나요?

수지: 네. 정말 기분이 좋네요. 당신이 내게 바라는 것도 있을 거예요. 내가 모든 시간을 아이들이나 학교, 그리고 일에 보내는 대신 당신 옆에 있어 주기를 당신도 원할 거예요.

시저: 나도 이제는 당신에게 내 이야기를 할 수 있을 만큼 충분히 안전하다고 느껴요. 마침내 당신은 내게 항상 화를 내거나 나를 비난하지 않게 되었군요. 당신도 알다시피, 나 역시도 힘든 삶을 살았어요. 내가 홀로코스트에서 살아남았다는 걸 당신도 잘 알고 있잖아요. 나도 당신처럼 학대를 받았어요. 나는 당신에게 가까이 다가가는 일이 굉장히 무서워요. 내가 당신과 이야기하고 싶어 하는지조차 확신할 수가 없었어요. 당신이 내게서 발견한 약점들을 이용해서 날 해칠 수도 있다고 생각했으니까요.

치료사: 수지, 시저가 한 말을 반영해 주시겠어요? 필요하다면 다시 말해 달라고 하셔도 돼요.

수지: (조용히 자기 손을 내려다본다. 생각에 빠져 있고, 금방이라도 눈물을 흘릴 것 같다.) 시저, 당신 얘기 잘 들었어요. 당신도 나처럼 힘들게 살았었고 학대를 받았다는 거죠. 그리고 당신도 나와 똑같이 나와 가까워지는 것이 두려웠다는 거죠. 처음에 당신은 나와 이야기를 나누는 것조차, 그리고 그걸 원하는지조차 확신할 수가 없었는데, 그 이유는 내가 당신의 약점을 찾아내서 혹시라도 당신을 해치지는 않을까 두려워서 그랬다는 거군요.

그 회기가 끝날 때쯤 시저가 아내를 상처받은 어린아이로 보기 시작함에 따라 그녀에 대한 태도가 훨씬 부드러워졌다.

시저: 정말 미안해요. 나는 내가 당신에게 상처를 주고 있다는 사실을 전혀 몰랐어요. 당신의 부모님이 당신에게 그랬던 것과 똑같은 일을 내가 하고 있다는 사실을 전혀 몰랐어요. 난 단지 당신의 감정을 어떻게 다루어야 할지를 몰랐던 거예요. 내 어머니가 날 감정적으로 너무 숨막히게 했기 때문에 난 그 어머니로부터 도망을 쳤어야만 했거든요. 그래서 당신으로부터도 도망쳐야만 한다고 느꼈었던 거죠. 그런데 내가 외도까지 해서 당신에게 더 큰 상처를 주었군요. 나는 당신이 실패자라고 느꼈다는 걸 전혀 몰랐어요. 그리고 당신이 날 그렇게 신경쓰고 있다는 사실도 전혀 몰랐어요. 난 우리 부부가 그저 밤에 떠다니는 두 척의 배라고만 생각했어요. 그래서 내가 외도를 했어요. 정말 미안해요.

그들은 함께 울었고 한동안 조용히 서로 안아 주었다. 그들의 상처, 필요, 두려움, 소망이 얼마나 비슷한지 그때서야 그들은 비로소 진정으로 서로를 이해하기 시작했다.

'한 사람이 자신의 파트너에게 가장 원하는 행동 변화는 그 파트너가 해 주기 가장 힘든 것이다' 라는 이마고 원리가 있다. '행동수정요청' 작업을 하면서 이 커플은 상대방이 원하는 것을 해 주기가 어려울지라도 그것을 할 수 있을 때, 그것이 서로의 가장 아픈 상처를 치유하고 두 사람 모두를 최상의 상태가 되게 할 수 있다는 것을 배웠다. 예를 들어서, 시저는 항상 나누고 더 개방적이 되기를 원했고, 그래서 사회에서 직장 생활을 하는 데 잘 맞는, 자연스럽게 이야기하는 수지에게 끌렸던 것이다. 그러나 수지가 시저에게 좀 더 의사소통하도록 만들려고 했던 방법은 도리어 그에게 엄청난 압력을 주었다. 그러나 정말 다행스럽게도 그녀는 이제 그녀의 바가지가 시저로 하여금 의사소통을 더 잘 할 수 있게 만들 수는 없다는 사실을 깨닫게 되었다. 나아가서 그녀는 지금까지 자기가 항상 화내는 남자에게 끌렸다는 사실 또한 알게 되었다. 왜냐하면 그것이 수지로 하여금 엄마에 대한 자기의 분노를 해결할 수 있는 이상적인 상황을 만들어 주었기 때문이었다.

수지를 '상처받은 어린아이'로 바라보게 됨으로써 시저 또한 마침내 그녀의 필요를 이해하기 시작했다. 그는 자기의 외도에 대해 그녀가 집착하는 것을 들어 주기 위해 열심히 노력했다. 6개월 동안 치료를 받으면서 수지는 마침내 그를 공격하는 것과 그로부터 철수하는 것 사이를 왔다갔다 하기를 멈추었다. 그 대신 그녀는 시저에게 "내가 당신에게 안전한 상태에서 말할 수 있도록 안전조끼[1]를 입어 주세요."라고 말하곤 했다. 그러자 시저 또한 더 이상 방어적이 되거나 자기보호를 위해 철수하지 않고도 수지의 말을 더 잘 들을 수 있게 되었다.

수지가 외도에 집착하고 다트 던지기를 하는 데까지는 세 달 정도가 필요했다. 그 후 그녀는 시저가 충분히 들어 주었고 인정해 줬다고 느끼게 되어 비로소 그것을 멈출 수가 있었다. 시저는 이제

---

1. '담아두기훈련'을 할 때 가르쳐 주는 '안전조끼를 입다.'라는 비유는 커플이 분노를 배출하는 과정에서 언어 공격으로부터 보호받고 안전한 자기들의 모습을 시각화하는 장치다.

결혼관계에서 자신의 필요를 채울 수 있게 되었기 때문에 외도를 끝낼 수 있었다. 그는 계속해서 그의 감정을 수지와 함께 나누는 법을 배우고 있다. 그래서 자신이 두려움을 느끼고 철수하고 싶다고 느낄 때 수지가 자기를 버리려 하는 것이 아니라는 것을 알고, 이제 그것을 더 이상 개인적인 것으로 받아들이지 않는다. 그러므로 그런 때는 그가 그녀와 거리를 두든 가까이 오든 그녀와의 관계에서 안전한 연결을 느끼기 위해 그가 원하는 대로 할 수 있도록 허용해 줄 수가 있다.

이 부부 간의 대화 훈련은 두 사람 모두를 도와서 그들의 결혼관계가 공허해진 것에 대해서 그들이 했던 역할을 인식하고 수용할 수 있게 해 주었다. 시저는 외도를 포기했고 수지는 도박을 포기했다. 그리고 무엇보다도 서로의 필요를 채우는 일에 헌신했다. 그는 하루에 적어도 10분 동안은 수지가 그녀 자신과 아이들, 그리고 그녀의 감정에 대해 이야기하는 것을 들어 주기로 했다. 그들은 함께 재미있는 시간을 보내고, 산보하고, 손을 잡는 등 다시 낭만적인 관계를 갖기 시작했다. 수지는 마침내 시저와 연결되고 시저가 자기를 어루만져 준다고 느끼게 되었다. 시저는 마침내 아내가 자기를 필요로 하고 소중히 여겨 준다고 느끼게 되었다.

그들 사이의 벽을 허물고 손을 뻗어 서로의 어린 시절의 상처와 결혼의 상처를 치유하게 되면서 그들은 천천히 자기들의 잃어버린 부분들을 되찾아 가고 있다. 서로를 용서하고 부모님을 용서하려는 그들의 몸부림은 그들 각자로 하여금 개인적으로 보다 온전한 사람으로 성장시켜 가고 있다. 서로를 상처받은 사람으로, 외도를 그들의 치유를 위한 촉매로, 그리고 그들의 결혼을 어린 시절을 완성하는 길로 보게 되면서 이전보다 더욱 깊고 더욱 진실한 사랑의 문이 열리게 되었다.

편저자의 말

앞의 두 사례는 사랑과 용기, 영성에 관련된 것이다. 두 커플 모두 외도의 고통을 다루기 위해 부부대화 과정을 사용하면서 그들의 가능성을 최대한도로 인식하게 되었다. 외도를 했던 사람들은 자신들에게는 외도가 끝났는지 모르지만, 그들의 배우자들에게는 이 일이 아직 끝난 것이 아니라는 사실을 배워야만 했다. 그들은 정절을 약속하고 정기적으로 대화하는 일을 포함해서 심각한 행동의 변화를 이루어야 할 필요가 있었다. 또한 파트너들로 하여금 자신에게 화를 내도록 허용해 줄 필요가 있었다. 또한 배반당한 사람이 집요하게 굴 때 철수하거나 거리를 두는 것이 아니라 그들의 감정을 인정해 줄 필요가 있었다. 대화 과정을 배우기 전에 배반한 사람들은 수치심과 죄책감 때문에 결혼으로부터 떠나려 할 수도 있다. 그렇지만 대화를 통해서 그들은 안전한 맥락 안에서 수치심과 죄책감, 그 밖의 감정들을 나눌 수가 있었다.

배반당한 배우자 또한 매우 많은 도전을 감당해야만 했다. 그들은 공허한 결혼관계에 대한 자기 몫의 책임을 지고, 파트너를 죄책감과 수치심으로부터 풀어 놓아 주어야만 했다. 아내들은 남편들이 외도를 이미 끝낸 오랜 시간이 지난 후에도 아직도 그들 스스로 자기 마음속에서 그것을 되새기고 있음을 인정해야만 했다. 아내들도, 남편들도 모두 결혼관계에 있어서 손상되었던 신뢰와 안전감을 다시 새로 쌓는 데 자기 몫을 감당해야만 했다. 그러기 위해서는 결혼관계에 다시 헌신하고, 파트너의 말을 듣고 인정해 주고, 파트너에게 의미 있는 방식으로 배려를 보여 주어야만 했다.

두 커플 모두 먼 길을 달려왔지만 아직도 그들은 서로를 꾸준히 인정해 주기 위해 힘들게 노력하고 있다. 흔히 남편들은 아내가 '용서하고 잊어버리기'를 원하고 다시는 외도 이야기를 꺼내지 않기를 바라면서 조급해한다. 좀 더 힘든 시간들도 있다. 연중 과거에 외도를 했었던 그 시기 즈음에는 특히 힘들다. 특히 카렌에게는 그것이 너무도 힘든 시간이었고, 그동안 그녀와 데이빗이 발전을 이룬 것들로부터 또다시 퇴보하게 만들었다. 부부는 그들 스스로는 그 감정과 기억을 다룰 수가 없어서 부부는 다시 치료를 받으러 왔다.

마침내 이 커플들에게 있어 용서를 가능하게 했던 것은 어떤 지점에서 아내들이 남편이 실수했다는 사실을 받아들이고 그들을 용서하기로 했던 결정 때문이다. 배우자들은 둘 다 자기 자신과 상대방을 기꺼이 한 인간으로서 바라보아야만 했다. 대화를 통해서 그들은 낭만적인 파트너들의 가슴을 이어 주는 다리가 되어 줄 수 있는 감정을 나눌 수 있게 되었다. 그들은 그들의 연결을 보존하겠다는 결정을 계속해서 매일매일 내려야만 한다.

4 연 습[2]

다음은 치료사가 적합하다고 생각하는 것에 따라 내담자에게 과제로 내 주거나 상담 회기 중에 사용할 수 있는 방법이다.

사랑하는 사람 채찍질하기(외도한 사람의 허락이 있어야만 하고 시간제한이 있다.)

배반당한 사람은 외도의 대상을 공격하고, 질문하고, 그 일로 인해 자기의 삶이 얼마나 황폐해졌는지를 호소할 수 있다. 이런 행동은 이 시간에만 할 수 있다. 그리고 원하는 만큼 자주 할 수 있다. 단, 외도한 사람이 충분히 들어 주면 멈춰야 한다. 외도한 사람은 질문에만 대답하고, 보통 때 하듯이 반응 · 방어하거나, 외도했던 애인의 편을 들 수 없다. (이것은 배반당한 사람의 분노를 누그러뜨리고 집착을 받아 넘기도록 도와준다. 더 많이 말할수록 마음속에 남아 있는 것이 적어진다.)

- 경고: 이 규칙을 지키지 않으면 당신의 파트너를 외도한 애인에게로 다시 되돌려 보낼 수 있다.
- 주의사항: 어떤 질문은 하지 않는 것이 더 나을 수 있다. 적어도 답변을 듣지 않는 편이 낫다. 당신은 정말로 언제, 어디서,

2. 사랑하는 사람 채찍질하기, 편지로 분노 배출하기, 용서를 위한 일곱 가지는 『불륜, 용서할 수 있는 죄(*Adultery, the Forgivable Sin*)』(Eaker Weil, 1994)에서 허락을 얻어 발췌한 것이다.

어떻게 성관계를 했는지에 대한 생생한 묘사를 듣기 원하는가? 당신 마음속에서 그 그림을 언제 지울 수 있으리라고 생각하는가?

배반한 사람은 상대방에게 "어차피 난 당신을 결코 사랑한 적이 없어."라고 절대로 말하지 말아야 한다.

속았던 사람이 질문할 때, 속인 사람은 모든 것을 다시 망쳐 버릴 생각이 아니라면 떠벌림으로써 복수하고자 하는 충동에 굴복하지 말아야 한다.

또한 파트너의 비난이 부당하고 설령 그것이 사실이 아니라 하더라도 "그 여자는 더 예뻐. 잠자리에서도 더 낫지!"라고 말하면서 애인을 감싸고자 하는 일반적인 충동에 굴복하지 말아야 한다. 만일 그렇게 한다면 관계의 기초를 아예 무너뜨리게 되어 결코 다시는 회복할 수 없을지도 모른다.

외도한 사람이 당연히 듣게 되는 질문들은 다음과 같다.

1. 누구인가?
2. 어디서? – 결혼 영역 안에서?
3. 얼마나 오랫동안 계속되었나?
4. 언제 만났는가?
5. 끝낼 것인가?
6. 그 사람을 사랑하는가?
7. 나를 떠나 그 사람과 결혼할 건가?
8. 누가 또 알고 있나?
9. 당신은 나를 아직 사랑하는가?

편지로 분노 배출하기

편지 쓰기는 유독성 분노를 배출하는 훌륭한 방법이 될 수 있다. 당신은 분노를 조심해서 다루어야만 한다. 분노를 간직하고 있으면 그것이 당신을 파괴할 수도 있다. 그리고 그것이 당신에게 중요한 다른 모든 사람들을 파괴할 수도 있다. 분노를 파트너에게 쏟아붓기 전에 이 단계를 따르라. 어떻게 하는 것이 가장 좋을까? 편지를 쓰라. 매일 '원한 은행'(나의 은사이신 가족학습센터(the Center for Family Learning)의 필립 구어린 박사(Dr. Philip Guerin)는 그렇게 불렀다)에 저금하라.

다음 중에서 하루에 하나씩 골라서 당신만 볼 수 있는 폴더에 넣어라. 그러나 이 메일을 보내거나 다른 사람에게 보여 주지는 말라.

편지 1: '________ (배우자 이름), 난 당신을 증오해요.' 이 문장 하나만 할 수 있는 한 최대한 많이 쓴다. 70번 이상 쓰는 것이 좋다.

편지 2: 배우자에게 그 일 때문에 당신이 얼마나 상처받았고, 화가 나고, 슬픈지, 그래서 얼마나 그(그녀)가 미운지, 그리고 떠나 버리고 싶다고 말한다. 또한 배우자에게 당신을 배반한 이유가 무엇인지를 묻는다.

편지 3: 당신이 배우자를 얼마나 사랑하고 필요로 하는지, 그리고 이 일을 왜 그냥 지나치지 못하는지를 설명한다. 버림받을 것에 대한 두려움과 만약 배우자가 없다면 당신의 삶이 어떻게 될지를 설명한다.

편지 4: 당신의 배우자로부터 받고 싶은 답장을 작성한다. 외도에 대한 사과, 설명, 후회, 참회 등 당신이 듣고 싶은 모든 말, 당신에게 보상해 주기 위해 당신의 배우자가 앞으로 할 수 있는 모든 좋은 일들 또한 당신이 얼마나 멋있고 사랑스러운 사람인지, 그리고 과거에 배우자가 당신을 얼마나 그리워하고 사랑했었는지를 적는다. 배우자로 하여금 제발 떠나지 말라고 당신에게 빌게 하고, 자기가 얼마나 형편없는 사람인지 굽실거리게 만든다. 당신이 그렇게 잘해 줬는데도 당신을 학대한 것이 얼마나 미안한지를 당신에게 말하도록 한다. 그(그녀)가 당신에게 용서를 구하고 이제부터 당신과 결혼생활에 다시 헌신하겠다는 말들을 묘사한다.

편지 5: 이 모든 것에 당신이 했던 역할이 있는지 적는다. 이번에는 봉투에 넣어 파트너에게 부친다. 동등하게 책임을 지는 것은 당신의 분노, 집착, 피해자가 된 느낌을 줄여 준다. 이 부분에서는 당신 또한 배우자에게 용서를 구한다.

편지 6~10: 이전의 편지들을 반복해서 쓰는데, 이번에는 당신에게 냉담했거나, 외도가 아니더라도 쌀쌀맞게 굴었거나, 요구가 많거나, 이기적이거나, 방임했거나, 함께 있어 주지 않았던 일 등 일종의 배반으로 인해 당신에게 가장 상처를 주었었던 어머니나 아버지께 보낸다.

편지 11~15: 이전 편지들을 모두 반복해서 다시 쓰는데, 이번에는 또 다른 부모에게 보낸다.

부모님이나 파트너에게 쓴 편지를 읽는다. 배우자로 하여금 오늘의 상처와 어제의 상처의 관계를 이해시킨다. 이렇게 하면 어느 정도는 분노가 사라진다.

당신은 편지를 매일 당신의 파일 또는 '원한 은행' 에 넣어 두고 일주일이든 세 달이든 당신의 분노가 줄어들었다라고 느낄 때 까지 그대로 둔다. 그렇지만 매일 은행에 저금하는 정해진 시간을 제외하고는 더 이상 분노에 머무르지 않는다.

용서를 위한 일곱 가지

비난과 수치심을 뛰어넘은 상태에 도달하기 위해서는 다음의 7단계를 거쳐야만 한다. 각 단계들의 머리글자를 연결하면 FORGIVE(용서)가 된다. 배우자뿐 아니라 부모님, 조부모님, 형제들에게 반복해서 도움을 구하라.

Forget: 놓아 보내기가 아무리 어려워도 외도에 대한 집착을 잊어라. 외도는 당신과 파트너 사이에 무엇인가를 또는 누군가를 가져다 놓으려는 또 하나의 수단에 지나지 않는다. 그것은 친밀감을 피하고 당신들의 진짜 문제들로부터 숨으려는 또 하나의 수단일 뿐이다.

Open: 서로에게 마음을 열어라. 외도뿐 아니라 다른 해로운 비밀들도 드러낼 필요가 있다. 어린 시절의 두려움과 필요들, 그리고 공허감에 대해 이야기를 나누라.

Rebuild: 신뢰를 회복하라. 그러기 위해서는 외도를 한 사람이 외도 대상자와 결코 다시는 접촉해서는 안 된다. 공정하게 싸우고, 갈등을 긍정적으로 사용하며, 나누고 신뢰하라. 당신은 의심을 가지게 될 것이다. 그것에 대해 이야기하라. 그것에 지나치게 집착하지 말라.

Go courting: 다시 연애하라. 즐거운 느낌, 자발성, 서로를 기쁘게 해 주려는 마음을 되살려라. 당신을 매혹시켰던 특성들을 기억하고 개발하라.

Invite intimacy: 친밀감을 초청하라. 새로운 체계의 개방적이고 솔직하고 온전한 의사소통을 연습하라. 일이나 자녀들, 인척들 또는 그 어느 것이라도 두 사람 사이에 끼어들지 못하게 하라. 배우자가 솔직하게 말하는 것이 마음을 아프게 한다 해도 비판하지 말라. 정직함에 대해 감사하라. 안전한 상태에서 의사소통을 할 수 있게 하라.

Value fidelity: 정절을 소중히 여겨라. 당신이 허용할 수 있는 범위를 논의하라. 서로 구두로 맺은 계약을 정기적으로 반복해서 읽거나 문서로 작성하라.

Encourage embraces: 포옹을 장려하라. 가볍게 안거나 오랫동안 껴안고 있기, 만지기, 애무 등은 가장 고통스러운 장애물을 뛰어넘을 수 있도록 도와줄 것이다. 즉, 성적 치유를 도와준다.

편저자의 말

외도로 인해 관계가 산산조각이 났을 때 치료 과정의 궁극적 목표는 용서다. 보니 이커 웨일(Bonnie Eaker Weil)은 파트너들이 서로 용서하기에 앞서 배반당한 파트너뿐 아니라 배반한 파트너에게도 진정한 인정이 주어져야만 한다고 주장한다. '인정하기'는 모든 이마고 의사소통에 있어서 매우 중요하며, 외도가 있었던 경우에는 특히 더 그렇다. 외도는 일단 드러나면 커플의 삶에 심각한 분열을 가져오며 강한 감정들을 불러일으킨다. 이 감정들을 상대방이 들어 주고 이해해 주지 않는다면 점점 더 강해지고 더욱 파괴적이 된다. 배반당한 파트너의 분노, 상실, 굴욕, 원한 등의 감정은 반드시 배반한 사람이 목격해 주고, 존중해 주고, 인정해 주어야만 한다. 배반한 사람이 고통받고 있는 수치심, 고립감, 죄책감, 공허감 등의 감정 또한 인정을 받는 일도 똑같이 중요하다. 두 사람이 인정을 충분히 주고받을 때만 진정한 용서와 치유가 일어날 수 있다.

이커 웨일은 외도로 인한 위기를 해결하는 데 필요하다고 생각되는 단계를 설명한다. 여기에는 분노, 집착, 인정, 용서가 포함된다. 웨일은 또한 문제의 상호성을 주장했는데, 이것은 배반한 사람이 자기와 배반당한 파트너 사이의 친밀감을 해치고 외도를 유발했던 문제들에 대해 이야기하는 것을 의미한다. 그런 이야기를 하려면 배반한 사람에게는 적나라한 솔직함이, 그리고 배반당한 사람에게는 깊은 굴욕감이 요구된다. 이러한 종류의 외도 작업을 담아 주는 역할을 하는 전문적인 치료사 없이 커플들끼리만 실행하기란 매우 어렵다. 그렇지만 적절한 지지를 받으며 용서를 향해 의도적으로 노력한다면 파트너들은 대부분의 커플들이 결코 이룰 수 없는 수준의 연결을 발견할 수 있을 것이다.

외도로 인한 강렬한 고통은 결혼을 끝장낼 수도 있지만, 결혼관계를 부활시키는 연료가 될 수도 있다. 낭만적인 사랑의 환상은 영원히 사라졌다. 준비가 되었든 그렇지 못하든 파트너들은 결혼의 궁극적인 도전, 즉 진실됨의 차원에서 사랑을 다시 배워야만 하는 도전에 직면해 있다. 이마고 치료는 바로 이런 것이다.

결혼생활은 도가니와도 같다(Schnarch, 1991). 이 여행길에 머무르며 딴 길로 벗어나지 않는 사람들은 서로 친밀한 관계를 갖는 것으로부터 오는 불안과 긴장을 다루는 법을 배울 수 있다. 좌절과 갈등에 의해 발생하는 열기는, 심지어 배우자 외의 다른 사람과 함께 하고 싶은 욕망에 의한 열기도, 파트너들이 그 감정을 받아들이기만 한다면 그것을 변화시킬 수가 있다. 외도는 대체로 성장을 위한 선택이 아니다. 정절을 지키는 것은 변화와 성장을 이루게 하는 과정이 된다. 그렇지만 커플이 외도의 사건을 모닝콜로 볼 수 있다면, 즉 고통스럽긴 하지만 더 의식적인 결혼으로 가는 강력한 수단으로 바라볼 수만 있다면 그들의 관계는 아마도 시간이 지남에 따라 새로운 헌신과 더불어, 그들이 이전에 기대했던 것보다 더 풍성하고 보람 있는 것이 될 수 있을 것이다.

참고문헌

Eaker Weil, B. (1994). *Adultery, the forgivable sin.* Mamaroneck, New York: Hastings House.

Hendrix, H. (1988). *Getting the love you want: A guide for couples.* New York: Holt.

McGoldrick, M., & Gerson, R. (1985). *Genograms.* New York: Norton.

Pittman, F. (1990). *Private lies: Infidelity and the betrayal of intimacy.* New York: W. W. Norton.

Schnarch, D. M. (1991). *Constructing the sexual crucible.* New York: W. W. Norton.

11

영적 여정으로서의 이마고 부부관계치료

데일 베일리(Dale Bailey)

우리는 영적 경험을 가지고 있는 인간이 아니다. 우리는 인간적 경험을 가지고 있는 영적 존재다.

– 테이야르 드 샤르댕(Tiellhard de Chardin)

전통적인 영적 여정은 헌신된 친밀한 관계가 내면의 삶에서 어떤 역할을 하는지에 관해서는 초점을 맞추고 있지 않다. 그렇지만 사실 친밀한 관계에서보다 더 온전히 영적 변화가 일어나는 곳은 없다. 관계 안에 있을 때에만 우리는 진정한 인간이 된다. 또 하나의 다른 인간만이 그렇게도 많은 우리 자신의 다양한 면을 별자리처럼 배열하는 잠재력을 가지고 있고, 우리의 비인간적인 면에 대해서 날카롭게 반격할 수도 있고, 또한 우리가 미처 인식하지 못했던 우리 마음속에 있는 많은 것들을 의식으로 불러올 수가 있다. 분리되어 있었던 사랑과 재결합하고자 하는 충동 외에, 그 밖의 다른 어느 곳에서도 우리가 사랑의 진정한 의미를 배울 수 있는 기회를 가질 수는 없다.

영적인 삶과 인간관계 사이의 연결은 마르틴 부버에 의해 가장 함축적으로 묘사되었다. 그는 인간은 '영원한 너(Thou)' 인 하나님과의 대화적 만남 가운데서 가장 진정한 사람이 될 수 있다고 말한다. 부버는 모든 사람을 '너(thou)' 로, 그리고 그 '너' 를 '영원한 너(Thou)' 를 살짝 엿볼 수 있는 대상으로서 바라볼 수 있는 우리의 능력과 영적 성장을 같은 의미로 간주했다. 즉, 우리가 스스로 마음을 열어 다른 사람을 진정한 '너' 로 만날 때, 우리는 그 사람의 본질을 알 수 있을 뿐만 아니라 우리 자신이 누구인지를 가장 온전히 발견한다는 것이다. 부버는 "진정한 대화적(나-너) 관계의 행동 가운데서 사람은 자기가 된다. 그리고 진정한 대화를 통해 더욱 온전히 나누면 나눌수록 자기(自己)는 더욱 진짜 '나' 가 된다."라고 썼다(p. 125).

나는 이 대화의 과정을 사용하여 커플들과 치료 작업을 하면서 영적인 순간을 목격하곤 한다. 신성한 차원으로 들어갈 가능성이 대화를 통해서 실현되는 것이다. 이러한 일은 종교가 언급되든 안 되든, 그 커플에게 종교가 있든 없든 아무 상관없이 일어난다. 이러한 연결의 순간은 사람들을 변화시키고 치유할 수 있는 신비스러운 특성을 가지고 있다. 사람이 자연의 아름다움에 매혹되는 자연과의 만남의 순간이나, 내면에 신이 임재함으로 인해 감격해하는 종교적 귀의나 회심의 때와 마찬가지로, 파트너들은 서로에게 공감적으로 연결될 때 은총의 순간을 맞이한다. 그러한 공감적 연결을 통해서 파트너들은 자기 자신을 초월하여 서로 결합되고 정서적으로 하나가 되는 놀라운 경험을 한다.

이러한 경험은 두 가지 점에 있어서 자기초월적이다. 상대방에게 동의하지는 않지만, 그리고 아직도 고통스러운 감정 가운데 있지만 그럼에도 불구하고 자신의 파트너에게 승인과 공감을 제공하게 된다. 그런데 그렇게 하려면 그 사람은 상대방의 현실을 이해하고 공감해 주기 위해서 자기 자신의 반응을 담고 있어야만 하고 또한 그것을 초월해야만 한다. 이마고 부부관계치료에서는 이것을 자기의 확장(stretching)과 성장이라고 부른다. 승인과 공감을 받는 사람은 마음이 가라앉게 되고 진정될 뿐 아니라 종종 그것이 고마워서 매우 감격해하곤 한다. 그들은 그렇게 받음으로 인해 자기 자신을 초월해서 상대방과 하나가 되는 순간을 누릴 수 있게 되며, 이것은 내면을 변화하게 하는 기초를 제공한다. 그러므로 초월은 상대방에게 공감적 연결을 제공하기 위해 자기를 초월하고 그렇게 해서 성장을 이루는 것과, 또한 공감을 받아 치유되어 마음이 가라앉고 진정되는 은혜의 순간에 자기를 초월하는 것의 두 가지 측면이 있다. 즉, 성장과 치유는 이마고 치료의 결과에 의한 두 얼굴이다.

1 마크와 안드레아

마크와 안드레아의 사례를 보면 어떻게 해서 성장과 치유가 일어나는지를 분명하게 볼 수 있다. 이 커플은 30대 중반이었는데, 결혼생활이 회복되기를 바라며 나를 찾아왔다. 석 달 전에 안드레아는 6년간의 결혼생활을 끝내고 떠났다. 그들은 아직 별거 중이었다. 그녀는 다른 것들보다도 마크가 법률 업무를 제대로 하지 못하고 때때로 우울증이 심해 안정된 수입을 제공할 수 없기 때문에 더 이상 견딜 수가 없어 떠난 거라고 말했다. 이제는 마크가 두 가지 영역 모두에서 나아진 것 같고 또한 그녀가 돌아오기를 원하는 것이 분명했기 때문에 안드레아는 그들의 관계를 회복시키기 위해 노력하기로 동의했다.

두 사람은 모두 지적이고, 생각이 분명한 전문 직업인들이었다. 그러나 두 사람 모두 관계로 인해 심하게 상처를 입었으며, 서로에 대해 화가 나 있었고, 경계했고, 의심스러워했다. 그들은 처음에 12회기 상담에 참석하기로 약속했다. 이마고 치료를 시작할 때 늘 그렇듯, 이 커플도 12회기를 마칠 때까지는 관계를 지속할 것인지, 아니면 끝낼 것인지에 대한 결정을 보류하기로 하고 그냥 상담치료 과정에만 노력을 기울이기로 했다. 그렇게 약속을 하게 한 이유는, 내가 그들에게도 설명했듯이, 관계를 지속해야만 한다는 압박감을 덜어 주면서도 각 파트너가 상대방이 치료를 지속할 것을 믿고 어떤 어려운 주제라도 끝까지 다룰 수 있게 하기 위해서다.

그들은 부부대화 과정의 기술을 재빨리 익혔기 때문에 서로에 대한 경계심이 점차 사라지기 시작했다. 처음 2~3회기 동안 그들은 대화 과정을 통해 안전과 연결을 되찾았다. 그것이 그들에게 분명한 진전을 가져다주었고, 그들은 서로에게 배려와 아량을 베풀기 시작했다. 게다가 성적인 부분까지 되살아나기 시작했으므로 이것은 두 사람 모두에게 매우 고무적인 일이었다. 그들은 자기몰두에서 벗어나 상대방의 세계에 들어가게 된 결과, 연애 초기의 로맨스가 되돌아오기 시작하고 있었다. 초기 단계의 대화를 통한 상호작용에서도 그들은 서로 더욱 깊이 연결되고 상대방이 함께 있어 준다고 느끼는 경험을 했고, 그것이 그들에게 치유를 가져다주었다.

안드레아가 처음에 이야기했던 주요 주제는 마크가 안정된 수입이 없고, 감정 기복이 있으며, 우울증에 빠지는 기간이 있는 것 같아 불안을 느낀다는 것이었다. 안드레아는 자신이 결국엔 자기 어머니처럼 될까 봐 두려워했다. 그녀의 어머니는 돈이 너무 없어 쩔쩔맸었다. 안드레아는 마크가 재정적 안정이라는 문제를 진지하게 다루는 것을 확인하고 싶어 했다.

그러나 부부대화 과정이 심화됨에 따라 안드레아가 더 크고 더 강하게 느끼는 주제가 수면에 떠올랐는데, 그것은 자신이 마크에게는 '보이지 않는 존재'가 되는 것 같은 느낌 때문이었다. 그녀는 그것이 둘 사이에서는 언제나 거의 모든 일에서 마크가 하자는 대로 따라야만 했던 느낌이라고 말했다. 6년 전 결혼했을 때 안드레아는 도시에서 살고 싶었지만, 마크는 그것이 불가능하다며 그 일에 대해 그녀와 의논조차 하려 들지 않았다. 마크는 교외에 있는 자신이 전처와 함께 살았던 집에서 계속 살 것을 고집했다. 왜냐하면 그 집은 당시 전처와 아이들이 살고 있었던 집과 가까웠고, 그는 자녀에 대해 공동 양육권을 가지고 있었기 때문이었다. 또한 안드레아는 마크와 6년 동안 살면서 마크의 아이들에게 유대감을 갖게 되었음에도 불구하고 자신에게는 자녀양육에 참여할 권리가 없는 것처럼 느꼈다. 그녀는 마크가 그녀의 생각이나 그녀가 바라는 것을 보지 않거나, 아니면 보면서도 무시한다고 느꼈다.

안드레아가 마크와 살면서 이런 경험을 한 것은 어린 시절 부모로부터 주목받지 못했던 그녀의 깊은 상처를 건드렸다. 그녀의 부모는, 그녀가 느끼기에는, 부모들 자신의 삶에 더 몰두하고 있었고 그녀의 필요 때문에 자신들의 삶을 방해받고 싶어 하지 않았었다. 안드레아는 특히 고교시절에 치어리더가 되도록 허락해 달라고 요청했었던 고통스러운 기억을 떠올렸다. 그때 부모님은 단 한 번 고려조차 해 보지도 않고 일언지하에 그녀의 요청을 거절했으며, 안드레아가 언짢아하자 화를 냈다.

마크는 이전에 안드레아가 이런 얘기 하는 걸 들어 본 적이 없었고, 그녀에 대한 그의 행동을 그녀가 어떻게 느꼈을지 전혀 깨닫지 못했었다. 그는 자기가 보기에 가장 합리적인 것에 근거해서 가족에 관련된 결정을 내렸다. 그러나 이 대화를 통해 그는 자신의 일처리 방식에 대한 안드레아의 반발심을 이해할 수 있게 되었다. 그는 이제 그가 한 행동에 대해 후회를 표현할 수 있었다. 그는 안드레아가 주목받지 못하고, 평가절하되고, 이용당하는 경험을 했다는 것을 깊이 깨닫게 되어 몹시 마음이 아팠다. 그녀의 고통에 대해 그가 공감을 표현하자 안드레아가 하염없이 울었다. 마크는 즉시 몸을 움직여 그녀에게 다가갔으며, 고통스러워하는 그녀를 안아 주었다. 그들이 더욱 깊이 연결됨에 따라 신성한 치유의 순간이 나타났다. 그러한 순간들이 여러 회기에 걸쳐 반복되었다.

마크가 안드레아와 함께하면서 어려웠던 부분은 그녀가 그를 떠났던 것(지금은 이해할 수 있게 되었다) 때문만이 아니라 마크가 보기에는 그녀가 독신의 방식으로 살기를 원했던 것 때문이었다. 별거 기간 동안 안드레아는 도시의 아파트로 옮겨서 잠시 다른 남자를 만났었다. 안드레아는 그 관계를 끝냈고, 지금은 마크와의 관계를 위해 노력하는 데 헌신하겠다고 했다. 마크는 그 말을 믿지만, 아직도 매우 의심스러워했다. 특히 그는 안드레아의 가장 친한 친구를 신뢰할 수 없었다. 마크와 안드레아가 믿기로 그 친구는 레즈비언이었는데, 마크는 그 여자가 안드레아를 유혹하려 하는 것이 아닐까 두려웠기 때문이었다. 그는 안드레아의 다른 친구들 또한 믿지 않았다. 그와 안드레아가 그 친구들과 만날 때마다 마크는 그 친구들뿐 아니라 안드레아로부터도 멸시받고, 소외되고, 모욕당하는 느낌이었다. 안드레아가 마크와 헤어져 지낼 때도 그 친구들과는 계속 교제하는 것을 고집했던 것이 그의 이런 감정을 더 격화시켰다.

이 모든 것은 마크에게 그와 그의 어머니와의 관계를 상기시켰다. 그는 한 번도 어머니와 가깝다거나 어머니에게 자신이 중요하다고 느낀 적이 없었다. 그가 어머니와 무슨 의논을 하려 할 때마다 늘 논쟁하게 되곤 했었다. 어머니는 반복해서 그의 제안을 흠잡고 그의 논리를 반박하며 그가 내놓는 아이디어에 대해 멸시하는 태도를 취했다. 마크는 또한 어머니가 그의 뛰어난 학업 성취도를 알아주지 않는다고 느꼈고, 그것이 그로 하여금 외롭고 소외된 감정을 갖게 만들었다.

치료 회기 동안에 부부가 기복을 보이며 발전하는 과정을 통해 그들의 어린 시절의 상처들과 감정적으로 민감한 부분들이 서로 맞물려 있다는 증거를 볼 수 있었다. 4회기 직후 그들이 서로에 대해 좀 더 안전하고, 가깝고, 희망적이라고 느끼게 된 이후에 그들은 항상 문제가 되는 사건을 놓고 서로에게 민감한 반응을 하게 되었다. 안드레아는 마크에게 자신의 여자친구와 함께 하루 저녁을 보낼 계획이라고 말했다. 마크는 안드레아가 자신과의 관계를 원한다면 그런 구역질나는 친구와 계속 만나는 건 말이 안 된다고 했다. 안드레아는 격노했다. 마크 편에서는 그녀로 하여금 자신에게 위협적으로 느껴지는 관계를 멀리하도록 압박하는 것이었다. 그리고 안드레아 편에서는 그녀에게 중요하며, 또한 그녀와 마크와의 관계에는 아무런 위협도 주지 않는 자기 친구와의 관계를 자신은 원했던 것인데, 그것에 대해 마크로부터 부당한 취급을 받는 느낌이었다. 마크가 분노하며 그녀에게 그 친구와의 관계를 포기하라고 요구했을 때 안드레아는 울기 시작했고, 마크와의 관계로부터 벗어나고 싶다고 말했다.

5회기 동안에 그들은 어떻게 해서 서로를 자극하게 되었는지를 알 수 있게 되었다. 안드레아는 이 일을 통해 마크의 고통을 이해하게 되어 몹시 가슴 아파했으며, 마크가 편하게 느낄 수 있도록 기꺼이 그녀의 여자친구와의 관계를 절제하겠다고 말했다. 마크는 눈물을 흘리며 안드레아가 이렇게 기꺼이 그런 제안까지 한 것에 대해 깊은 감사를 표현했다. 그들은 또 다른 이마고 과정을 사용하여 다른 여러 갈등을 다루기 시작했다. 그들은 커플이 안전한 방식으로 분노를 표현할 수 있도록 도와주는 '담아두기훈련(container exercise)'을 배웠다. 그들은 또한 '행동수정요청(BCR dialogue)'을 실행하기로 동의했다.

비록 다시 한 번 그들의 관계가 치유되기 시작했지만, 그들은 계속해서 안드레아의 친구와 관련된 사건들 때문에 서로의 감정을 자극했다. 그러나 이 커플은 이러한 주제들에 대해서 지속적으로 대화하며 서로의 감정을 이해하고 공감하기 위해 노력했다. 10회기가 되자 그들은 대화를 사용해서 갈등을 잘 다루게 된 것 같았다.

약속했던 12회기가 거의 끝나갈 무렵 마크는 이후에 어떻게 될지를 걱정하게 되었다. 안드레아의 친구에 관련해서 또 다른 사건이 있은 후 그는 대화 과정에 머무를 수가 없었고, 화를 내며 안드레아에게 그 여자와의 관계를 포기하도록 요구했다. 그는 또한 안드레아에게 도심에 있는 그녀의 아파트를 정리하고 집으로 돌아올 것을 주장했다. 안드레아는 마크의 분노 폭발과 요구가 견디기 어렵다고 느꼈다. 비록 그에 대해 전보다는 훨씬 안전하게 느끼기 시작하기는 했지만, 이제 그녀는 마크가 자신이 진정 누구인지를 보지 못한다고 믿게 되었다. 이 시점에서 안드레아는 지금까지 자신이 똑같은 상처로 인해 너무 여러 번 고통을 받았었다는 결론을 내렸다. 11회기 동안에 그녀는 12회기에 참석은 하겠지만 두려움과 고통이 너무 커서 그들의 관계에 대해 더 이상 아무런 희망도 가질 수 없다고 말했다. 마크는 분노를 폭발했던 것에 대해 사과했고, 치료 과정을 계속하고 그들의 관계를 다시 세우기 원한다고 말했다.

지속적인 갈등과 몸부림, 고통에도 불구하고 이전 회기 동안에 마크와 안드레아가 서로를 승인해 주고 공감해 줄 수 있을 때 나타났던 치유의 순간도 많이 있었다. 그러나 마지막 회기인 12회기는 특히 감동적이었다. 앞서 은총의 순간이라고 불렀던 그런 순간이 특별한 방식으로 실현되었다. 안드레아는 눈물을 흘리며 치료를 그만두겠다는 결정을 되풀이했다. 비록 계속해야만 한다는 마크의 확신에 대해 논쟁할 수는 없었지만, 그녀는 너무 고통스러워서 자신이 계속할 수 없을 것 같다고 말했다. 치료를 시작했을 때는 마크에 대해 약간의 사랑을 느낄 수가 있었는데, 이제는 그것마저 사라졌다는 것이다. 그중 더 나빴던 것은 당신 옆에서는 '내 자신을 있는 그대로' 느낄 수가 없다는 것이었다. 그녀는 여전히 그에게 주목받지 못한다고 느꼈으며, 그것이 그녀에게 고립감과 소외감을 가져다주었다. 그녀는 마치 자신이 '전혀 희망도 없는 일에 시간을 낭비하고 있는' 것처럼 느꼈다. 그녀가 더욱더 괴로워 견딜 수 없었던 것은 그것이 자신의 원가족으로부터 단절된 느낌을 가진 채로 성장했었던 자신의 오래된 고통을 상기시켰기 때문이었다.

마크가 안드레아는 그런 감정을 자신의 책임으로 보는 것 같다고 말하자, 안드레아는 그것이 사실상 마크를 비난하는 것이 아니라는 점을 분명히 했다. 그녀는 자기가 처한 상태는 그들 사이의 관계 때문이 아니며, 두 사람의 관계가 단지 자기의 존재의 상태를 자극하는 촉매였다는 것을 깨달았다고 말했다. 그리고 그녀는 이제 마크가 정말로 자기가 필요로 하는 것을 주고 싶어 한다는 것을 이해했다.

마크는 이제 두 사람 모두가 성장했기 때문에 설령 안드레아가 떠난다고 해도 12주에 걸친 치료가 시간 낭비는 아니었다고 말했다. 그는 이제 어떻게 해서 그가 자신의 방어로 인해 압도되었었는지, 그리고 또한 그가 어떻게 해서 안드레아가 떠날게 될지, 혹은 그의 곁에 머무를지 알 수 없는 것에 대해 그토록 민감해졌던 것인지를 알 수 있었다. 그는 또한 그가 안드레아에게 요구했었던 전적인 헌신이 그녀에게 얼마나 힘들었을지도 알게 되었다. 그것을 알고 나자 그는 그녀가 그렇게 그에게 헌신해야만 한다는 기대를 기꺼이 포기하겠다고 말했다. 그는 그녀가 그에 대해 안전하게 느끼게 될 수 있을 만큼 충분한 시간 동안 그녀와의 대화 과정에 머무를 수 있을 것이라고 느꼈다. 그는 눈물을 흘리며 그가 그녀에게 주었던 고통을 마침내 알게 되었다면서 전에는 그것을 몰랐던 것에 대해 매우 미안하다고 말했다.

안드레아는 감동했다. 마크의 이해와 공감에 대해 고마움을 표현했고, 잠시 그와의 연결을 경험했다고 그에게 말했다. 그러나 마크가 지난번에 그녀가 그를 떠났을 때도 이와 비슷한 말을 했었는데, 일단 그녀가 돌아오자 또다시 그 좋은 의도를 지속시키지 못했던 그 기억이 떨쳐지지 않는다고 말했다. 그녀는 그것이 그에게 매우 중요한 주제였다는 것을 새롭게 깨닫게 되었고, 그래서 그가 그의 말을 지키는 것이 불가능할 수밖에 없었으리라는 것 또한 알게 되었다고 말했다. 그러나 이번에는 그 상황이 달라질 것이라고는 아직도 믿을 수가 없다고 덧붙였다. 그녀는 비록 얼마간 비통한 느낌이 있기는 하지만 그의 이해와 공감에 대해서, 그리고 그가 그녀를 위해 기꺼이 노력한 것에 대해서 고마운 마음이 더 크다는 것을 마크가 알기를 원했다. 또한 그녀가 그에게 고통을 준 것에 대한 슬픔을 표현했다. 이 연결의 순간은 그가 그녀에게 그랬던 것처럼 그녀로 하여금 그에 대한 공감을 표현할 수 있게 해 주었다.

마크는 이렇게 대답했다. "요전날 밤 내가 당신에게 이렇게 말하려고 했지요. 내가 처음 '담아두기훈련' 을 연습할 때는 정말 거칠었었고 화를 냈어요. 내 인생을 망쳤다면서 애초에 당신을 만나지 말았어야 했다고 말했지요. 댄(그녀가 만났던 남자) 때문에 당신을 증오했었어요. 하지만 지금은 더 이상 그렇게 느끼지 않아요. 우리가 함께했던 시간을 후회하지 않고 또 그것 때문에 내 인생을 낭비했다고 생각하지도 않아요. 우리가 갈라서는 것이 아이들에게 어떤 영향을 줄지에 대해서도 난 걱정하지 않아요. 당신과 이런 시간을 갖는 것이 나에게는 행운이었고 그들에게도 행운이었다고 생각하니까요." 마크는 울기 시작했다. 여기에 대해서 안드레아가 반영하고 승인해 주었는데, 매우 부드럽고 상냥하게 말했다. 그녀는 그 어느 때보다도 그와 더욱 깊은 연결의 느낌을 경험하고 있는 듯했다.

마크는 마지막으로 한 번 더 안드레아에게 치료를 계속하는 것을 고려해 달라고 호소했다. 그는 그의 행동이 그녀에게 왜 그렇게 심한 상처를 주었는지를 더 잘 이해하고 싶다고, 그리고 치료를 계속 받으면 그녀에게 필요한 치유에도 아마 도움이 될 거라고 말했다. 안드레아는 비록 그녀가 떠나가는 것에 대한 그의 고통 때문에 슬프기는 하지만, 치료를 계속하지는 않겠다고 부드럽게 말했다. 그녀는 다른 치료사에게 개인치료를 받으며 관계 작업을 통해 분명히 드러난 모든 주제를 다루느라 힘겨워하고 있었다. 그녀에게는 개인치료를 받는 것은 안전하고 필요하다고 느껴지지만, 그와 함께 이런 과정을 지속하는 것이 너무나 고통스럽다고 말했다.

2 치료 후기

마크와 안드레아는 또다시 오겠다는 계획 없이 나의 치료실을 떠났다. 그 당시 그들은 관계를 지속하지 않을 것임이 분명했다. 그러나 그럼에도 불구하고 치료는 성공적이었다. 두 사람 모두 그들 자신의 가설을 뛰어넘어 자기 자신의 눈이 아니라 상대방의 눈으로 서로를 바라보는 법을 배웠다. 그들은 서로의 행동에 대해 자신들이 왜 그렇게 민감하게 반응했는지를 이해할 수 있게 되었다. 그들은 어떻게 해서 서로에게 고통을 가져다주었는지를 깨달았고, 서로에게 후회와 공감을 느꼈다. 대화를 할 때 그들은 서로 매우 잘 연결되었다. 서로의 존재에 몰두하는 신성한 치유의 순간이 많이 있었다. 그러나 특히 마지막 회기에는 은총의 순간이 포함되어 있었다. 서로에 대한 공감적 이해가 바로 그들이 자기 자신의 고통과 자기몰두를 초월하여 치유와 변화의 신성한 영역으로 옮겨갔다는 증거였다.

나는 일단 안드레아의 고통이 가라앉고 그녀가 마크와 연결되었었던 느낌을 가졌던 순간을 다시 기억하게 되면 그들의 관계가 다시 시작될 수 있으리라고 믿는다. 안드레아와 마크의 이마고는 서로 짝을 이루는(Imago Match) 것이 분명하며, 그들의 서로에 대한 무의식적 끌림이 아직 남아 있다. 그들은 치료 회기 동안 깊은 연결을 여러 번 경험하였으며, 자기를 초월한 영적 연합의 순간까지 경험했다. 이제 그들은 그들이 결혼생활을 계속하든 이혼하기로 결정하든 성공적으로 관계하려면 어떻게 해야 하는지를 안다. 게다가 그들은 헤어져도 더 이상 서로를 원망하거나 비난하지 않는다.

3 결 론

이마고 부부관계치료에서는 우리의 심리적 영적 안녕이 연결의 질에 달려 있다고 이해한다. 다른 포유동물처럼 인간은 본능적으로 애착을 향하게 되어 있다. 우리는 사회적 존재다. 연결되고자 하는 것이 우리의 천성이다. 우리는 우리의 연결의 천성을 지원해 주는, 신뢰할 만한 친밀한 관계 가운데 있을 때 가장 행복하고, 가장 건강하며, 가장 기능을 잘한다. 이러한 연결이 끊어지고, 연결의 천성이 지원을 받지 못할 때 우리는 고통과 불행, 그리고 때로는 병리를 경험한다.

그러나 의식과 자기인식의 발달은 연결을 향한 우리의 충동을 복잡하게 만들고, 강화하며, 확대시켜 왔다. 자기인식은 인간관계를 훨씬 더 복잡하게 만들어 왔다. 왜냐하면 우리의 정서가 발달하는 동안 자기인식으로 인해 수치심, 죄책감, 우울 등 심리적 상처에 더 민감하게 되기 때문이다. 우리는 심리적으로 분화된 존재로서의 자기감을 발달시켜야만 한다. 우리가 분리되었다는 인식은 우리를 영적 딜레마로 이끈다. 그리고 우리가 나머지 피조물에게 연결되고자 하는 천성에 대한 질문, 즉 영적 연결을 향하는 우리의 충동을 반영하는 질문들이 생겨난다. 성 어거스틴(St. Augustin)이 말한 것처럼 "우리의 가슴은 당신 안에서 쉼을 찾기까지 쉬지 못합니다." 친밀한 파트너와의 연결을 향하도록 우리를 몰고가는 것은 이와 똑같은 쉼이 없는 영적 상태다.

헌신된 성인의 관계에 있어, 관계는 개인에 대해 힘을 가지고 있다. 그 힘은 적어도 개인이 관계에 대해 가지고 있는 힘만큼 크다(Mason, 1996). 관계는 그 자체의 생명을 맡고 있으며, 관계의 질은 파트너 개개인에게 심오한 영향력을 갖는다. 마치 우리가 관계를 가지고 있다기보다는 관계가 우리를 가지고 있는 것과 같다. 우리는 관계에 의해, 그리고 그것의 약속에 의해 붙잡혀 있다. 우리의 운명은 관계와 그 건강성과 더불어 엮여 있다. 관계가 좋으면 우리의 기능이 지지받고 강화된다. 관계가 엉망이면 우리의 안녕감이 고통을 받는다.

우리의 사회적 천성은 연결되고 관계하고자 하는 우리의 필요를 우선순위에 둔다. 우리가 단절되었다고 느낄 때는 관계 가운데 있든 그렇지 못하든 우리는 우리를 지배하는 외로움과 소외로 인해 고통을 받는다. 우리는 우리 자신을 결핍 상태로 경험하며, 심지어 신경증을 경험하기도 한다. 왜냐하면 우리의 필요에 너무 사로잡혀 있고 압박받고 있다고 느끼기 때문이다. 사람들이 단절에 대처하는 방법은 여러 가지 다른 형태로 나타난다. 예를 들어서, 우리는 단절을 양가감정으로 경험할 수 있다. 즉, 우리는 연결이 얼마나 좋게 느껴지는지, 우리가 그것을 얼마나 필요로 하는지 알고 있지만, 연결 때문에 극단적으로 좌절되기도 한다(최대화하는 유형). 또는 연결이 가망 없고 너무 고통스러울 것이 두려워, 우리에게 그것이 필요 없다는 망상에 매달려 연결을 회피한다(최소화하는 유형). 그러나 우리의 대처 유형이 양가적이든 회피적이든 연결의 단절을 경험할 때 우리는 역기능적이 된다. 양가적이라면 사람에게 중독되게 되고, 회피적이라면 일이나 권력, 물건을 갖는 것이나 목표를 성취하는 것에 중독되게 된다.

'이마고 부부관계치료' 에서는 낭만적인 사랑을 단절을 극복하려는 재결합에 대한 충동으로 이해한다. 사랑에 빠지는 것은 영혼을 노크하는 것이다. 그때 우리는 우리 자신이 영에 의해 붙잡히고 우리의 영혼이 살아나는 경험을 한다. 우리는 갑자기 두려움이나 이기적인 투쟁 없이 좀 더 진정한 우리 자신이 된다. 마치 우리가 우리 외부의 어떤 힘에 의해서 변형이 된 것처럼 느낀다. 우리의 방어를 부수고 우리의 진정한 핵심을 맛본다. 우리의 얼굴은 건강하게 빛난다. 이는 부분적으로 마약 성분 때문이다. 엔돌핀과 천연의 암페타민이 혈액 안에 넘치게 된다. 우리는 알려진 사람이 되고, 전체가 되고, 완전해진 느낌이 든다. 우리의 인식은 분리된 주체와 객체의 경험을 뛰어넘는다. 결합의 황홀경에 빠진다. 적어도 잠시 동안은 두 사람이 하나가 된다. 이러한 하나됨이란 신체적으로 한 몸이 된다거나 심리적으로 똑같은 정체성을 갖는 느낌만은 분명 아니다. 이것은 영적인 경험이고, 더 크고 더 포괄적인 자기감의 인식이며, 그것을 향한 움직임이다. 각자는 상대방을 완성시킨다. "남자는 축복받았지만 반쪽의 존재, 여자가 있어야 완전하게 된다. 여자 또한 아름답고 훌륭하지만 반쪽의 존재, 남자가 있어야 온전해진다." (William Shakespeare, King John, Act II Scene 1, lines 439ff.)

낭만적 사랑은 사랑의 연결이 우리의 삶을 어떻게 지탱시키는지 맛보는 것이다. 그렇게 지속적으로 융합되는 경험은 반드시 필요하다. 왜냐하면 그런 경험이 우리가 건강하고 분화된 존재로 사는 것을 가능하게 만들기 때문이다. 그런 의미에서 낭만적인 사랑은 현실적이다. 그러나 낭만적 사랑 안에 있는, 연결의 회복에 대한 흥분감은 망상에 기초하고 있기도 하기 때문에 일시적이라는 특징을 가지고 있다. 비록 파트너가 긍정적인 특징을 유지하고 있을지라도, 우리는 부정적인 특징에 대한 부인을 끝까지 지속할 수 없기 때문에 낭만적인 사랑은 시들게 된다. 사랑의 연결을 회복하고 유지하기 위해서 커플들은 관계 가운데서 그들의 부정적인 특성들 때문에 생기는 갈등과 좌절에 건설적인 방법으로 대처하는 법을 배워야만 한다. 이 과제를 하려면 십자가의 성 요한(St. John of the Cross)이 '영혼의 어두운 밤(Dark Night of the Soul)' 이라고 불렀던 것을 회상하게 하는 어두운 길을 대면할 수 있는 용기가 필요하다.

'이마고 부부관계치료' 는 영적 여정을 고립된 자기감으로부터 모든 것에 연결되어 있다는 깨달음으로 옮겨가는 과정으로 본다. 낭만적 파트너들 사이의 친밀하고 헌신된 관계를 통해 이 여행을 하는 것이다. 커플의 영적 여정의 질은 그들의 관계에 과연 의식과 의도성이라는 특징이 있는지의 여부에 달려 있다. 그런 특징이 커플들로 하여금 낭만적 사랑의 일시적인 상태로부터, 영혼의 어두운 밤을 통과해서, 의식적인 사랑의 상태로 옮겨갈 수 있도록 이끌어 준다.

'이마고 부부관계치료' 는 파트너들 사이의 공감적 연결의 순간을 촉진하는 역할을 한다. 치료사의 과제는 커플이 관계의 문제들을 해결하도록 돕는 것이라기보다는 그들을 도와 두 사람 모두의 필요들이 채워지는 사랑의 연결이 이뤄질 수 있도록 그들의 관계를 회복시키는 것이다. 그러한 관계의 맥락 안에서가 아니면 문제는 해결될 수가 없다.

대화는 성장과 각성의 과정이다. 대화를 통해서 상대방을 만나는 것은 우리를 자기몰두로부터 깨우치는 기회가 된다. 우리는 우리의 세계와 아무리 비슷하더라도 매우 다르기도 한 세계를 지닌 타인을 만난다. 우리가 우리 자신을 열어 상대방의 의사 전달을 정확하게 반영하게 될 때 우리는 우리의 것과 다른, 때로 현저히 다른, 상대방의 지각, 추측, 해석을 듣기 시작한다. 우리는 새로운 것을 듣기 시작하며, 그것이 새로운 이해를 가능하게 한다. 내면으로부터 상대방을, 상대방의 내면을 이해할 수 있게 되는 것이다. 우리의 현실들의 차이는 곧 우리에게 새로운 현실이 된다. 우리가 잠시 우리 자신의 현실을 내려놓을 수 있을 때 우리는 더 큰 현실에 눈을 뜨게 되며, 그것은 또한 상대방의 현실을 포함한다.

대화의 목적은 상대방의 현실을 보지 못하게 하는 자기중심적 왜곡으로부터, 그리고 자기 자신의 핵심적인 면들을 포기하게 만드는 강박적인 과잉적응으로부터 벗어난 다리를 창조하는 것이다. 그런 다리를 통해 자유로운 의사소통이 지나갈 수 있고 공감적인 연결이 확립될 수 있다. 그러한 연결은 두 사람이 친밀하게 자기 자신을, 서로를, 그리고 그들 사이의 공간에 자유롭게 펼쳐지는 삶의 흐름을 경험할 수 있도록 허락해 준다. 사랑과 의미는 개인적이고 관계적인 방식으로 하나가 될 뿐만 아니라 보다 넓은 의미에서 진정 영적인 방식으로 하나가 된다.

그렇기 때문에 나는 마크와 안드레아의 관계가 그들을 위한 영적 여정이었다고 믿는다. 금세기 가장 위대한 신학자들 중 하나인 폴 틸리히(Paul Tillich, 1963, pp. 231-237)라면, 아마도 그들이 영적으로 성장했다고 말했을 것이다. 틸리히의 성화(聖化)의 네 가지 원리에 따르자면 이 커플의 자각, 자유, 연결, 자기초월에 확장이 있었다. 그들 안에서 활동 중인 힘들에 대한 자각이 증진되었다. 내면적인 충동과 민감한 반응으로부터의 자유가 증진되었다. 그들의 자기몰두와 자기은둔을 깨트리는 연결의 순간을 창조함으로써 그들의 연결이 강화되었고, 그것을 통해 그들은 자기 자신과 더욱 잘 접촉할 수 있게 되었다. 그리고 그들은 그 은총의 순간들 가운데서 꾸준히 그들 자신을 초월하고 있었다. 그러한 자기초월은 상대방을 위한 사랑의 행위다. 그것은 아가페의 사랑이며, 거룩함에 참여하는 것이다.

"타인을 사랑하는 것은 하나님의 얼굴을 바라보는 것이다."

-Victor-Marie Hugo, 〈레 미제라블(Les Miserables)〉

편저자의 말

영성은 눈으로는 보이지 않는다. 그러나 그것을 경험하게 되면 놀랍게도 그것은 실재한다. 이마고 치료사들은 커플들이 대화를 하는 동안 깊은 연결 상태로 들어가는 것을 지켜보며, 경외감과 신성한 느낌을 갖는다. 치료실 안에서 커플 모두와 치료사에게 무언가 새로운 것이 태어난다. 아니면 아마도 다시 태어난다. 태어나는 것, 또는 다시 태어나는 그것은 바로 관계다.

베일리 박사는 깨어진 관계의 잿더미로부터 영적으로 벗어나게 된 사례를 묘사하고 있다. 치료의 결과는 영성을 반영해 주지 않는다. 이 커플은 결국 갈라섰다. 그러나 사람은 가장 절망적인 상태에 있을 때, 가장 깊은 고뇌 가운데 있을 때—이 사례에서는 관계가 끝났기 때문에—거짓 자기를 포기할 수가 있다. 진정한 자기의 탄생에서 '나' 가 드러나며, '나' 만이 안전한 가운데서 '너' 와 맞닥뜨릴 수 있다고 부버는 설명했다.

태어나는 것은 고통스럽다. 출산을 해 본 여자라면 아기를 만나는 순전한 기쁨 이전의 그 끔찍한 고통을 안다. 그럼에도 불구하고 대부분의 여자들은 그 일을 처음부터 또다시 하겠노라고 말한다. 이와 마찬가지로, 파트너들이 대화 가운데 있을 때 그들은 그들의 관계를 출산하고 있는 중이다. 마치 새로 태어난 아기처럼, 관계는 두 사람에 의해 공동으로 창조되지 않는다면 존재할 수가 없다. 치료사들은 커플의 관계의 탄생을 돕는 일종의 조산원으로서, 아기를 출산하는 부모들이 그러는 것만큼 태어나는 아기에게 주의를 기울일 필요가 있다. 영성이 나타나는 장소는 그 '중간 영역(in-between)', 즉 두 사람의 헌신된 파트너들 사이의 공간과 접촉 영역이다. '영원한 너' 는 두 사람의 접촉 영역에 존재한다. 대화는 '영원한 너' 가 나타나도록 해 준다.

한 파트너가 생각, 감정, 뜻밖의 새로움을 나누고 상대방이 그것을 승인해 줄 때마다 신성한 어떤 일이 일어났다. 두 사람은 공동으로 현실을 창조하고 있었다. 켄 윌버(Ken Wilber)와 같은 현대 철학자들에 의하면, 다음 세대의 개척자는 마음(mind)이다. 의식이라는 비옥한 땅에 기꺼이 발을 내딛는 커플들은 지구상의 차세대 탐험가들이다. '이마고 부부대화법' 은 파트너들을 누스피어(noosphere: 집단적 지성들이 사이버 공간에서 만들어 가는 인류 통합의 세계: 역자 주), 즉 마음의 먼 곳으로 우리를 데리고 가는 캡슐과도 같다. 서로를 탐험함으로써 그들은 그들 자신 안에 '숨겨져 있는 자기(hidden self)' 를 탐험하고 있었다. 그러한 탐험은 해답, 목적, 용서, 그리고 은총을 가져다준다.

참고문헌

Buber, M. (1952). *Eclipse of God*. New York: Harper.

Mason, R. (1996). Imago, relationships, and empathy. *Journal of Imago Relationship Therapy*, *1*(2).

St. Augustine (1900 ed.). *Confessions*. New York: Everyman's, Dutton.

St. John of the Cross (1959 ed.). *Dark night of the soul*. Garden City. New York: Image Books, Doubleday.

Tillich, P. (1963). *Systematic theology*, Vol. III. Chicago: University of Chicago Press.

부록

이마고 부부관계치료의 핵심 용어

다음은 '이마고 부부관계치료' 이론가들과 치료사들이 자주 사용하는 용어다. 좀 더 완전한 설명이 필요하다면 루켓의 저서(1996)나 헨드릭스의 저서(1988, 1992)를 찾아보기 바란다.

이마고 부부대화법(Couples Dialogue) 이마고 치료에서 가장 중심이 되는 대화 기술이며, 의도적이고 안전한 대화를 보장하는 3단계 과정으로 되어 있다. 1단계는 '반영하기(mirroring)'이고, 듣는 사람은 말하는 사람이 하는 말을 반영해 준다. 예를 들어, "당신은 우리가 파티에 갔을 때 내가 당신에 대해 안 좋은 농담을 해서 화가 났다는 말이죠. 내가 잘 이해했나요? 거기에 대해 더 얘기해 주세요."라고 말한다. 말하는 사람은 자신이 이해받았다고 느낄 때까지 계속해서 말을 하고 반영을 받는다.

2단계는 '인정하기(validation)'다. 듣는 사람이 말하는 사람의 메시지를 승인해 준다. 승인의 예는 다음과 같다. "이해할 수 있어요. 내가 당신에 대해 안 좋은 농담을 했을 때 당신이 당황스러웠다는 것이 이해가 돼요." 그러나 승인이 곧 동의(agreement)를 의미하는 것은 아니다. 다만 말하는 사람의 입장에서 본 현실과 논리를 이해하고 인정해 주는 것이다.

3단계는 '인정하기' 직후에 따라오는 것으로, 듣는 사람이 공감을 표현한다. 즉, 말하는 사람의 감정을 짐작해 보는 것이다. "내 생각에 당신은 웃음거리가 되고, 조롱받고, 바보가 된 느낌이었을 것 같아요."

반영하기(Mirroring) 이마고 부부대화법의 첫 단계로서 말하는 사람이 말한 것을 듣는 사람이 그대로 반영해 주는 것이다. 말하는 사람과 듣는 사람 모두에게 말하는 사람의 메시지가 정확하게 전달되었는지를 확인시켜 준다.

인정하기(Validation) 대화 과정의 두 번째 단계다. 대화를 할 때 듣는 사람은 자기 자신을 말하는 사람의 눈 뒤에 두고, 세상을 상대방이 바라보는 대로 바라보려는 시도를 한다. 승인은 말하는 사람의 관점의 논리를 요약해 주는 말을 하는 것이다. "내 수표가 부도났을 때 당신이 화가 났으리라는 것이 이해돼요. 내가 그렇게 황당한 실수를 저질러서 은행의 통보를 받았으니 정말 불같이 화가 났을 거예요."라고 말하는 것이 '인정하기'의 예가 되겠다.

공감하기(Empathizing) 이마고 부부대화법의 세 번째 단계다. 여기서는 듣는 사람이 말하는 사람의 감정을 이해하여 되돌려준다. "내 생각에 당신은 그것 때문에 슬프고, 좌절감을 느끼고, 실망스러울 것 같아요." 이런 말이 공감의 표현이다.

담아두기(Container Exercise) 약속에 의해서만 사용한다. 7단계 과정으로 되어 있으며, 안전한 분노 표현을 가능하게 한다. 이 과정에서 듣는 사람은 말하는 사람의 감정을 듣기에 앞서 자기 자신을 감정적으로 안전하게 만들어 놓는다. 그런 다음 말하는 사람은 분노와 상처의 감정들을 마음껏 표현한다. 말하는 사람은 현재의 감정을 어린 시절의 상처와 연결시키도록 인도받으며, 그것은 듣는 사람의 공감을 불러일으킨다. 행동수정요청으로 마무리한 후 에너지를 많이 쓰는 재미있고 신나는 시간을 갖는다. 이것은 이마고 과정 중 가장 복잡한 것이기 때문에 치료사들은 이것을 사용하기에 앞서 전문적인 훈련을 받는 등 잘 준비되어 있어야만 한다.

파충류 뇌(Reptilian Brain) 세 부분으로 이루어진 우리의 뇌에서 가장 오래된 부분이다. 파충류 뇌는 심장박동, 소화, 호흡을 포함하여 생명을 유지하는 자동적 활동을 관장한다. 신체적인 안전에 관련되어 있으며, 위험에 대비하여 스스로를 보호한다. 싸우거나, 도망치거나, 숨거나 또는 굴복하는 반응을 한다. 이마고 치료에서는 파트너들이 서로에 대해 정서적으로 안전하지 못하다고 느낄 때 파충류 뇌가 자동적으로 활성화된다고 본다.

공감(Empathy) 스톤 센터(Stone Center)의 주디스 조던(Judith Jordan, 1991)의 정의에 의하면, 공감이란 정서적 승복과 인지적 구조를 포함하는 이중 경험이다. 다시 말해, 공감은 상대방의 감정을 느끼는 것을 포함하되, 그 감정이 자기 자신의 것이 아니라 상대방의 것임을 아는 것이다. 공감은 자기 자신과 상대방 사이에 잠시 중

첩이 일어나는 것이며, 이는 상대방을 이해하는 중요한 수단이다.

정서적 안전감(Emotional Safety) '이마고 부부관계치료' 에서 정서적 안전감은 모든 커플 상호작용에 필요한 특징이다. 먼저 커플에게 명상을 하거나, 마음속에 '안전한 장소' 를 발견하거나, 심호흡을 통해 불안을 가라앉히거나, 그 밖의 다른 기술을 사용하여 내면의 안전감을 창조하도록 가르친다. 파트너들 사이에 공감이 자라 감에 따라 정서적 안전감도 발달해서 커플들로 하여금 더욱 심도 있고 어려운 주제들에 대해서도 대화가 가능할 수 있게 해 준다.

행동수정요청(Behavior Change Request) 이 과정에서는 이야기를 전달하는 파트너(말하는 사람)가 이야기를 듣는 파트너(듣는 사람)에게 자신의 좌절감을 완화시킬 수 있도록 행동의 변화를 요청한다. 먼저 좌절감을 이야기한 후 그것을 바람으로 바꾼다. 예를 들어서, "당신이 집에 늦게 들어오는 것이 정말 싫어요."를 "당신이 제 시간에 집에 들어오면 좋겠어요."로 바꾸는 것이다. 그다음 말하는 사람은 그 희망(바람)을 측정가능하고(measurable), 관찰할 수 있으며(observable), 긍정적이고(positive), 구체적인(specific)(MOPS) 행동수정요청으로 표현한다. "당신이 제시간에 집에 들어오면 좋겠어요."는 "이번 주에 두 번, 당신이 귀가 시간 5분 이내에 집에 도착했으면 좋겠어요."가 되는 것이다.

부모-자녀 대화법(Parent-Child Dialogue) 이 이마고 대화 과정에서는 듣는 사람은 자신을 말하는 사람의 부모라고 가정한다. 듣는 사람은 말하는 사람에게 말하는 사람의 어린 시절에 대해 여러 가지 질문을 한다. 처음에는 "나는 네 어머니(아버지)란다. 나랑 사는 것이 어땠니?" 라고 물어본다. 말하는 사람은 듣는 사람이 마치 자신의 부모인 것처럼 대답한다. 그 다음 질문은 다음과 같다. "나는 너의 어머니(아버지)란다. 나로부터 원했지만 네가 받지 못했던 것은 무엇이었니?" 듣는 사람은 판단하거나 반응하는 것을 삼가고 말하는 사람에게 공감적으로 경청한다. 이 과정의 목적은 말하는 사람에게 자신의 상처를 안전한 상태에서 묘사할 수 있도록 허용해 줌으로써 듣는 사람의 공감을 증진시키려는 것이다.

안아 주기(Holding Exercise) 커플로 하여금 마치 엄마가 아기를 안아 주는 것과 같은 자세로 안아 주게 하는 과정이다. 이런 자세에서 안겨 있는(말하는) 사람은 안고 있는(듣는) 사람에게 자신의 어린 시절에 대해 이야기한다. 듣는 사람은 공감하며 들어 주고 말하고 있는 사람의 감정을 거울처럼 비춰 준다. 즉, 다음과 같이 말한다. "그러니까 당신은 어렸을 때 슬프고 외로운 느낌이었다는 거죠." 안아 주기의 목적은 어린 시절의 좌절감을 표현하는 안전한 맥락을 제공하여 파트너들 사이에 공감적인 결속을 증진시키는 것이다.

새로운 이미지 만들기(Reimaging) 파트너를 적으로 보는 것이 아니라 동지, 친구, 상처받은 어린아이, 사랑하는 사람으로 보는 새로운 이미지를 의도적으로 창조하는 것이다. '이마고 부부관계치료' 에서 파트너에 대해 새로운 이미지를 만들기 위해 사용하는 두

가지 방법은 '부모-자녀 대화법' 과 '안아 주기' 다.

다시 사랑하기(Re-romanticizing) 커플들이 그들의 관계에서 즐거운 느낌을 가질 수 있도록 하기 위해 사용하는 다양한 과정들을 말한다. 일례로 사랑받고 배려받는다고 느낄 수 있도록 해 주는 상대방의 행동 목록을 적어 보는 배려행동(caring behaviors)을 들 수 있다. 관계에 낭만적 사랑을 회복하기 위해 '배꼽잡고 웃기' 나 깜짝 쇼 등 에너지를 많이 쓰는 신나고 재미있는 활동도 사용한다.

이마고 검사(Imago Workup) 커플의 어린 시절 양육자와의 경험이 낭만적 파트너 선택에 어떤 영향을 주었는지를 찾아내도록 돕기 위해 고안된 지필 검사다. 각 파트너는 자신의 양육자의 장점과 단점들과 아울러 어린 시절에 이루어지지 않았던 소망과 좌절, 그리고 긍정적인 기억을 적는다. 이 정보를 사용하여 어린 시절의 기억이 성인으로서의 낭만적 관계에 미친 영향들을 요약해 주는 일련의 문장을 완성한다.

공생관계(Symbiosis) 이 용어는 생물학에서 처음 사용한 것으로, 두 개의 유기체가 마치 하나인 것처럼 작동하는 상태를 묘사한다. 후에 정신분석 학파에서 가져다가 초기 유아기에는 정상이지만 두 살 이후까지 지속된다면 병리적이라고 할 수 있는 엄마와 아이 사이의 밀착관계를 나타내는 용어로 사용했다. 이마고 이론에서의 공생관계는 낭만적 파트너가 현실에 대한 상대방의 견해가 자신의 견해와 똑같아야 한다고 주장하는 상태를 말한다. 공생관계는 힘겨루기의 뿌리라고 볼 수 있다. 파트너들은 두 사람 모두 자기가 '옳기' 위해 싸운다. "당신과 나는 하나예요. 그리고 내가 그 하나랍니다."라는 말에 이 용어의 뜻이 잘 나타나 있다.

분화(Differentiation) 분화란 일반적으로 한 사람이 심리적으로나 정서적으로 다른 사람과 구분된다고 인식하는 상태를 말한다. '이마고 부부관계치료' 에서는 커플에 관련된 경우 '연결된 분화' 라고 묘사할 수 있는 바람직한 특징을 나타낸다. 분화는 "나는 당신이 아니고 당신 또한 내가 아니에요. 그렇지만 당신이 나와 다르다 하더라도 당신의 생각과 느낌, 행동이 타당하다고 인정합니다." 라는 뜻이다. 이마고 이론에 따르면, 건강한 분화는 커플이 대화를 통해 그들 사이의 연결을 발달시킬 수 있을 때 이루어진다.

찾아보기

인명

내용

편저자 소개

• 웨이드 루켓(Wade Luquet, MSW, ACGW)

이마고 부부관계치료 연구소(Institute for IMAGO Relationship Therapy)의 교수이자 미국 메리우드 대학교의 사회사업학과 객원교수이며, 수많은 학술 논문과 저서로 널리 알려져 있다. 『단기 커플 치료: 이마고 모델(*Short-Term Couples Therapy: The Image Model In Action*)』(Brunner/Mazel, 1996)의 저자다.

• 모우 테레사 한나(Mo Therese Hannah, PhD)

뉴욕 라담에 있는 시에나 대학의 심리학과 부교수이며, 임상심리 분야에서 많은 책을 출간했다. 『이마고 부부관계치료 저널(*The Journal of Imago Relationship Therapy*』과 『부부치료에서의 예방적 접근 핸드북(*The Handbook of Preventative Approaches in Couples Therapy*)』(Bruner/Mazel, 1998)의 공동편집자다.

집필진 소개

이 책의 집필자들은 모두 자격증을 지닌 이마고 부부관계치료 전문가다.

데일 베일리(Dale Bailey, ThD)는 하버드 대학교와 옥스퍼드 대학교의 맨체스터 대학, 클레어몬트 신학대학원을 졸업했다. 임상심리사이자 장로교 목사로서 샌프란시스코에서 33년 동안 개인상담을 해 오고 있다.

호머 베인(Homer Bain, PhD)은 시카고 대학교에서 종교와 심리학을 전공하여 박사학위를 취득했으며, 성 안토니오의 〈종교와 건강을 위한 에큐메니컬센터(Ecumenical Center for Religion and Health)〉의 대학원 프로그램 책임자다. 그의 아내인 이르마 코로나도 베인(Irma Coronado Bain, M.A.)과 함께 미국과 라틴 아메리카에서 2개 국어로 목회와 인간관계 훈련을 지도하고 있다.

보니 버넬(Bonnie Bernell, PhD)은 캘리포니아의 팔로 알토와 산 호세에서 개인상담을 하면서 초월심리학연구소(Institute for Transpersonal Psychology)와 산타클라라대학교의 외래교수로 가르치고 있다. 최근에 어빙 얄롬 (Irving Yalom, M.D.)이 편집한 『현대의 임상기술(*Library of Current Clinical Techniques*』이라는 책 내용 중 '성 장애가 있는 커플치료' 부분을 공동 집필했다.

게리 브레이너드(Gary Brainerd, PhD)는 캘리포니아 파사데나에 있는 브레이너드심리학회의 책임자이고, '커플의 정원(Couples Garden)' 이라는 프로그램을 개발했다. 현재 남부 캘리포니아의 많은 교회들이 이 프로그램을 커플들의 자원센터로 이용하고 있다.

벳시 채드윅(Betsy Chadwick, MSW, MDiv)은 예일 대학교 신학대학원을 졸업했고, 펜실베이니아 루이스버그에 있는 '상담과 인간발달 협력체(Associates in Counseling and Development)' 의 행정책임자이며, 마케팅 전문가로도 활동하고 있다.

보니 이커 웨일(Bonnie Eaker Weil, PhD)은 뉴욕에서 개인상담을 하고 있고, 『불륜: 용서할 수 있는 죄(*Adultery: The Forgivable Sin*)』의 저자다. 이 책은 〈불륜의 침묵(The Silence of Adultery)〉이라는 텔레비전 영화로도 만들어진 바 있다.

질 M. 페인(Jill M. Fein, MSW)은 시카고에서 개인상담을 하고 있으며, '시카고 이마고 부부관계치료 연구소(Institute for Image Relationship Therapy of Greater Chicago)' 의 창립 멤버다.

마야 콜먼(Maya Kollman, MSW)은 이마고 부부관계치료 연구소의 마스터 트레이너이고, 부부 워크숍과 부부치료 전문가 훈련을 실시하고 있다.

리사 켈빈 터틀(Lisa Kelvin Tuttle, MA)은 의학과 정신 건강 전문 프리랜서 작가이며 편집자로서, 펜실베이니아의 와인우드에 거주하고 있다.

브루스 A. 우드(Bruce A. Wood, MSW)는 뉴욕에서 개인상담을 하고 있으며, 중독 문제가 있는 개인과 부부치료에 풍부한 경험이 있다. '이마고 부부관계치료협회(Association for Imogo Relationship Therapy)' 의 대표를 역임했다.

역자 소개

• 오제은

현재 미국 서던캘리포니아 데이브레이크 대학교의 총장으로 재직하면서, 동시에 교수로서 '결혼과 가족치료(Marriage and Family Therapy: MFT)'와 '이마고부부치료(Imago Relationship Therapy: IRT)'를 직접 가르치고 있다. 아시아인 최초로, 국제 이마고부부치료전문가 수련연구소(IITI)에서 국제공인 '이마고부부치료 임상지도교수(Imago Faculty and Clinical Instructor)' 자격을 취득했으며, '국제공인 이마고부부치료전문가 자격취득과정(ICT)'을 지도하고 있다. 퀸즈대학교와 하버드대학교를 졸업했으며, 토론토대학교와 뉴잉글랜드대학교에서 각각 박사학위를 취득하였다(상담학 박사). 숭실대학교와 백석대학교에서 상담학 교수로 재직했고, 오레곤대학교와 뉴저지주립 케인대학교의 객원교수로서 '결혼과 가족치료' 전공 대학원생들을 가르쳤다. (사)한국부부가족상담협회 회장, 한국부부상담 학회 회장, 한국내면아이상담학회 회장, 한국상담대학원협의회 회장 등을 역임하였다.

이메일: jayoh@daybreak.edu
홈페이지: http://www.daybreak.edu

• 이현숙

이화여자대학교 영어영문학과를 졸업하고 횃불트리니티 신학대학원에서 기독교상담학을 전공하여 석사학위를 취득하였다. 서울여자대학교 교육심리학과에서 상담 및 임상심리 전공 박사과정을 수료했다. 현재 서울여자대학교에서 강의를 하고 있다.

이메일: sara1953@hanmail.net

부부관계 패러다임

이마고 부부관계치료 임상사례 연구집

Healing in the Relational Paradigm
-The IMAGO Relationship Therapy Casebook-

2011년 10월 25일 1판 1쇄 발행
2025년 3월 25일 1판 5쇄 발행

엮은이 • Wade Luquet · Mo Therese Hannah
옮긴이 • 오제은 · 이현숙
펴낸이 • 김 진 환
펴낸곳 • (주) 학지사
04031 서울특별시 마포구 양화로 15길 20 마인드월드빌딩 5층
대표전화 • 02) 330-5114 팩스 • 02) 324-2345
등록번호 • 제313-2006-000265호
홈페이지 • http://www.hakjisa.co.kr
페이스북 • https://www.facebook.com/hakjisabook

ISBN 978-89-6330-758-9 93180

정가 14,000원

역자와의 협약으로 인지는 생략합니다.
파본은 구입처에서 교환하여 드립니다.